• "十四五"普通高等教育精品系列教材

本书为教育部2022年产学合作协同育人项目（课题编号：220604978163430）"基于新道数智化平台建设的经管法专业多元融合人才培养模式探索"的最终研究成果。四川省教育厅2021–2023年高等教育人才培养质量和教学改革项目（课题编号JG2021–223）"新文科背景下经管法专业多元融合人才培养模式探索"的研究成果。四川省教育厅首批省级新文科研究与改革实践项目（课题编号：96）"地方高校经管法专业融合创新实践探索"的研究成果。

大数据审计技术与应用

主　编　蒋红兰　　陈真子

副主编　肖　静　贾川莉　李柳漾

西南财经大学出版社

中国·成都

图书在版编目(CIP)数据

大数据审计技术与应用 / 蒋红兰,陈真子主编;肖静,贾川莉,李柳漾副主编. —成都:西南财经大学出版社,2023.11
ISBN 978-7-5504-5058-5

Ⅰ.①大… Ⅱ.①蒋…②陈…③肖…④贾…⑤李… Ⅲ.①审计—研究—中国 Ⅳ.①F239.22

中国国家版本馆 CIP 数据核字(2023)第 184170 号

大数据审计技术与应用
DASHUJU SHENJI JISHU YU YINGYONG

主　编　蒋红兰　陈真子
副主编　肖　静　贾川莉　李柳漾

责任编辑:李特军
责任校对:冯　雪
封面设计:张姗姗
责任印制:朱曼丽

出版发行	西南财经大学出版社(四川省成都市光华村街 55 号)
网　　址	http://cbs.swufe.edu.cn
电子邮件	bookcj@swufe.edu.cn
邮政编码	610074
电　　话	028-87353785
照　　排	四川胜翔数码印务设计有限公司
印　　刷	郫县犀浦印刷厂
成品尺寸	185mm×260mm
印　　张	17.75
字　　数	421 千字
版　　次	2023 年 11 月第 1 版
印　　次	2023 年 11 月第 1 次印刷
印　　数	1— 2000 册
书　　号	ISBN 978-7-5504-5058-5
定　　价	45.00 元

▶▶ 前言

　　2014年，国务院颁布《关于加强审计工作的意见》提出构建国家审计数据系统、在审计实践中探索大数据应用技术，全面提高信息化技术应用能力的要求。2015年12月，中共中央办公厅、国务院办公厅印发的《关于实行审计全覆盖的实施意见》指出，创新审计技术方法是实现审计全覆盖的一个重要手段；要求构建大数据审计工作模式，提高审计能力、质量和效率，扩大审计监督的广度和深度。大数据是信息化发展的必然趋势，大数据审计是审计机关适应时代发展的必然选择。早在2014年审计署就成立电子数据审计司，先后出台了审计业务电子数据管理、审计业务电子数据远程联网管理、建设特派办数据分析网和共享审计业务电子数据等规定，明确了数据采集、管理、使用、安全等各环节要求，初步构建了较为完备、规范的大数据审计体系；地方各级审计机关也结合实际构建大数据审计体系，取得较好成效。2016年世界审计组织大会批准成立大数据审计工作组，中国审计署担任工作组主席国。

　　随着大数据、云计算、物联网、人工智能等新技术的发展，传统的生产方式、生活方式和价值理念正在经历深刻的重构，审计业务的复杂性、系统性、综合性特征更加明显，这对审计专业人才的培养提出了更高要求，经济社会发展对于具备多学科知识相互支撑的复合型审计人才的需求正在不断增加。2019年4月，教育部、科技部等13个部门在天津联合召开"六卓越一拔尖"计划2.0工程启动大会，全面拉开了包括新文科在内的"四新"学科建设的序幕。因此，在新文科建设的背景下，卓越审计人才的培养模式要以社会对应用型人才的需求标准与复合型人才的基本特征为导向，培养具备适应当前审计发展需要的各种基本素质、复合知识结构和过硬创新能力、综合能力的人才队伍，这样才能在社会大发展大变革的浪潮中，发扬审计精神，传承审计理念。

　　本书在理论研究和审计实践的基础上，紧密结合新道大数据审计实践教学平台的大数据审计实务，以通俗的语言、丰富的案例、详实的程序代码和操作步骤、可行的操作，系统地讲解大数据审计理论与操作应用，并配有相应的实验数据、程序代码、实验设计等教学材料。本书遵循《中国注册会计师执业准则》的要求，以培养学生专通结合的综合实践能力、研究思维、前瞻与创新思维为主要目标，让学生熟练掌握大数据审计的前沿认知与方法论,深度理解"审计数字化转型"的功能与价值,理解大数据审计过程及技术落地实操,从而培养学生在大数据审计模型设计、技术应用、审计疑点分析等方面的核心能力。本书能满足本科层次财经类大学及综合性大学工商管理类及财会类专业,开设大数据审计课程的需求,能够解决高校大数据审计课程缺少案例、缺少实操平台问题,是一本兼具理论与技术应用的复合型教材。

本书由绵阳师范学院经济与管理学院的蒋红兰担任主编,绵阳师范学院经济与管理学院肖静、新道科技陈自洪、吉利学院李柳漾、成都文理学院贾川莉担任副主编。本书获得了教育部 2022 年度产学合作协同育人项目(项目编号:220604978163430)的支持。我们要感谢教育主管部门和企业的立项,正因为项目的支持,让我们认真思考审计教学存在的问题并努力践行教学改革。同时也要感谢西南财经大学出版社和新道科技股份有限公司的大力支持。因编者水平有限,书中不足之处,恳请读者批评指正,作者将在下一版中进一步完善(编者 Email:53755167@ qq.com)。

编者
2023 年 7 月

▶▶ 目录

第1章

大数据认知

本章学习目标

■理解大数据技术的重要性；

■掌握大数据技术的基本特征；

■熟悉大数据技术发展现状；

■熟悉大数据技术的应用场景。

1.1 引言

中国特色社会主义进入新时代，实现中华民族伟大复兴的中国梦开启新征程。党中央决定实施国家大数据战略，吹响了加快发展数字经济、建设数字中国的号角。习近平总书记在十九届中共中央政治局第二次集体学习时指出，"大数据是信息化发展的新阶段"，并做出了"推动大数据技术产业创新发展、构建以数据为关键要素的数字经济、运用大数据提升国家治理现代化水平、运用大数据促进保障和改善民生、切实保障国家数据安全"的战略部署，为我国构筑大数据时代国家综合竞争新优势指明了方向。

大数据技术指的是人与物体通过计算机第三方媒介将二者之间的数据进行交互上传，而计算机将上传到网络中的数据进行归类、融合与处理的新型信息处理技术。大数据技术的悄然兴起极大地冲击了现有的 IT 架构，也给计算机网络技术的创新发展带来了重大机遇。为了充分发挥大数据技术在网络信息中的作用与价值，网络技术人员应当积极探索大数据技术的运行规律，研究其基础理论与基本方法，在掌握其发展现状的基础上积极展望未来发展趋势。

大数据的普及使社会的进程逐渐加快，使互联网技术更加成熟。大数据技术的兴起，也让我们的生活更加智能化、便捷化，使我们的生活从此不再单调且枯燥。它渗透在我们的日常生活中。各行各业的企业都在利用大数据技术进行转型。因此很多人对大数据技术产生了极大的兴趣,学习大数据技术并在这个领域从事相关工作。

1.2　大数据

大数据(big data),或称巨量资料,指的是所涉及的资料量规模巨大到无法透过主流软件工具,在合理时间内达到撷取、管理、处理并整理成为帮助企业经营决策的资讯。

麦肯锡全球研究所给出的定义是:一种规模大到在获取、存储、管理、分析方面大大超出了传统数据库软件工具能力范围的数据集合,具有海量的数据规模、快速的数据流转、多样的数据类型和价值密度低四大特征。

我们通过大数据的三个层面对其有新的认知:

(1)理论

掌握大数据理论是认知大数据的一个必经途径,理论层面将大数据定义为需要新处理模式才能具有更强的决策力、洞察发现力和流程优化能力的海量、高增长率和多样化的信息资产。

在这里,我们从大数据的相关特征来理解行业对大数据的一个整体描绘与定性;洞悉大数据的发展趋势;从大数据隐私这个特别而且十分重要的视角审视人和数据之间的长久博弈;从对大数据在价值方面的探讨来深入解析大数据的珍贵所在。

(2)技术

技术本身就是大数据价值体现的手段与前进的基石。技术是大数据价值体现的必备手段。我们可以通过一些技术工具,例如基础工具有 VBA、Excel 等, 进阶工具 python,进行信息数据的采集、处理、储存及分析。

(3)实践

只有通过实践才能检验真理,实践是大数据的最终价值体现。我们可以从政府大数据,互联网大数据,企业大数据以及个人大数据四个方面来描绘大数据早已展现出来的美好景象和即将实现的蓝图。

1.3　大数据的主要特征

大数据通常是指使用常规软件工具很难进行捕捉、管理和处理的大体量数据。在大数据时代,一切皆可量化,万物互联,世界可以被视为由各种类型数据组成的大集合。大数据已经融入经济社会发展的各个领域,在促进行业融合发展、商业模式创新、推动产业转型升级、提升社会治理能力等方面发挥着越来越重要的作用。

大数据指高速(velocity)涌现的大量(volume)、多样化(variety)的数据,具有低价值密度(value)和真实性(veracity)的性质。其特性可简单概括为 5V。

大数据的 5V 特性如表 1-1 所示:

表 1-1　大数据的 5V 特征

大量（volume）	大数据的"大"首先体现在数据量上。 这意味着企业需要处理海量、低密度的非结构化数据。这些数据的价值可能是未知的，例如 Twitter 数据流、网页或移动应用点击流，以及设备传感器所捕获的数据等。在实际应用中，大数据的数据量通常高达数十 TB，甚至数百 PB
高速（velocity）	大数据的"高速"指高速接收乃至处理数据 ——数据通常直接流入内存而非写入磁盘。 在实际应用中，某些联网的智能产品需要实时或近乎实时地运行，要求基于数据进行实时评估和操作，因而大数据只有具备"高速"特性才能满足这些要求
多样化（variety）	多样化是指数据类型众多。通常来说，传统数据属于结构化数据，能够整齐地纳入关系数据库。 随着大数据的兴起，各种新的非结构化数据类型不断涌现，例如文本、音频和视频等，它们需要经过额外的预处理操作才能真正成为支持性元数据
低价值密度（value）	数据固然蕴含着价值，但是如果不通过适当方法将其价值挖掘出来，数据就毫无用处
真实性（veracity）	大数据通常反映了真实世界的信息和行为，因为它们是从实际的交易、社交媒体互动、传感器数据等来源中收集而来。人们通过分析大数据，可以获得更准确、全面的信息，从而支持决策制定和预测

如今，大数据已成为一种资本，全球各个大型技术公司无不基于大数据工作原理，通过持续分析数据提高运营效率，促进新产品研发。它们所创造的大部分价值无不来自于它们掌握的数据。

目前，众多前沿技术突破令数据存储数量和计算成本呈指数级下降。相比过去，企业能够以更低的经济投入更轻松地存储更多数据，而凭借经济、易于访问的海量大数据，企业可以轻松做出更准确、更精准的业务决策。

然而，从大数据工作原理角度来讲，大数据价值挖掘是一个完整的探索过程而不仅仅是数据分析，它需要富有洞察力的分析师、业务用户和管理人员针对性地提出有效问题、识别数据模式、提出合理假设并准确开展行为预测。

1.4　大数据技术的发展现状与趋势

1.4.1　大数据的产生

从文明之初的"结绳记事"，到文字发明后的"文以载道"，再到近现代科学的"数据建模"，数据一直伴随着人类社会的发展变迁，承载了人类基于数据和信息认识世界的努力和取得的巨大进步。然而，直到以电子计算机为代表的现代信息技术出现，为数据处理提供了有效方法和手段后，人类掌握数据、处理数据的能力才实现了质的跃升。信息技术及其在经济社会发展方方面面的应用（即信息化），推动数据（信息）成为继物质、能源之后的又一种重要战略资源。

　　虽然大数据这个概念是最近才提出的,但大型数据集的起源却可追溯至 20 世纪 60 年代。当时数据世界正处于萌芽阶段,全球第一批数据中心和首个关系数据库便是在那个时代出现的。

　　"大数据"作为一种概念和思潮由计算领域发端,之后逐渐延伸到科学和商业领域。大多数学者认为,"大数据"这一概念最早公开出现于 1998 年。美国高性能计算公司 SGI 的首席科学家约翰·马西(John Mashey)在一个国际会议报告中指出,随着数据量的快速增长,必将出现数据难理解、难获取、难处理和难组织四个难题。用"big data(大数据)"来描述这一挑战,在计算领域引发思考。

　　2005 年左右,人们开始意识到用户在使用 Facebook、YouTube 以及其他在线服务时生成了海量数据。同一年,专为存储和分析大型数据集而开发的开源框架 Hadoop 问世,NoSQL 也在同一时期开始慢慢普及开来。

　　2007 年,数据库领域的先驱人物吉姆·格雷(Jim Gray)指出大数据将成为人类触摸、理解和逼近现实复杂系统的有效途径,并认为在实验观测、理论推导和计算仿真三种科学研究范式后,将迎来第四范式——"数据探索",后来同行学者将其总结为"数据密集型科学发现",开启了从科研视角审视大数据的热潮。

　　2012 年,牛津大学教授维克托·迈尔-舍恩伯格(Viktor Mayer-Schnberger)在其畅销著作《大数据时代》(*Big Data*: *A Revolution That Will Transform How We Live*, *Work and Think*)中指出,数据分析将从"随机采样""精确求解"和"强调因果"的传统模式演变为大数据时代的"全体数据""近似求解"和"只看关联不问因果"的新模式,从而引发商业应用领域对大数据方法的广泛思考与探讨。

　　大数据于 2012 年、2013 年达到宣传高潮,2014 年后大数据概念体系逐渐成形,人们对其的认知亦趋于理性。大数据相关技术、产品、应用和标准不断发展,逐渐形成了由数据资源与 API、开源平台与工具、数据基础设施、数据分析、数据应用等板块构成的大数据生态系统,并持续发展和不断完善。其发展过程呈现了从技术向应用、再向治理的迁移。

　　Hadoop 及后来 Spark 等开源框架的问世对于大数据的发展具有重要意义,正是它们降低了数据存储成本,让大数据更易于使用。在随后几年里,大数据数量进一步呈爆炸式增长。时至今日,全世界的"用户"——不仅有人,还有机器——仍在持续生成海量数据。

　　经过多年来的发展和沉淀,人们对大数据已经形成基本共识:大数据现象源于互联网及其延伸所带来的无处不在的信息技术应用以及信息技术的不断低成本化。大数据泛指无法在可容忍的时间内用传统信息技术和软硬件工具对其进行获取、管理和处理的巨量数据集合,具有海量性、多样性、时效性及可变性等特征,需要可伸缩的计算体系结构以支持其存储、处理和分析。

　　大数据的价值本质上体现为:提供了一种人类认识复杂系统的新思维和新手段。就理论而言,在足够小的时间和空间尺度上,对现实世界数字化,可以构造一个现实世界的数字虚拟映像,这个映像承载了现实世界的运行规律。在拥有充足的计算能力和高效的数据分析方法的前提下,对这个数字虚拟映像的深度分析,将有可能理解和发现现实复杂系统的运行行为、状态和规律。应该说大数据为人类提供了全新的思维方式和探知客观规律、改造自然和社会的新手段,这也是大数据引发经济社会变革最根本性的原因。

如今,随着物联网(IoT)的兴起,越来越多的设备接入了互联网,收集了大量的客户使用模式和产品性能数据。同时,机器学习的出现也进一步加速了数据规模的增长。

然而,尽管已经出现了很长一段时间,人们对大数据的利用才刚刚开始。今天,云计算进一步释放了大数据的潜力,通过提供真正的弹性/可扩展性,它让开发人员能够轻松启动 Ad Hoc 集群来测试数据子集。此外,图形数据库在大数据领域也变得越来越重要,它们能够以独特的形式展示大量数据,帮助用户更快速执行更全面的分析。

当前大数据技术的研究发展状况主要体现在基础理论、关键技术、应用实践、数据安全四个方面。

在基础理论方面,目前相关专家与研究人员尚未解决一些基本的理论问题。例如当前学界对于大数据技术的科学定义、结构模型、数据理论体系等基本问题并未有确切的认识和判定标准,在数据质量和数据计算效率的评估活动中,也缺乏一个统一的标准,这就直接造成了技术人员在数据质量评价活动中工作效率低下的问题。

在关键技术研究方面,大数据格式的转化、数据转移和处理等技术问题是亟需处理的核心问题。由于大数据的异构性和异质性特征,因此提高大数据格式转化的效率成为了增加大数据技术应用价值的必经途径;而提升大数据计算能力的关键在于提高数据的转移速率,这就要求技术人员要及时对大数据进行整合与处理。在大数据的处理中,数据的重组与错误数据的再利用都是有效提高大数据应用价值的措施。

在应用实践研究方面,目前大数据在实际中的研究应用主要体现为数据管理、数据搜索分析和数据集成。其中,数据管理主要用于大型互联网数据库和新型数据储存模型与集成系统中;而数据搜索分析多用于模型社交网络中;数据集成则通过将不同来源、不同作用的数据进行整合从而开发出整体数据库新的功能,目前正处于研究发展的起始阶段。最后,在数据安全方面,大数据技术的用户隐私和数据质量问题是当前数据安全研究工作的重点。

一方面,大数据技术下用户隐私更容易被获取,信息泄露风险更大;另一方面,大数据由于在准确性、冗余性、完整性等方面的偏差,数据质量问题不可避免,因此我们亟需开发相应的数据自动检测修复系统。

1.4.2 大数据的发展现状与趋势

全球范围内,研究发展大数据技术、运用大数据推动经济发展、完善社会治理、提升政府服务和监管能力正成为趋势。下面将从应用、治理和技术三个方面对当前大数据的现状与趋势进行梳理。

(1)应用

已有的众多成功的大数据应用,就其效果和深度而言,当前尚处于初级阶段,根据大数据分析预测未来、指导实践的深层次应用将成为发展重点。

按照数据开发应用深入程度的不同,我们可将大数据应用分为三个层次。

第一层,描述性分析应用,是指从大数据中总结、抽取相关的信息和知识,帮助人们分析发生了什么,并呈现事物的发展历程。如美国的 DOMO 公司从其企业客户的各个信息系统中抽取、整合数据,再以统计图表等可视化形式,将数据蕴含的信息推送给不同岗位的业务人员和管理者,帮助其更好地了解企业现状,进而做出判断和决策。

第二层,预测性分析应用,是指从大数据中分析事物之间的关联关系、发展模式等,并据此对事物发展的趋势进行预测。如微软公司纽约研究院研究员 David Rothschild 通过收集和分析赌博市场、好莱坞证券交易所、社交媒体用户发布的帖子等大量公开数据,建立预测模型,对多届奥斯卡奖项的归属进行预测。2014 年和 2015 年,均准确预测了奥斯卡 24 个奖项中的 21 个,准确率达 87.5%。

第三层,指导性分析应用,是指在前两个层次的基础上,分析不同决策将导致的后果,并对决策进行指导和优化。如研究人员通过分析无人驾驶汽车的分析高精度地图数据和海量的激光雷达、摄像头等传感器的实时感知数据,对车辆不同驾驶行为的后果进行预判,并据此指导车辆的自动驾驶。

当前,在大数据应用的实践中,描述性、预测性分析应用多,决策指导性等更深层次的分析应用偏少。一般而言,人们做出决策的流程通常包括认知现状、预测未来和选择策略这三个基本步骤。这些步骤也对应了上述大数据分析应用的三个不同类型。不同类型的应用意味着人类和计算机在决策流程中不同的分工和协作。

(2)治理

当前大数据治理体系远未形成,特别是隐私保护、数据安全与数据共享利用效率之间尚存在明显矛盾,这成为制约大数据发展的重要短板。社会各界已经意识到构建大数据治理体系的重要意义,相关的研究与实践将持续加强。

随着大数据作为战略资源的地位日益凸显,人们越来越强烈地意识到制约大数据发展最大的短板之一就是:数据治理体系远未形成,如数据资产地位的确立尚未达成共识,数据的确权、流通和管控面临多重挑战;数据壁垒广泛存在,阻碍了数据的共享和开放;法律法规发展滞后,导致大数据应用存在安全与隐私风险;等等。如此种种因素,制约了数据资源中所蕴含的价值的挖掘与转化。

其中,隐私、安全与共享利用之间的矛盾问题尤为凸显。一方面,数据共享开放的需求十分迫切。近年来人工智能应用取得的重要进展,主要源于对海量、高质量数据资源的分析和挖掘。而对于单一组织机构而言,往往靠其自身的积累难以聚集足够的高质量数据。另外,大数据应用的威力,在很多情况下源于对多源数据的综合融合和深度分析,从而获得从不同角度观察、认知事物的全方位视图。而单个系统、组织的数据往往仅包含事物某个片面、局部的信息,因此,只有通过共享开放和数据跨域流通才能建立信息完整的数据集。

另一方面,数据的无序流通与共享,又可能导致隐私保护和数据安全方面的重大风险,我们必须对其加以规范和限制。例如,鉴于互联网公司频发的、由于对个人数据的不正当使用而导致的隐私安全问题,欧盟制定了"史上最严格的"数据安全管理法规《通用数据保护条例》(General Data Protection Regulation,GDPR),并于 2018 年 5 月 25 日正式生效。该条例生效后,Facebook 和谷歌等互联网企业即被指控强迫用户同意共享个人数据而面临巨额罚款,并被推上舆论的风口浪尖。2019 年,中央网信办发布了《数据安全管理办法(征求意见稿)》,向社会公开征求意见,明确了个人信息和重要数据的收集、处理、使用和安全监督管理的相关标准和规范。相信这些法律法规将在促进数据的合规使用、保障个人隐私和数据安全等方面发挥不可或缺的重要作用。从体系化、确保一致性、避免碎片化考虑,制订专门的数据安全法、个人信息保护法是必要的。然而,我们也应看到,这些法律法规也将在客观上不可避免地增加数据流通的成本、降低数据综合利用的效率。如何兼顾发展和安全,平衡效率和风险,在保障安全的前提下,不因噎废食,不对大数据价值的挖掘利用造成过分的负面影响,是当前全世界在数据治理中面临的共同课题。

（3）技术

现有技术体系难以满足大数据应用的需求,大数据理论与技术远未成熟,未来信息技术体系将会得到颠覆式的创新和变革。

近年来,数据规模呈几何级数高速增长。据国际信息技术咨询企业国际数据公司（IDC）的报告,2020 年全球数据存储量将达到44ZB,到2030 年将达到 2 500ZB。当前,需要处理的数据量已经大大超过处理能力的上限,从而导致大量数据因无法或来不及处理,而处于未被利用、价值不明的状态,这些数据被称为"暗数据"。国际商业机器公司（IBM）的研究报告估计,大多数企业仅对其所有数据的1%进行了分析应用。

近年来,大数据获取、存储、管理、处理、分析等相关的技术已有显著进展,但是大数据技术体系尚不完善,大数据基础理论的研究仍处于萌芽期。

首先,大数据定义虽已达成初步共识,但许多本质问题仍存在争议,例如:数据驱动与规则驱动的对立统一、"关联"与"因果"的辩证关系、"全数据"的时空相对性、分析模型的可解释性与鲁棒性等;其次,针对特定数据集和特定问题域已有不少专用解决方案,是否有可能形成"通用"或"领域通用"的统一技术体系,仍有待未来的技术发展给出答案;最后,应用超前于理论和技术发展,数据分析的结论往往缺乏坚实的理论基础,对这些结论的使用仍需保持谨慎态度。

1.5　大数据使用场景

从客户体验到智能分析,大数据可帮助企业轻松处理各种业务活动。以下是企业运营中的常见大数据使用场景,见表1-2:

表1-2　企业运营中的常见大数据使用场景

产品开发	Netflix 和 Procter & Gamble P&G 等公司利用大数据来预测客户需求。它们对过去和当前产品或服务的关键属性进行分类,并对那些属性和成功商业产品之间的关系进行建模,从而为新产品和服务构建预测模型。此外,P&G 还根据来自焦点小组、社交媒体、试销市场和前期铺货的数据和分析结果来规划、生产和发布新产品
预测性维护	各种结构化数据（例如设备年份、品牌、型号等信息）以及非结构化数据（包括数以百万计的日志条目、传感器数据、错误消息和引擎温度）中往往深藏着可供预测机械故障的信息。通过分析这些数据,企业可以在事故发生前识别潜在问题,从而更加经济高效地安排维护活动,充分延长零部件和设备的正常运行时间
客户体验	当今市场竞争的核心在于赢得客户。相比过去,企业现在更有条件清楚地了解客户体验。企业能够通过社交媒体、网站访问、呼叫记录以及其他来源收集数据,进而改善客户互动,为客户提供个性化产品,降低客户流失率,主动解决问题,最终以卓越体验创造更多价值

表1-2（续）

欺诈和合规性	在今天，企业的系统面临的威胁远不止几个心怀不轨的黑客，还有人员配置完善的专家团队。同时，安全形势与合规要求也在不断变化，带来了重重挑战。借助大数据，企业可以通过识别数据模式发现欺诈迹象，汇总海量信息，加速生成监管报告
机器学习	机器学习是当今的一个热门话题，而数据（特别是大数据）正是这一现象背后的一大重要推动因素。通过利用大数据训练机器学习模型，我们能够"训练"机器使之具备特定能力而无需为其编写程序。正是可供训练机器学习模型的大数据促成了这一转变
提高运营效率	运营效率领域很少会爆出重磅消息，但大数据在该领域的影响却最为深远。借助大数据，企业可以深入分析和评估生产、客户反馈、退货率以及更多其他问题，从而减少缺货现象，预测未来需求，还可以利用大数据根据当前市场需求改善决策
推动创新	大数据有助于研究人、组织、实体以及流程之间的相互关系，进而基于深度洞察，以全新方式推动创新。在大数据的帮助下，企业可以有效改善财务和计划决策，验证趋势和客户需求，更好地为客户提供新产品和新服务，还可以实施动态定价，从而充分实现收益。简而言之，大数据将打开创新世界的大门，为企业带来无穷的可能性

第 2 章
大数据审计概述

本章学习目标

■掌握大数据审计的概念；
■掌握大数据审计的基本特征；
■掌握大数据技术在审计中的运用；
■掌握大数据审计的发展趋势；
■掌握大数据审计的创新发展。

2.1 大数据审计概念

"大数据"概念起源于美国，哈佛大学教授深入研究了大数据，并将研究结果总结成《大数据时代》一书。这本书提出数据是世界的本质，大数据将深入推进人类文明发展进程，并推动世界发生转型。人类对世界的记录和分析是大数据发展的根本动力。此外，在大数据时代，世界各个行业，无论新兴行业还是已经成熟的行业、产业，其内部结构和发展规模会因大数据技术的利用而实现跨越式发展。

计算机审计、信息系统辅助等相关理论相继出现，拓展了审计领域信息技术的利用范围，加深了信息技术与审计科学的融合深度。大数据审计是指审计机关遵循大数据理念，运用大数据技术方法和工具，利用数量巨大、来源分散、格式多样的经济社会运行数据，开展跨层级、跨地域、跨系统、跨部门和跨业务的深入挖掘与分析，提升审计发现问题、评价判断、宏观分析的能力。与数据审计相比较，大数据审计所使用的数据更多源异构，所使用的技术方法更复杂高级，对数据的洞察更敏锐深刻。

2014 年，国务院颁布《关于加强审计工作的意见》，提出构建国家审计数据系统、在审计实践中探索大数据应用技术，全面提高信息化技术应用能力的要求。2015 年，国务院在《促进大数据发展行动纲要》中进一步强调全面推进我国大数据的发展与应用，并提出实施国家大数据战略。2018年2月，中央颁布了《中共中央关于深化党和国家机构改革的决定》，要求综合利用大数据技术，创新经济监督方式、提高经济预测能力、完善经济预警机制。大数据审计是信息化时代审计创新发展的具体表现，也是实现审计全覆盖目标的必要基础。

大数据是信息化发展的必然趋势，大数据审计是审计机关适应时代发展的必然选择。2014年，审计署成立电子数据审计司，先后出台了审计业务电子数据管理、审计业务电子数据远程联网管理、建设特派办数据分析网和共享审计业务电子数据等规定，明确了数据采集、管理、使用、安全等各环节要求，初步构建了较为完备、规范的大数据审计体系；地方各级审计机关也结合实际构建大数据审计体系，取得较好成效。2016年世界审计组织大会批准成立大数据审计工作组，中国审计署担任工作组主席国；在大数据环境下，无论在审计方式上，还是在审计对象上都有所改变，社会也出现了越来越多的词汇，比如"计算机审计""计算机辅助审计""大数据分析审计""非现场审计"等。审计人员从原先的接触合同、凭证、仓库盘点、人员访谈等审计方式，转变为接触企业信息系统、从系统中获取数据进行审计。在这种情况下，审计人员可以应用对应的审计数据分析软件，解决数据获取、数据挖掘、数据建模、重复审计、可持续监控等方面的问题，计算机不仅仅只带给审计人员数据量级的变化，还带给审计人员创新创造价值的福利，具体体现在：

（1）从抽样到全量数据审计

计算机审计数据分析技术的形成，让审计不再只局限于抽样，而是可以通过计算机手段，进行全局审计数据分析。在很多集团性的企业，我们发现它们的数据都集中在本部，因此，审计人员可以在本部完成全国乃至全球的业务或财务分析。

（2）从重复审计到可持续监控

利用计算机手段建立的审计数据分析模型可重复使用，如一些采购审计模型，可以从原先的1年一审计，借助计算机的力量，自动执行分析，达成按月审计，且不占用审计人力资源从而逐渐变为可持续的审计分析。

（3）审计标准化

审计数据分析技术，可以使分析模型标准化，让审计人员不再受到过多的干扰，计算机只会一视同仁，一样的模型，人员正确使用，能得出正确的分析结果。这也让一个审计团队的审计经验得以在团队内部分享及继承，不再因为人员离职流动而流失。

（4）审计整改跟进

当前的很多审计整改，在给出审计报告后，审计部门并没有多余的精力去跟进整改情况，而更多的是在一定周期后，如1~2年，再次审计相同专题了，才复核审计整改情况。而计算机可以通过自动化分析，直接得出被审计对象的整改情况，还可以进行相同单元的横向及纵向比对。

2.2　大数据审计基本特征

从审计的角度看,大数据是被审计对象的海量数据集合,包括传统的财务账套数据、台账明细账形式的业务数据以及外部相关联的结构和非结构化数据。

（1）数据特征

审计大数据的数据特征可概括为来源广泛、数据量大、关联性强、结构多元等,审计大数据包含国民经济运行的主要数据。而国民经济运行受到多层级、多部门、多行业经济主体的驱动,所以审计大数据来源十分广泛,既包括来源于互联网的媒体资讯、搜索引擎、社交网络数据等交互性数据,也包括被审计单位信息系统的财务、业务数据等货币性数据及经营战略、管理经验、组织结构、社会关系等非货币型数据,还来源于其他渠道的一些数据。并且随着经济的发展,大数据技术与各行各业的融合不断加深,大数据的来源渠道仍在不断拓展。例如,随着我国物联网行业的深入发展,传感器数据也会成为审计大数据的重要组成部分。随着审计大数据覆盖范围的拓展,审计大数据的信息容量也在不断增大。审计大数据不仅在形式上由纸质向电子数据转变,在体量上也呈现出急剧增长的态势。传统审计数据以 MG 和 GB 为单位存储,而审计大数据存储单位可直接到 TB 甚至 PB。在此背景下,审计单位搜集数据的时间将大大缩短,获取的信息量将大幅增加。

在此基础上,审计大数据由传统的因果关联方式转向无限关联方式。大数据背景下,急剧增加的数据量将推动被审计单位内部数据与被审计单位业务往来单位数据,如政府数据、其他行业数据、行业标准数据等无限关联,从而提升审计大数据的关联性,增加挖掘潜在审计价值的可能性。从结构上来看,审计大数据呈现多元化特征。即审计大数据既包括结构化数据,又包括文档、音频、视频、图像等半结构化和非结构化数据。

（2）技术特征

审计大数据技术是一系列具体方法和技术。国家"审计全覆盖"的要求使得大数据审计的范围大大扩充,审计对象更加复杂多样。与此同时,数据跨行业、跨部门、跨地区的特点,使得审计数据的采集、预处理、分析挖掘和可视化技术应用更加复杂化、多样化、精益化和动态化。传统的手工处理方式及一般财务软件很难在短时间内完成对审计大数据的一系列处理。此外,审计大数据结构多元的特征也增加了审计大数据技术的复杂性和多样性。

（3）应用特征

审计大数据致力于评价和审查被审计单位财政财务收支活动的正确性、公允性、合理性、真实性及合法性等,揭露经济社会发展中的重大违法违纪问题,探索宏观经济发展规律。这些发展目标对审计大数据的应用提出了新要求,即审计大数据应用必须将兼顾跨项目、跨行业、跨部门、跨区域的审计需求,朝整合利用审计资源的方向发展。具体而言,大数据环境下,审计应该满足对被审计单位各部门、各环节多种类型全样本数据的采集需求,而不仅仅局限于特定的财务、业务数据,且审计大数据可以打破时间、地域的局限,满足随时随地进行多维度审计的需求。《"十三五"国家审计工作发展规划》明确要求实现审计全覆盖下大数据审计的应用。

2.3 大数据技术在审计中的应用

2.3.1 网络爬虫在审计领域中的应用

审计人员进行大数据审计工作,首要且关键的流程便是获得相关审计数据,而大数据时代以前常用的审计数据采集方法可归纳为如下四种:

①直接复制。当审计人员使用的数据库系统与被审计单位使用的系统相同时,其可结合实际情况判断出审计工作所需要的审计数据,结合被审计单位财务软件的使用特点,利用软件已设定好的提取指令去提取相关审计数据,然后将其保存为后续工作需要的格式。

②通过中间文件采集。

③通过 ODBC 接口采集。如果被审计单位与审计人员所使用的数据库彼此对接,则可以在后续工作中直接使用。

④通过备份/恢复的方式进行采集。这是指将备份数据在数据库系统中还原成数据库格式并进行审计数据分析。

传统数据采集方法无法充分发挥大数据审计的应用潜力,在实务审计工作中,有相当数量的企业并未建立健全数据访问与共享机制,这使得大数据审计优势的充分发挥大打折扣,使得审计人员很难全面细致地搜集工作所需的审计数据,从而产生一定的审计风险。

网络爬虫技术可充分采集被审计单位外部的公共数据,其操作思路如下:

①确定目的。根据审计目标明确审计工作所需的数据。

②分析页面结构。分析对象主要包括数据访问的逻辑和路径。

③利用网络爬虫进行数据抓取,获得所需数据。在完成上述分析后,采用相关网络爬虫软件实现对以上数据的采集工作。

④对获得的数据进行分析核查。针对网络爬虫得到的数据,进行数据集成和数据预处理等基础工作以便后续工作的直接使用,从而使对被审计数据的分析全面有效。

2.3.2 EXCEL 与 SQL 在审计领域的应用

在完成对审计数据的提取后,审计人员还需要对审计数据进行数据分析以便直观地发现审计线索并确定审计证据。合理选用大数据分析工具可使得这一过程更为快速便捷。Excel 作为我们日常使用频率较高的办公软件,在审计领域中的数据分析过程同样可以发挥作用,合理运用 Excel 的各种功能可帮助审计人员高效完成审计工作。

Excel 在审计工作中的应用可大致总结为三类:编制各类试算平衡表、数据趋势分析及数据预测。

(1)编制试算平衡表

①在 Excel 中建立工作簿及工作表,设置未审表、资产负债表、利润表、现金流量表、权益表、试算平衡表、本期调整表和上期调整表。

②完成未审报表和本期调整表和上期调整表,并在规定区域内输入调整分录并对报

表金额进行校对。

③计算试算平衡表中本期以及上期的借方、贷方以及期末各项目金额并对各项目金额进行核对。

④计算经审会计报表各项目金额并核对是否无误,此步骤可通过 Excel 的链接功能自动完成。此种方法可帮助注册会计师有效避免因项目复杂程度高、项目时间短而导致的审计效率低下、审计结果出现差错等问题,大大缩减编表时间并提高编制效率。

（2）数据趋势分析

运用 Excel 的图表功能,以年月日等时间节点为 X 轴、以预期观测到的数据变化的指标为 Y 轴,导入相应的审计数据以构建出数据模型,观测数据变化的特征及趋势,从而发现审计线索。此种方法操作简便且便于理解,可以帮助审计人员快速发现审计线索。

（3）数据预测

利用 Excel 内含的函数模型进行计算分析预测时,数据预测功能运用应遵循以下原则:若观测到的数据在给定的时间跨度内较为稳定,则可利用平均函数模型或移动平均模型预测未来期间的大概数据;若观测到的数据有着较为明显的"线性特征",则可利用回归模型分析未来期间的理论值;若观测到的数据无明显特征,则可利用指数平滑模型分析未来区间的理论值。此种方法可提前发现风险隐患并加以预防,为日后期间的调整措施等提供相应的理论依据。

Excel 的审计功能主要表现为对数据的整理分析,而在对审计数据的汇总、浏览及操作方面,SQL 语言可为审计工作贡献力量。SQL 语言拥有强大的查询功能,且适用于大部分关系型数据库,其形象的程序语言允许审计人员在较短的时间内完成学习,高效地完成审计任务。

SQL 语言在审计方面的应用可大致总结为如下三点:

首先,在采集被审计单位相关数据库数据的基础上,审计人员可以利用 SQL 语言进行信息统计和汇总。该技术可对不同数据库的数据信息进行分类统计和整理,找出数据之间存在的关系并进行汇总,便于审计人员更好地对审计证据进行操作观察。

其次,审计人员可以应用 Select 语句能方便快捷地对数据库中的数据信息进行浏览查询。具体应用可表现为:审查数据是否遗漏或重复、验证不同表中的相关数据是否统一、审核相关数据是否处于合理区间、对异常数据进行筛查等,并以此为基础进一步开展审计工作。

最后,应用修改、添加、删除语句对信息进行相关编辑操作。审计人员可应用此项操作标注重点待查信息和清理过期无用信息等。上述两种大数据技术可单独发挥作用,也可联合使用于审计工作中。

Excel 软件内含 SQL 操作环境可供使用者进行可视化操作,具体步骤如下:

①对目标数据表进行命名。

②在菜单栏中的"数据"列表下的"其他来源"选定连接方式,进入 SQL 操作环境。

③在操作环境中设定查询条件。操作人员可直接在"条件"窗口内输入条件以完成简单查询,也可在"SQL 语句"框中输入所需的查询语句以完成更复杂的查询。

④完成查询后,将生成的数据返回 Excel。

由于 Excel 未结构化,不是真正的数据库,因而 Excel 不能像真实数据库那样运用大量复杂的操作语言。利用 Excel 中的 SQL 语句实现精准查询以期得到理想效果的条件较为苛刻。因此,一般情况下在满足以下情况时方能考虑应用:没有已安装的数据库,仅供短期临时使用;内含的数据量较少,且 SQL 语句也仅做简单查询使用;数据结构导入数据库的过程较为烦琐,且需要进行格式转换。

2.3.3　3S 技术在审计领域中的应用

针对特殊审计领域,我们同样有大数据技术可供辅助使用:3S 技术。3S 技术分别为 RS(遥感)、GPS(全球地位系统)、GIS(地理信息系统)。

以人类器官做类比的话,RS 的作用就类似于眼睛,可帮助使用者在空间上连续地实现大范围存储并更新目标影像的信息,并可在此基础上通过研究获得详细参数。GPS 则类似双脚,可为使用者精确定位并提供目标物体的具体坐标,此项技术可与 RS 互为参考、互相校正。

GIS 技术则可理解为 3S 系统内的大脑,可及时完成对信息的采集并完成相关技术处理及深度分析,为相关管理决策提供具体依据。3S 技术在审计领域中的具体应用,主要集中于自然资源、工程建设、农业开发等方面。

在审计领域,RS 技术可用于在投资建设审计项目中获取工程建设情况的遥感图像,与被审计单位提供的现状图或投资单位提供的规划图等进行比对核查,从而发现建设不合理或不合规等审计疑点。而 GPS 技术可帮助审计人员获得直观的审计线索,审计人员利用 GPS 技术可对从被审计单位或其他渠道获得的审计数据进行重合性分析,审查诸如开发项目中的多头申报和易地建设等常见问题。GIS 在审计领域的应用思路是:编制研究所需的数字化地图,然后利用 GIS 技术对研究所需对比的地图进行叠合等空间分析运算,获得不同时期或不同地区的差异图进行聚类分析,进一步获得审计线索。

在 3S 技术一体化已成为地理信息发展趋势的背景下,审计人员不仅可以在审计工作中单独使用 3S 技术中的某一项,更可将 3S 技术进行有机结合并合理应用于同一审计业务中:①利用 RS 技术获取被审地区的大范围、多时期的遥感影像,为相关审计事项提供最直接的影像基础资料,从而直接通过对不同时期影像的对比或与相关规划图等的对比观察,发现变化位置及变化量作为初步审计线索。②在此基础上,可利用 GPS 技术将位置信息导入装有北斗卫星导航系统的手持装置,获得对审计关注地区具体目标的专业定位和范围信息后前往待审计地区进行实地考察,对初步审计线索进行确认,形成审计证据。③在审计人员获得初步审计证据后,可利用 GIS 技术的面积统计、精准识别等功能,生成非正常情况的详细信息,提供充分的审计证据。

3S 技术的有机结合适用于诸多审计业务中,如审计违规开发利用土地等问题。审计人员可从有关部门获取土地利用总体规划图,随后利用 RS 技术获取土地利用现状图,通过总体规划图可获得计划建设用地的相关地理信息,而土地利用现状图则反映了目前已开发利用的建设用地的实际情况。审计人员将其运用 GIS 技术进行叠加分析和空间相交分析,可获得诸如非规划区域的实际遥感图像,可显示为新开发区域或未批准建设区域违规施工等现象的疑似违法地图斑。GIS 的使用可保证审计线索的时效性和准确性。随后,为进一步获得审计证据,审计人员可利用 GPS 技术将位置信息导入手持装置,前往现场验证违规开发利用土地现象是否确实存在。验证完毕后,审计人员可再次利用 GIS

技术,通过该技术的面积统计功能,输入违规用地的相应关键坐标点,导出违规用地包括具体面积在内的详细信息,提供直接审计证据。

为应对大数据时代下被审计单位海量的数据,审计人员有诸如网络爬虫、Excel、SQL和3S技术等多种大数据技术可供使用,善用这些技术可帮助审计人员应对不同种类的审计业务,并且节约成本、提高效率。审计单位应正视大数据时代审计工作面临的挑战和机遇,积极培训审计人员掌握多种大数据审计技术,以使其能解决各类审计难题。

阅读材料:未来已来

有开阔的思路,利用更多似乎无关但实质相关的领域的数据,即开展大数据审计,是极为重要的审计思维方式。大数据审计,不再只是未来趋势,而是未来已来、时不我待。大数据审计,是时代命题,是现实问题,更应成为我们高度关注、认真研究解决的重大课题。以下为一个典型案例:

资料来源:审计署公开信息。

长江堤防隐蔽工程项目审计

该项目审计结果公告后,引起媒体及社会高度关注。

这究竟是怎么回事呢? 审计查实的主要问题是,长江堤防隐蔽工程建设中,部分施工人员与建设单位及监理人员相互勾结,采取偷工减料、高估冒算等手段,骗取工程建设资金8 000多万元。

审计又是如何发现这些问题的呢? 审计是事后进行,大量石料早已抛入江中、筑入坝底,不仅不可能全部挖出来测量称重,也很难采用技术手段准确探测估算。在接受记者采访时,据当年参加审计的人员介绍,他们所采取的审计步骤和方法大致是:为审计采购石材数量,先查看采购记录及从供货方取得的发票;依照采购合同及发票上的公章等信息,延伸到采石场,看发票真假;因石料要靠船运,找港监部门查阅运输记录,核实运送石料时间、数量等;进而还需要审计抛入隐蔽工程石料的数量。为此,需要查阅抛石施工日志,看有无抛石日志及其记录的完整性、准确性等。

此外,他们还寻求气象部门支持,查阅气象日志,特别是比对记录显示有无运送石料、抛石作业时段,气象条件是否适宜。事实上,前边一系列操作,虽然发现有瑕疵或小问题,比如少量假发票等,但问题并不是很大。通过查看气象日志,才最终取得彻底突破:有时大雨倾盆、风急浪高,船只根本无法在江上航行,但记录显示,船运方竟然仍有船只运输,施工方也还在抛石作业,这肯定是造假无疑! 而这种造假,只有施工、监理与建设三方人员勾结串通才可能完成。这一审计过程表明,审计要查清问题,不能只查账目、凭证及相关记录,不能只查勘或测量实物、工程形象进度,不能只局限于在相关实体单位间兜圈子,不能单纯就事论事,而需要从天文地理等看似无关实质相关甚至起决定性作用的信息中查找线索。当年虽然用的是人工手段,受诸多因素限制,耗费了很多人力、物力和时间等审计资源,远没有当今信息化手段便利,但实质上是从众多数据中寻找,完全是现在大数据审计的思路。

第3章

大数据审计技术与工具

本章学习目标

■了解大数据审计应用技术及常用工具；
■掌握 SQL 及其在审计中的应用并掌握 SQL 基本语句；
■掌握 Python 及其在审计中的应用并掌握 Python 语言的基本语法；
■掌握智多星 RPA 及其在审计中的应用并掌握智多星 RPA 的条件命令构成。

3.1 大数据审计技术与工具概述

大数据审计技术主要包括数据分析与挖掘和数据可视化。

数据分析是比较大的概念，因为它的流程是由很多个部分组成的，包含了数据获取、数据清洗、数据处理、数据分析、数据可视化等。数据挖掘是从大量的、不完全的、有噪声的、模糊的、随机的数据中，提取隐含在其中的、人们事先不知道的、但有潜在的有用信息和知识的过程。数据挖掘和数据分析都是从数据中提取一些有价值的信息。

数据可视化就是将数据转换成图或表等，以一种更直观的方式展现和呈现数据。我们通过"可视化"的方式，将复杂的数据通过图形化的手段进行有效表达，能准确高效、简洁全面地传递信息，帮助我们发现某些规律和特征，挖掘数据背后的价值。数据可视化的基本思想是将数据库中的每一个数据项作为单个图元素表示，大量的数据集构成数据图像，同时将数据的各个属性值以多维数据的形式表示，使人们可以从不同的维度观察数据，从而对数据进行更深入的观察和分析。

数据可视化技术可以更简洁地表达大数据环境下海量的被审计数据信息，审计人员通过数据可视化技术，能够洞察被审计数据信息中内在因素的模式和关联，快速从大数据中发现问题。

目前，大数据数据审计常用工具包括：

（1）数据采集：Apache Flume、Fluentd、Scribe、Splunk Forwarder、Logstash、Chukwa；专业数据采集工具、专用数据接口、API 商城。

（2）数据存储与预处理。关系型数据库：如 SQL Server 数据库、MySQL 数据库、Oracle 数据库、DB2 数据库；非关系型数据库：NoSQL 数据库，如 MongoDB 数据库、Neo4j 图形数据库；分布式存储及海量计算：Hadoop；复杂的实时计算：Storm；ETL 工具等。

（3）数据分析与挖掘及可视化、自动化处理。开源编程：Python：NumPy、Pandas、PY-Echarts、Matplotlib；R 语言；D3. js；Chart.js；封装软件：数据分析与可视化：用友分析云、腾讯云图、百度 Sugar BI（Echarts）、阿里 Quick BI、微软 PowerBI、Tableau；数据处理与自动化：智多星 RPA、UiPath、UiBot。

其中，大数据审计常用工具主要有 SQL、Python、RPA。

3.2　SQL 基础

3.2.1　SQL 基本语法

SQL 是英文 Structured Query Language 的缩写，意思为结构化查询语言。其主要功能就是同各种数据库建立联系，进行沟通。所以 SQL 最重要的功能就是查询数据库的数据。

例如，在审计中，尤其是内审中，审计人员可以获得授权，取得企业各个业务、财务系统数据库的访问地址、用户名和密码，然后可以直联数据库，在海量的数据中查询所需要的数据。

下面，我们来了解一下 SQL 的基本语法，并在下一部分简要介绍一下 SQL 的基本语句。感兴趣的同学可以到【拓展资源】中，获取 My SQL 安装文档，自行安装及进行相关的操作练习。

（1）不区分大小写。SQL 语句不区分大小写，意思是我们可以使用大写或者小写，效果都是一样的。但是为了便于阅读和调试代码，比较规范的做法是，SQL 的关键字大写，表名或者字段名小写。

（2）多条语句分号分隔。对于单条 SQL 语句来说，在结尾处加分号或者不加分号都是可以的，但是多条 SQL 语句必须以分号分隔。

（3）必须用英文标点符号。SQL 语句中所使用的标点符号，必须是英文状态的标点符号，如果使用中文的标点符号会报错。

（4）空格会被忽略。在处理 SQL 语句时，所有的空格都会被忽略，我们可以把一条 SQL 语句写在一行上，也可以分开写在多行上。比较好的习惯是将 SQL 语句写在多行上，这样可以使代码更容易阅读和调试，如下。

```
    添加注释 和 SQL 语句在同一行：用"--"
如：SELECT prod_name -- 这是一条注释
    FROM products；
    单独一行：用"#"
如：
    # 这是一条注释
```

```
SELECT prod_name
FROM products;
多行注释:用"/*  */"
如:/* 这是一条注释
这是一条注释
这是一条注释 */
SELECT prod_name
FROM products;
```

3.2.2 SQL 基本语句

（1）常用 SQL 基本语句列表

增:

基本语句	语句功能
CREATE DATABASE	创建数据库
CREATE TABLE	创建数据表

删:

基本语句	语句功能
DROP	删除(数据库/数据表)
DELETE	删除数据库中的数据
DELETE FROM	从某表中删除数据
DELETE FROM……WHERE……	从某表中删除符合某些条件的数据

查:

基本语句	语句功能
SHOW	显示(数据库/数据表)
USE	选择数据库
SELECT	从数据库中查询数据
SELECT * FROM……	从某表中查询数据
SELECT * FROM ……WHERE……	从某表中查询符合某些条件的数据
SELECT DISTINCT	返回唯一不同的值
SELECT * FROM …… ORDER BY ……DESC	从某表中查询数据后按照某个字段进行降序排列
SELECT COUNT(*) FROM……	查询某表中的数据条数
Group by	以某字段唯一值为汇总依据汇总数据

改：

基本语句	语句功能
UPDATE	更新数库中的数据
INSERT INTO	在数据库中插入新的数据
LOAD DATA	导入数据

（2）任务实战

①增删数据库。

在进行 SQL 命令操作前,要先连接 mysql 服务器,相应的代码示例如下：

```
[root@ host]# mysql -u root -p
Enter password: * * * * * *
```

如果是通过 MySQL Workbench 进行相关操作,需要先创建链接,然后通过该链接进入工作台即可。

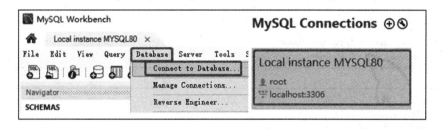

```
SHOW DATABASES:列出 MySQL 数据库管理系统的数据库列表
# 显示 MySQL 中所有的数据库
SHOW databases;
```

```
CREATE DATABASE+数据库名:新建数据库
#创建名为 my database 的数据库
CREATE DATABASE my database;
DROP DATABASE+数据库名:删除数据库
# 删除数据库 my_database
```

   DROP DATABASE my_database;

②增删数据表。

```
SHOW TABLES:显示指定数据库的所有表。使用该命令前需要使用 USE 命令来选择要操作的数
据库。
USE+数据库名:选择数据库

#显示 py database 数据库中所有的表
USE  py database;
SHOW   tables;
```

```
CREATE TABLE+数据表名("字段名"字段定义):新建数据表
```

```
CREATE  TABLE  table name  （column name column type）；
使用该命令前需要使用 USE 命令来选择要操作的数据库。

#在 py_database 创建名为 my_table 的数据表 USE py_database；
CREATE TABLE my_table(
cust_id char( 10) NOT NULL,
cust_name char( 50) NOT NULL)；
# char( 10)指定字段字符的长度
# NOT NULL 指定字段不能为空值,如不指定,默认为 NULL,即可以为空值
```

```
DROP TABLE+数据表名:删除数据表。使用该命令前需要使用 USE 命令来选择要操作的数据库。

#删除数据表 my table
USE   py database；
DROP TABLE my table；
```

③查询数据。

使用以下命令前需要使用 USE 命令指定数据库。

```
SELECT+字段名:要查什么
FROM+数据表名:从哪里查
#从数据库表 products 中查询 prod name
SELECT prod name FROM products；
```

```
DISTINCT+字段名:表示数据库只返回该字段不同的值(查询结果去重)
#从数据库表 products 中查询不重复的 prod name 值
SELECT DISTINCT prod name FROM products；
```

```
查询多列时,各个列之间以逗号分隔,最后一列的后面不加逗号。
#从数据库表 products 中查询 prod id 和 prod name
SELECT prod id, prod name FROM products；
```

```
查询多列均不重复的值时,同样使 DISTINCT。
DISTINCT 作用于所有的列,不仅仅是跟在其后的一列,也就是所有列值都相同的行才会被去除。而
且,DISTINCT 要放在所有要查询的列的最前面,不可以放在中间位置。
#从数据库表 products 中查询 prod id 和 prod name 均不重复的数据行
SELECT DISTINCT vend id, prod price FROMproducts；
```

```
查询所有列时,可以列示所有列名,或者使用 * 号通配符来实现。
#从数据库表 products 中查询所有列 SELECT * FROM products；
```

④按照条件查询数据。

在实际工作中,我们用到的数据库表一般都比较大,记录条数在百万级甚至千万级。对于记录数比较多的表,只有在极少数情况下,人们才需要查询表里的全部数据。当我们只需要查询表里的部分数据时,我们要在查询数据的时候指定查询条件。

WHERE 语句可以指定查询条件,可以在 WHERE 子句中使用的操作符包括: = , > , < , > = , < = , < > , BETWEEN AND, LIKE 等。

●列的类型为数值时

```
# 从 products 查询 prod_price 为 9.49 的数据
SELECT
    prod_name,
    prod_price
FROM
    products
WHERE
    prod_price = 9.49;
# 从 products 查询 prod_price 介于 5.99(含)到 11.99(含)之间的数据
SELECT
    prod_name,
    prod_price
FROM
    products
WHERE
prod_price BETWEEN 5.99 AND 11.99;
```

　　●列的类型为字符串时,在和列值进行比较时,需要给列值加上引号。

```
# 从 products 查询 vend_id 为 GYS001 的数据。
SELECT
    prod_name,
    prod_price,
    vend_id
FROM
    products
WHERE
    vend_id ="GYS001";
```

```
# 从 products 查询 vend_id 不是 GYS001 的数据
SELECT
    prod_name,
    prod_price,
    vend_id
FROM
    products
WHERE
    vend_id <> "GYS001";
```

　　LIKE 操作符,主要在过滤模糊值时使用。一般会与通配符(%、_)结合使用。

　　%为通配符,表示任何字符出现任意次数。与%能匹配若干个字符不同,_总是刚好匹配一个字符。

　　通配符查询只能用于文本字段,非文本数据类型字段不能使用通配符搜索。

```
# 查询产品名以 bear 为结尾的产品
SELECT
    prod_id, prod_price,   prod_name,vend_id
FROM
    products
WHERE
    prod_name LIKE '%bear';
```

```
# 查询产品名以 Big 为开头的产品
SELECT
    prod_id, prod_price,  prod_name,vend_id
FROM
    products
WHERE
    prod_name LIKE ´Big%´;
```

```
# 从 products 查询 prod_name 后缀为 edium bear 且前面只有一个字符的数据。
SELECT
    prod_id, prod_price, prod_name, prod_id
FROM
    products
WHERE
    prod_name LIKE ´_edium bear´;
```

```
# 从 products 查询 prod_name 后缀为 dium bear 且前面只有两个字符的数据。
SELECT
    prod_id, prod_price, prod_name, prod_id
FROM
    products
WHERE
    prod_name LIKE "__dium bear";
```

```
# 从 products 查询 prod_name 中包含"ele"的数据。
SELECT
    prod_name,   prod_price
FROM
    products
WHERE
    prod_name LIKE "%ele%";
```

多条件查询时,可以使用 OR、AND 操作符将多个条件组合在一起。AND 用来指示查询满足所有给定条件的行。OR 用来指示查询满足任一给定条件的行。

```
# 从 products 查询 vend_id = ´GYS003´ 并且 prod_price < 10 的数据
SELECT
    prod_id, prod_price, prod_name,  vend_id
FROM
    products
WHERE
    vend_id = ´GYS003´   AND prod_price < 10;
```

```
# 从 products 查询 vend_id = ' GYS003 ' 或 prod_price < 10 的数据
SELECT
    prod_id,   prod_price,  prod_name, vend_id
FROM
    products
WHERE
    vend_id = ´GYS003´ OR prod_price < 10;
```

⑤数据排序。

ORDER BY+要排序的列字段名：按照哪里进行排序，默认按升序排序（如需明确指定用"ASC"），如需要按照降序排序，则需要在后面加上"DESC"。

\#从 products 中查询 prod_name 并按照升序排列

SELECT prod_name FROM products ORDER BY prod_name;

```
# 从 products 中查询 prod_name 并按照降序排列
SELECT prod_name FROM products ORDER BY prod_name DESC;
```

如需要对多列进行排序，则在 ORDER BY 后加多个列字段名，中间用逗号隔开。如需要哪个字段按照降序排列，则在哪个字段名后面加上"DESC"。

```
#从 products 中查询 prod_price, prod_name,并依次按照 prod_price, prod_name 升序排列
SELECT prod_price, prod_name FROM products ORDER BY prod_price, prod_name;
```

```
# 从 products 中查询 prod_price, prod_name,并依次按照 prod_price 降序排列, prod_name 升序排列
SELECT prod_price, prod_name FROM products ORDER BY prod_price DESC, prod_name;
```

⑥数据汇总/统计。

Group by：

Group by 字段名　#以该字段唯一值为汇总依据

```
# 从 products 中查询 prod_id,prod_name 并返回 prod_id 唯一值
SELECT prod_id, prod_name FROM products Group by prod_id;
```

Count：

count（字段名)#对该字段进行计数

count(＊)表示对所有字段进行统计

```
# 从 products 中查询 prod_id,prod_name 并返回 prod_id 唯一值,并分组统计数据条数
SELECT prod_id, prod_name, COUNT（＊) FROM products Group by prod_id;
```

Sum：

sum（字段名)#对该字段求和

```
# 从 products 中查询 prod_id,prod_name 并返回 prod_id 唯一值,并对 prod_quant 分组求和
SELECT prod_id, prod_name, sum（prod_quant) FROM products Group by prod_id;
```

AVG：

avg（字段名)#对该字段求平均值

```
# 从 products 中查询 prod_id,prod_name 并返回 prod_id 唯一值,并对 prod_price 分组求平均值
SELECT prod_id, prod_name, AVG（prod_price) FROM products Group by prod_id;
```

⑦更新／插入／导入数据／导出数据。

更新数据（修改数据）

```
Update 表名
Set 字段名 1＝新字段值 1,字段名 2＝新字段值 2,……
Where 设定更新的条件
```

插入数据

```
Insert into 表名(字段名 1,字段名 2,……)values(字段值 1,字段值 2,……)
```

导入数据

```
load data   infile '文件路径及文件名' into table 表名……
```

导出数据

```
SELECT  *  FROM 表名   INTO OUTFILE '文件路径及文件名'……
```

MySQL Workbench 中提供了导入数据和导出数据的快捷方式,跟随导航可以完成数据表的导入和导出,如图 3-1 所示。

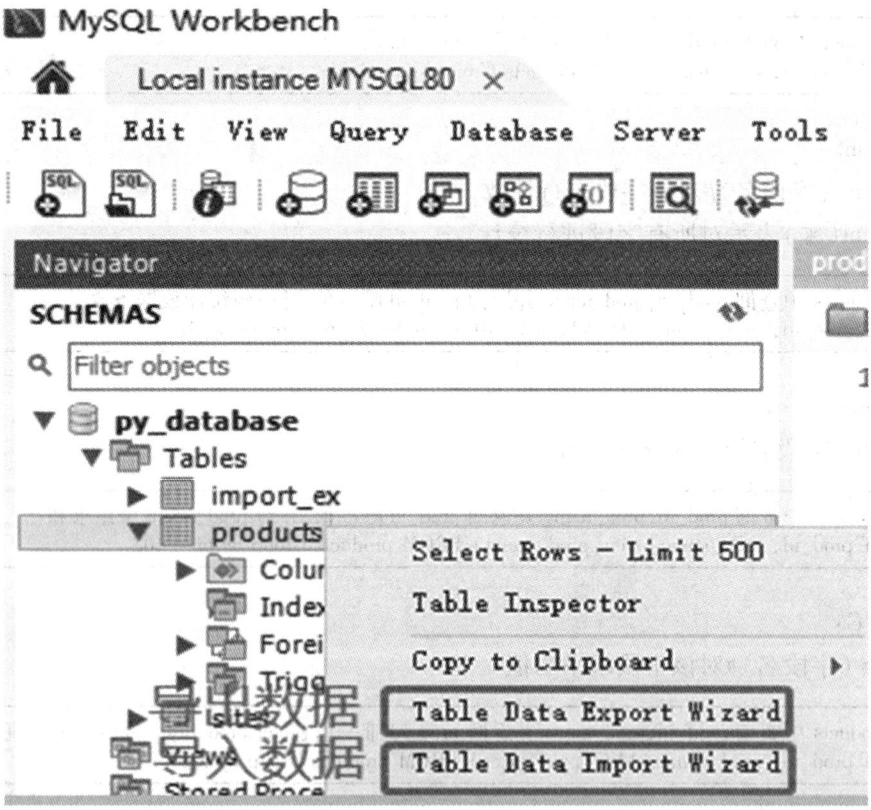

图 3-1　MySQL Workbench 导入数据和导出数据

3.3 Python 基础

3.3.1 Python 简介

Python 是由荷兰数学和计算机科学研究学会的 Guido van Rossum 于 1989 年年底、1990 年年初设计的编程语言。

作为 ABC 语言的替代品，Python 提供了高效的高级数据结构，还能简单有效地面向对象编程。Python 语法和动态类型，以及解释型语言的本质，使它成为多数平台上写脚本和快速开发应用的编程语言。随着版本的不断更新和语言新功能的添加，其逐渐被用于独立的、大型项目的开发。

Python 解释器易于扩展，可以使用 C 或 C++或者其他可以通过 C 调用的语言扩展新的功能和数据类型。Python 也可用于可定制化软件中的扩展程序语言。Python 丰富的标准库，提供了适用于各个主要系统平台的源码或机器码。

Python 从 2021 年年初 TIOBE 指数的第 3 位开始，热度不断上升。在 2022 年年初，其把原来分别位居前两名的 C 和 Java 甩在了后面，跃升到了 TIOBE 指数第一名，领先其他语言 1%以上，Python 已成多个领域的编程实战语言。

（1）Python 优点

①简单易学、易读易维护。

Python 是一种代表简单主义思想的语言，阅读一个良好的 Python 程序就感觉像是在读英语一样，它使你能够专注于解决问题而不是去搞明白语言本身。Python 极其容易上手，因为 Python 有极其简单的说明文档。Python 风格清晰划一、强制缩进。

②可扩展性、可移植性。

Python 的可扩充性很强，除了核心语言，还提供了丰富的 API 和工具，以便程序员能够轻松地使用 C 语言、C++、Cython 来编写扩充模块。Python 编译器也可以被集成到其它需要脚本语言的程序内。人们可以把 Python 嵌入 C/C++程序，从而向程序用户提供脚本功能。

③免费、开源。

Python 是开放源码软件之一。使用者可以自由地拷贝、阅读它的源代码，对它做改动，把它的一部分用于新的自由软件中。

④资源丰富，功能齐全。

Python 标准库很庞大，它可以帮助人们处理各种工作。除了标准库以外，它还有许多其他高质量的库，如 wxPython、Twisted 和 Python 图像库等。Python 中有 MATLAB 的大部分常用功能相应的扩展库。

⑤高层语言、解释性语言。

人们使用 Python 语言编写程序时无需考虑如何管理程序使用的内存等的底层细节。一个用编译性语言比如 C 或 C++写的程序，需要从源文件转换到一个计算机使用的语言（二进制代码，即 0 和 1），而 Python 语言写的程序不需要编译成二进制代码，可以直接从源代码运行程序。

⑥面向对象。

Python 既支持面向过程的编程也支持面向对象的编程。在"面向过程"的语言中,程序是由过程或仅仅是可重用代码的函数构建起来的。在"面向对象"的语言中,程序是由数据和功能组合而成的对象构建起来的。

(2)Python 常用的库(见图 3-2)

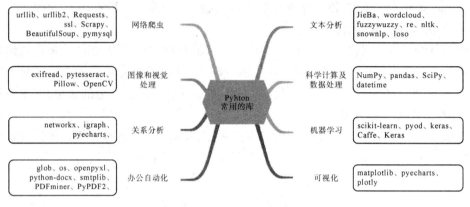

图 3-2　Python 常用的库

3.3.2　Python 基本规则

(1)基本规则

①严格区分大小写。Python 标识符英文字母是严格区分大小写的,即同一单词大小写不同代表不同的对象。

②必须用英文标点符号。Python 语句中所使用的标点符号,必须是英文状态的标点符号,不能是中文状态的。

③多条语句分号分隔。Python 可以在同一行中使用多条语句,语句之间使用分号(;)分割。

④不能混用单双引号。字符串可以使用单引号或双引号括起来,但开头和结尾不能使用不同的符号,即不能混用单引号和双引号。

⑤严格缩进。Python 语句需要使用缩进来编写模块。缩进的空白数量是可变的,但是所有代码块语句必须包含相同的缩进空白数量,这个必须严格执行,否则会报错。

number、Number、NUMBER 三个变量名代表着三个完全不同的独立的变量。

正确示例:

```
a = 10
b = 9
if a>b:
        print("True")
else:
        print("False"
```

错误示例：

```
a = 10
b = 9
if a = = b：#a 等于 b
    print("Answer")
    print("True")
else：
    print("Answer")
  print("False") #没有严格缩进,在执行时会报错
```

●多行语句

Python 通常是一行写完一条语句,但如果语句很长,我们可以使用反斜杠 \ 来实现多行语句。

在 [ ], {}, 或 ( ) 中的多行语句,不需要使用反斜杠 \

示例：

```
total = item_one + \
        item_two + \
        item_three
total = ['item_one', 'item_two', 'item_three',
         'item_four', 'item_five']。
```

●空行

函数之间或类的方法之间用空行分隔,表示一段新的代码的开始。类和函数入口之间也用一行空行分隔,以突出函数入口的开始。

空行与代码缩进不同,空行并不是 Python 语法的一部分。书写时不插入空行,Python 解释器运行也不会出错。但是空行的作用在于分隔两段不同功能或含义的代码,便于日后代码的维护或重构。

记住:空行也是程序代码的一部分

●Python 标识符(变量、函数、类、模块及其他对象的名称)可以由英文字母、下划线及数字组成,但是不能以数字开头,不能包含空格、@ 、% 、$ 等特殊字符,不能与 Python 关键字(即在 Python 中代表一定功能的专用词)相同。

正确示例：

```
UserID
Name
Mode12
user_age
```

错误示例：

```
4word #不能以数字开头
ab c#不能包含空格
$ money #不能包含特殊字符
Try #try 是保留字,不能作为标识符
```

●Python 语言中,以下划线开头的标识符有特殊含义,除非特定场景需要,应避免使用以下划线开头的标识符。

例如以单下划线开头的标识符(如_width),表示不能直接访问的类属性,其无法通过 from…import * 的方式导入;以双下划线开头的标识符(如__add)表示类的私有成员;以双下划线作为开头和结尾的标识符(如__init__),是专用标识符。

```
添加注释
和 Python 语句在同一行:用"#"
如:
print("Hello, Python!") #这是一条注释
```

```
单独一行:用"#"
如:
# 这是一条注释
print("Hello, Python!")
```

```
多行注释:用三个单引号(''')或三个双引号(""")
如:
'''这是一条注释
这是一条注释
这是一条注释 '''
print("Hello,Python!")

""" 这是一条注释
这是一条注释
这是一条注释 """
print("Hello,Python!")
```

(2)Python 的标准数据类型

①数字(Number):Python 中的数字有整型、浮点型、布尔型和复数四种类型。

int:整型。

整型即整数,包含正整数,负整数和 0,整型小数点后无值。

如:-1、-2、0、1、2

float:浮点型。

浮点型由小数部分和整数部分组成,小数点后有值,即使是整数,也会以".0"显示小数位。

如:1.23、1.0

bool:布尔型。

布尔型即是和否的判断。在数字运算中,我们可用"1"表示 True,用"0"表示 False。如:True、False。

complex:复数。

复数由实数部分和虚数部分构成,我们可以用 a + bj,或者 complex(a,b)表示,复数的实部 a 和虚部 b 都是浮点型。

如:1.1 + 2.2j

②字符串(String):字符串是由一个个字符组成的。

指定字符串需要用引号括起来,Python 中单引号′和双引号 " 使用完全相同。使用三引号('''或 """)可以指定一个多行字符串。

如:x = 'HELLO!′

③列表(List):列表是 Python 中使用最频繁的数据类型。

列表可以完成大多数集合类的数据结构实现。列表中元素的类型可以不相同,它支持数字、字符串甚至可以包含列表(所谓嵌套)。

列表是写在方括号［ ］之间、用逗号分隔开的元素列表。

如:list = ［ 'abcd′, 786 , 2.23, 'hello′, 70.2 ］

④元组(Tuple):Python 的元组与列表类似,不同之处在于元组的元素不能修改。

元组使用小括号 ( ),列表使用方括号［ ］。

元组创建很简单,只需要在括号中添加元素,并使用逗号隔开即可。

如:tup1 = ('Google′, 'Baidu′, 1997, 2000)

⑤字典(Dictionary):字典是另一种可变容器模型,且可存储任意类型对象。

字典的每个键值(key＝>value)对用冒号(：)分割,每个对之间用逗号(,)分割,整个字典包括在大括号｛｝中。

如:d = ｛key1：value1, key2：value2, key3：value3｝

⑥集合(set):集合是一个无序的不重复元素序列。

我们可以使用大括号｛｝或者 set() 函数创建集合。注意:创建一个空集合必须用 set() 而不是 ｛｝,因为 ｛｝是用来创建一个空字典。

如:parame = ｛value01,value02,...｝或者 set(value)

3.3.3 Python 基本语句

(1)Python 关键字(见表 3-1)

表 3-1 Python 关键字

import：用于导入模块,与 from 结合使用	from：用于导入模块,与 import 结合使用	as：用于类型转换或命名
def:用于定义函数或方法	return:用于从函数返回计算结果	yield:用于从函数依次返回值
if：条件语句,与 else、elif 结合使用	elif：条件语句,与 if、else 结合使用	else：条件语句,与 if、elif 结合使用,也可用于异常和循环语句
and:用于表达式运算,逻辑与操作	or:用于表达式运算,逻辑或操作	not:用于表达式运算,逻辑非操作
class：用于定义类	is 判断变量是否为某个类的实例	lambda：定义匿名函数
for:循环语句	break:中断循环语句的执行	continue:跳出本次循环,继续执行下一次循环
try：包含可能会出现异常的语句,与 except、finally 结合使用	except：包含捕获异常后的操作代码块,与 try、finally 结合使用	finally：用于异常语句,出现异常后,始终要执行 finally 包含的代码块,与 try、except 结合使用

表3-1(续)

assert:断言,用于判断变量或者条件表达式的值是否为真	in:判断变量是否在序列中	while:循环语句
del:删除变量或序列的值	global:定义全局变量	nonlocal:用于标识外部作用域的变量
pass:空的类、方法或函数的占位符	raise:异常抛出操作	with:简化上下文管理(如文件流)等功能
True:真(布尔类型的值)	False:假(布尔类型的值)	None:空

注:print 函数默认是换行输出的,如果要实现不换行,则需要在末尾加上 end=" "。

(2)任务实战

①print 输出。

输出:print

print(要输出的对象)

内容写在一个 print 语句中,并在要输出的多个对象中间用逗号(,)分割。

除了使用多个 print 语句实现换行输出,还可以使用转义符号"\n",或者使用三引号实现。

示例:

```
# 输出"Hello, Python"
print("Hello, Python!")
输出:
Hello, Python!
```

```
#换行输出
#方法 1
print("Hello,")
print("Python!")
#方法 2
print('Hello, \nPython! ')
#方法 3
print('''Hello,
Python! ''')
输出:
Hello,
Python!
```

```
#不换行输出
print("Hello,", "Python!")
输出:
Hello, Python!
```

输出对象类型:print +type

Print(type(要输出类型的对象))

示例:

```
#定义变量
a,b,c,d,e = 20,5.5,True,4+3j,"hello "
# 输出变量"a"、"b"、"c"、"d" "e"的数据类型
print(type(a), type(b), type(c), type(d) , type(e))
```

大数据审计
技术与应用

输出:

```
<class 'int'> <class 'float'> <class 'bool'> <class 'complex'> <class 'str'>
```

②数据类型转换。

Python 数据类型转换:将数据类型作为函数名即可实现数据类型的转换。

示例:

```
x = 1.25
x = int(x) #将对象 x 转换为一个整数
print(x)
输出:
1
```

```
x = 1
x = float(x)    #将对象 x 转换为一个浮点数
print(x)
输出:
1.0
```

```
x = 12345.67
x = str(x) #将对象 x 转换为字符串
print(x)
输出:
12345.67
构建上页,列表,按列转换数据类型 as type。
```

③字符串处理。

Python 中的字符串有两种索引方式:从左往右以 0 开始,从右往左以 -1 开始。截取字符串的语法格式如下:变量[头下标:尾下标],截取出的字符包含"头下标"对应的元素,不包含"尾下标"对应的元素。

字符串可以用 + 运算符连接在一起,用"(∗)"运算符重复。

示例:

```
x = 'HELLO!'
print (x)            # 输出字符串
print (x[0:-1])       # 输出第一个(含)到倒数第一个(不含)的所有字符
print (x[0])          # 输出字符串的第一个字符
print (x[2:5])        # 输出从第三个(含)到第六个(不含)的字符
print (x[2:])         # 输出从第三个(含)开始以后的所有字符
print (x + "TEST")    # 连接字符串
print (x ∗ 2)         # 输出字符串两次,也可以写成 print (2 ∗ str)
```

输出:

```
HELLO!
HELLO
H
LLO
LLO!
```

```
HELLO! TEST
HELLO! HELLO!
```

索引号:0 1 2 3 4 5
　　　H E L L O !
包含头下标"2"对应的元素"L"
不包含尾下标"5"对应的元素"!"

④列表处理。

和字符串一样,列表同样可以被索引和截取,截取规则与字符串相同,列表被截取后返回一个包含所需元素的新列表。

同样,加号 + 是列表连接运算符,星号 ∗ 是重复操作。

示例:

```
list = [ " abcd" ,786,2. 23,"hello" ,70. 2]
tinylist = [ 123,"hello" ]
print( list)# 输出完整列表
print( list[ 0])# 输出列表第一个元素
print( list[ 1:3])# 从第二个开始输出到第四个(不含)元素
print( list[ 2:])# 输出从第三个元素开始的所有元素
print( list+tinylist)# 连接列表
print( tinylist ∗ 2)# 输出两次列表
```

输出:

```
[ ´abcd´, 786, 2. 23, ´hello ´, 70. 2]
abcd
[ 786, 2. 23]
[ 2. 23, ´hello ´, 70. 2]
[ ´abcd´, 786, 2. 23, ´hello ´, 70. 2, 123, ´hello ´]
[ 123, ´hello ´, 123, ´hello ´]
```

⑤导入库、导入功能、导入文件。

安装第三方库:

Python 中的标准库,不需要安装,可以直接进行导入,而第三方库,则需要先安装才能导入。安装一个新库时可以使用 pip install。

如:#安装 pyecharts 库　　pip install pyecharts。

导入库:

在 python 中用 import 或者 from…import 来导入相应的库及功能,用 import … as 在导入库及其功能的同时给其命名。导入整个库,格式为: import 库名。

如:#导入 pandas 库并命名为 pd　　import pandas as pd。

从某个库中导入某个功能:

格式为: from 库名 import 功能名或 import 库名.功能名。

如:#导入 matplotlib 库中的绘图功能并命名为 plt。

from matplotlib import pyplot as plt

#第二种写法:

import matplotlib.pyplot as plt

从某个包中导入多个函数:

格式为:from 库名. 包名 import 功能 1，功能 2，功能 3。将某个库中的全部功能导入,格式为: from 库名 import ＊,注意尽量少用 ＊,避免冗余。

如:

#导入 pyecharts 库 charts 包中的折线图功能、柱形图功能、饼图功能。

from pyecharts.charts import Line,Bar,Pie

#导入 pyecharts 库 charts 包中的所有功能,注意尽量少用 ＊,避免冗余。

from pyecharts.charts import ＊

导入文件:在 python 中,使用 pandas 导入外部文件,使用 read_文件格式,在 read 前面要指定要读取文件的库,并用"."链接。

在 pandas 库中导入 excel 文件的数据 import pandas as pd   df = pd.read_excel('文件名')。

pd.read_excel 利用 pandas 库中的封装函数"read_excel"读取 excel 文件。

df＝ 将读取的数据赋值给变量 df

如:

#导入文件《明康生物 2021 年销售区域汇总表.xlsx 》中的数据,赋值给变量 df

import pandas as pd   df = pd.read_excel('明康生物 2021 年销售区域汇总表.xlsx')

⑥可视化。

常见图形:折线图 plot

import pandas as pd #导入 pandas 库,用于数据处理

import matplotlib.pyplot as plt #导入 matplotlib 库中的绘图功能并命名为 plt

plt.rcParams['font.sans-serif'] = ['SimHei']   # 设置中文字体为黑体,避免中文字符显示异常

df = pd.read_excel('大数据审计技术与工具/明康生物 2021 年销售区域汇总表.xlsx') #导入数据表

y=["东北","华北","华东","华南","华中","西北","西南"] #定义 Y 轴

plt.plot(df['月份'],df[y]) #定义 X 轴、Y 轴数据内容

plt.legend(y) #添加图例

plt.xlabel('月份')   #添加 X 轴标签

plt.ylabel('销售金额') #添加 Y 轴标签

plt.title('2021 年月度区域销售趋势图', fontsize=18) #添加标题

plt.show() #显示图形

运行结果见图 3-3。

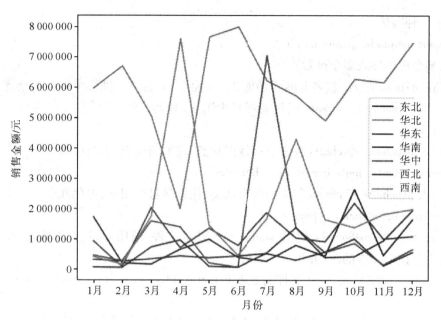

图 3-3 运行结果——2021 年月度区域销售趋势

⑦条件语句。

Python 中的条件语句，主要由 if、else、elif 构成。

当判断条件比较简单时，只使用 if、else 即可。

if 判断条件：

　　（缩进）当符合条件时要执行的代码

else：

　　（缩进）当不符合条件时要执行的代码

示例：

```
score = 85
if score >= 60: # 判断条件为"score>=60"
    print（"及格"）# 符合条件时输出"及格"
else：
    print（"不及格"）#不符合条件时输出"不及格"
```

输出：

```
及格
```

if 语句中常用的操作运算符（见表 3-2）

表 3-2 if 语句中常用的操作运算符

操作符	描述	操作符	描述
<	小于	>=	大于或等于
<=	小于或等于	==	等于，比较两个值是否相等
>	大于	! =	不等于

Python 中的条件语句，主要由 if、else、elif 构成。

有多个判断条件时，就需要结合使用 if、elif、else。

if 判断条件 1：

　　（缩进）当符合条件 1 时要执行的代码

elif 判断条件 2：

　　（缩进）当不符合条件 1，符合条件 2 时要执行的代码

else：

　　（缩进）当不符合条件 1，也不符合条件 2 时要执行的代码

示例：

```
score = 85
if score >= 80: # 判断条件 1 为"score>=80"
    print("良好") # 符合条件 1 时输出"良好"
elif score >= 60: # 判断条件 2 为"score>=60"
    print("及格") # 不符合条件 1，符合条件 2 时输出"及格"
else：
    print("不及格") #不符合条件 1，也不符合条件 2 时输出"不及格"
```

输出：

```
良好
```

可修改"score"值，验证不同的运行结果。

可在第一个"elif"后面添加多个"elif"，添加更多的判断条件。

⑧循环语句。

Python 中的循环语句有 while 和 for。

while 判断条件：

（缩进）当符合条件时要执行的代码重复执行以上脚本，直至不符条件时，停止循序，执行后面的代码。

示例：

```
a = 0
while a <= 5: #判断条件为"a<=5"
    a = a+1 #当符合条件时执行的代码
    print(a) #当符合条件时执行的代码
print("循环结束") #当不符合条件时执行的代码
```

输出：

```
1
2
3
4
5
6
循环结束
```

第 3 章　大数据审计技术与工具

for 循环一般和 in 结合使用,在 in 后面写循环的范围。

for 要循环的变量 in 限定的循环范围:

(缩进)当变量值在循环范围内时要执行的代码重复执行以上脚本,直至变量值不在循环范围时,停止循序,执行后面的代码。

range()函数可以指定数字区间,它是一个左闭右开的区间,即包含左边的值,不包含右边的值。

range(start, stop, step),数字从 start 开始,缺省时默认为 0,到 stop 结束,但是不包含 stop,step 为步长,即数字间的间隔,缺省时默认为 1。

示例:

```
for a in range (5): #变量 a 在 0 到 5 之间(包含 0,不包含 5)
    print(a) #对限定范围内所有元素重复执行的代码
print("循环结束") #当限制范围内所有元素遍历完毕后执行的代码
```

输出:

```
0
    1
    2
    3
    4
```

循环结束

Python 中 for 循环可以遍历任何可迭代的对象,如一个列表或者一个字符串。

示例:

```
x = ["我们","是","审计","人"]
for a in x:
    print(a)
print("循环结束")
```

输出:

```
我们
是
审计
人
循环结束
```

⑨数据表处理。

常用数据表处理:读取表、去除空值、分组统计、输出数据表。

import pandas as pd #导入 pandas 库,用于数据处理。

df = pd.read_excel('大数据审计技术与工具/新道物流 202101 加油对账单.xlsx', header=5)#读取数据表,以第 6 行为表头。

df = df.dropna(axis=1, how='all')#去除空值,1 表示去除空列,0 表示去除空行;all 删除全部为空,any 删除包含空。

df[´卡号´] = df[´卡号´].astype(str)#将卡号转换为字符串格式

df[´金额´] = df[´金额´].astype(float)#将金额转换为浮点格式

df_groups = df.groupby(´卡号´)#按照卡号分组

amount＝df_groups["金额"].sum()#分组金额求和

amount＝amount.reset_index()#转换为数据表,重置索引

amount.to_excel(´大数据审计技术与工具/卡号加油金额汇总.xlsx´, index＝False ,encoding＝´utf-8-sig´)#输出数据表

⑩SQL 数据库操作。

Python 可以通过 mysql-connector 来连接 MySQL 数据库,实现对 MySQL 数据库的相关操作。

```
使用 pip 命令来安装 mysql-connector
python -m pip install mysql-connector#安装 mysql-connector 库
```

```
测试 mysql-connector 是否安装成功
import mysql.connector #导入 MySQL 数据库连接功能,如果执行该代码没有报错,表明安装成功。
```

```
创建数据库连接
mydb = mysql.connector.connect(
    host="localhost",           # 数据库主机地址
    user="yourusername",        # 数据库用户名
    passwd="yourpassword"       # 数据库密码
) #连接数据库
print(mydb)
```

接下来就可以使用"mycursor.execute"加 SQL 语言来对数据库相关操作啦。

```
创建数据库
import mysql.connector
mydb = mysql.connector.connect(
host="localhost",user="root", passwd="123456")
mycursor = mydb.cursor()
mycursor.execute("CREATE DATABASE  PY_DATABASE")
```

```
输出数据库列表
import mysql.connector
mydb =mysql.connector.connect(
host="localhost", user="root", passwd="123456")
mycursor = mydb.cursor()
mycursor.execute("SHOW DATABASES")
for x in mycursor：print(x)
```

3.4 RPA 基础

3.4.1 RPA 简介

RPA(Robotic Process Automation,机器人流程自动化)是基于计算机程序以及业务规则,通过执行重复的、基于规则的任务,实现手工业务自动化的软件,又称为软件机器人、虚拟劳动者。

Gartner 在 2018 年 AI 技术曲线报告中对 RPA 的定义:"用于模仿人类与应用程序、用户界面交互的软件脚本,以自动执行数字业务和工厂流程。"RPA 软件可以模仿人类在电脑上的操作,设定业务流程操作,从而将种种复杂、繁琐,重复性高的流程实现自动化运行,极大程度上解放人力、时间与运营成本。

RPA 可以模仿大部分用户操作行为,包括打开邮件及下载附件、移动复制文件、复制粘贴信息、填写表单、规则计算、登录网络或应用系统、抓取数据、读写数据库等。RPA 可以 7×24 小时工作,提供非入侵、跨系统的应用操作,把人类从大量简单重复性的工作中解放出来,从事更有价值的工作。

(1)RPA 应用价值

①降低成本。

RPA 可以做到全年无间隙工作,部分 RPA 可以完成 7×24h×365d;成本可以降至原人工执行的 1/5~1/9;可以完成耗时及重复的任务,释放人力执行更为增值的工作。

②提升效率。

RPA 相当于人工 5~15 倍的超高工作效率;可以实现在指定环境下进行零错误率的稳定工作;可以完成大量数据的快速交付处理。

③便捷易用。

RPA 可以配置在当前系统和应用程序之外,保证程序的连续性;视 RPA 流程的复杂度,最快可以在 2 周内完成 RPA 流程交付。

④降低风险。

减少错误,提供审计跟踪数据,更好地满足合规控制要求;非人工处理,可以防止信息泄露;RPA 与 AI 结合,助力企业进入数字化转型的快车道。

RPA 作为一种流程工具,可以在不改变企业现有系统的情况下实施,实施周期相对较短,能够帮助企业以较低的成本实现流程优化,成为企业数字化转型整体战略实施的切入点。

业务连续性、减少人工错误及执行跨系统流程成为中国企业最认可的 RPA 价值,其他还包括解放人力、实时数据获取、提升员工工作体验、运营灵活性、降低风险与成本等。

(2)RPA 常用工具

①用友自研的国产 RPA,拥有企业级平台,能做到安全审计,分级管理,规范授权,集中治理。

②天然支持用友 ERP 系列产品,同时支持跨系统流程自动化。

③有个人免费版本和60天企业免费试用版本。

④完整的生态系统,个人和团队分享已经开发好的代码。

⑤提供个人免费试用版本。

⑥对于小型企业来说,基础配置的价格比 UiPath 的同类型要友好很多。

⑦对于使用 Microsoft 365 一系列办公产品的企业来说无疑是一大利器。

⑧操作界面友好,有许多模板可以直接使用。

（3）RPA 简介

智多星 RPA 是企业级流程自动化机器人管理平台。智多星 RPA 作为用友自研的 RPA 软件,具有独立的软件著作权,更加符合国内企业的管理方式与操作习惯。智多星 RPA 支持用友系列产品、浏览器应用、各类桌面应用程序的自动化,提供用户 UI 的录制能力,可以让无 IT 基础的业务人员快速构建自己的自动化助手。智多星 RPA 旨在赋能企业员工,助力企业降本提效。

智多星 RPA 由设计器、客户端、控制台三部分构成。其中,设计器负责设计流程模板,客户端负责机器人的运行,控制台负责对流程模板、客户端等进行管理控制。三者相辅相成,提供了对智多星 RPA 机器人完整生命周期的控制。

RPA 设计器:设计机器人流程模板,以无代码的方式,构建自动化流程

RPA 控制台:负责机器人的统一管理,创建、部署、调度及监控

RPA 客户端:触发和运行机器人,并记录运行结果

（4）任务实战

智多星 RPA 注册及安装过程如下:

①注册智多星 RPA 用户,设置自己的登录账号和密码（见图3-4）。

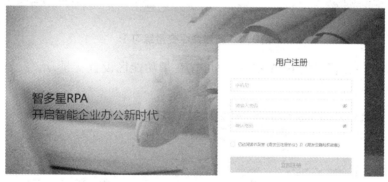

图 3-4　用户注册界面

②安装智多星 RPA 设计器（见图3-5）。

图 3-5　RPA 安装文件

③执行智多星 RPA 设计器初始化语句(见图3-6)。

 智多星RPA设计器初始化执行语句.txt

图 3-6　RPA 设计器初始化语句

3.4.2　RPA 变量

（1）RPA 变量—普通变量

变量用于在计算机语言中存储计算结果或表示值。变量用户可以存储多种类型的数据,用户可以给变量设置变量名,程序可以通过变量名来访问变量。

用户通过使用变量,能够把程序中准备使用的每一段数据都赋予一个简短、易于记忆的名字。当用户需要改变变量值时,其只需要编辑变量就可以了,无需修改代码,因此使用变量,将代码更加简洁易维护。

下面我们在智多星 RPA 设计器中,体验一下变量的使用。

首先,登录智多星 RPA 设计器,然后如图3-7所示,新建一个命令——变量练习1。

图 3-7　新建命令变量练习1

①设置变量:在智多星 RPA 中,用户可在变量功能区设置变量,给变量命名及赋值(见图3-8、图3-9)。

图 3-8　给变量命名

示例:

```
变量名:x
变量类型:String
变量值:Hello, world!
```

图 3-9　给变量赋值

②输出变量。

在智多星 RPA 中,输出变量是通过弹出消息框实现的,在【流程设计】下,双击【弹出消息框】,在右侧属性栏,选择要弹出的变量"x",如图 3-10 所示。

图 3-10　选择弹出的变量"x"

③保存运行。

依次单击【保存】【运行】,即可看到弹出的消息,见图 3-11。

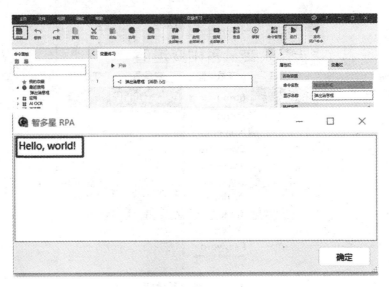

图 3-11　弹出消息

④禁用启用。

选中脚本行,单击【禁用】则可注销该行脚本,单击【启用】则重新启用该行脚本,如图 3-12 所示。

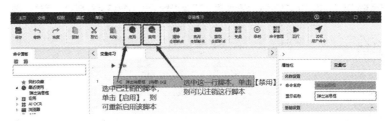

图 3-12　禁用和启用脚本行

(2)RPA 变量——列表变量

用户可以给一个单一值定义变量,也可以给多个值,如一个列表定义变量。

用户可以通过列表位置定位到列表中该位置的值。

①创建列表变量(见图 3-13)。

变量名:list。

变量类型:List。

变量值:通过"添加列表项"定义变量值。

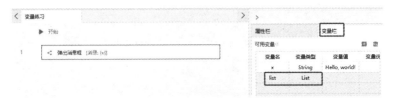

图 3-13　创造列表变量

示例(见图3-14):

```
列表位置颜色
1        红
2            橙
3            黄
4        绿
5            青
6            蓝
7            紫
```

图3-14　创建列表变量结果

②添加列表项。

在【数据】—【列表】下,双击【添加列表项】,在右侧属性栏,选择列表变量"list",在"列表项"中输入列表第一个位置的值"红"(见图3-15)。

图3-15　添加列表项第一个位置的值

继续双击【添加列表项】,或复制上一行脚本并粘贴后,修改属性栏的列表项,依次输入列表第二个位置至第七个位置的值(见图3-16)。

图3-16　添加列表第二个位置至第七个位置的值

③创建变量(见图 3-17)。

创建一个变量"temp",用于存储列表中某一个位置的值。

变量名:temp。

变量类型:String。

变量值:通过"检索列表"给其赋值。

图 3-17 创建变量"temp"

④检索列表。

双击【检索列表】,检索"list"列表中第二个位置的值,并存储到"temp"变量中(见图 3-18)。

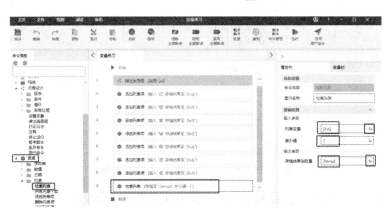

图 3-18 检索列表

⑤输出变量。

双击【弹出消息框】,在右侧属性栏,选择要弹出的变量"temp"(见图 3-19)。

图 3-19 选择要弹出的变量

⑥保存运行。

依次单击【保存】、【运行】,即可看到弹出的消息为"list"列表中的第二个值"橙"(见图 3-20)。

图 3-20　输出第二个位置的值

单击【确定】后,将【检索列表】中的"索引值"改为"7",再次保存运行,则可输出列表中第七个位置的值"紫"(见图 3-21、图 3-22)。

图 3-21　将"索引值"改为"7"

图 3-22　输出第七个位置的值"紫"

单击【文件】—【另存为】，输入文件名——变量练习1，单击【保存】(见图3-23)。

图 3-23　保存变量练习1

(3)RPA 变量——字典变量

单击【主页】，如图3-24所示，新建一个命令——变量练习2。

图 3-24　新建命令变量练习2

字典变量与列表变量类似，是用于存储一组数据的，它不是通过列表位置关联值的，而是通过 Key 关联值，字典变量是由"key:value"构成的。用户可以通过 Key 值定位到其对应的 value 值。

①创建字典变量(见图3-25)。

变量名:map。

变量类型:Dictionary。

变量值:通过"添加字典条目"定义变量值。

图 3-25　创建字典变量

示例(见图 3-26):

Key	value
red	红
orange	橙
yellow	黄
green	绿
cyan	青
blue	蓝
Purple	紫

图 3-26 创建成功的字典变量

②添加字典条目。

在【数据】—【字典】下,双击【添加字典条目】,在右侧属性栏,选择字典变量"map",在"键"和"值"中,分别输入字典的第一对"key:value"值,"red"和"红"(见图 3-27)。

图 3-27 添加第一对"key:value"值

继续双击【添加字典条目】,或复制上一行脚本并粘贴后,修改属性栏的键和值,依次输入字典的第二对至第七对"key:value"值(见图 3-28)。

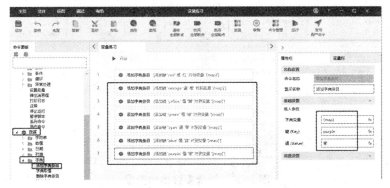

图 3-28 添加第二对至第七对"key:value"值

③创建变量(见图3-29)。

创建一个变量"colour",用于存储列表中某一个位置的值。

变量名：colour。

变量类型：String。

变量值：通过"字典取值"给其赋值。

图3-29　创建变量"colour"

④字典取值。

双击【字典取值】，选择"map"变量，"键"值中输入"orange"，结果存储到"colour"变量中(见图3-30)。

图3-30　字典取值

⑤输出变量。

双击【弹出消息框】，在右侧属性栏，选择要弹出的变量"colour"(见图3-31)。

图3-31　选择要弹出的变量

⑥保存运行。

依次单击【保存】【运行】,即可看到弹出的消息为"map"字典中"key"值"orange"对应的"value"值"橙"(见图3-32)。

图3-32 弹出"value"值"橙"

➤单击【确定】后,将【字典取值】中的"键"值改为"purple",再次保存运行,则可输出字典中"key"值"purple"对应的"value"值"紫"(见图3-33,图3-34)。

图3-33 修改"键"值

图3-34 弹出"value"值"等"

单击【文件】—【另存为】,输入文件名——变量练习2,单击【保存】(见图3-35)。

(a)

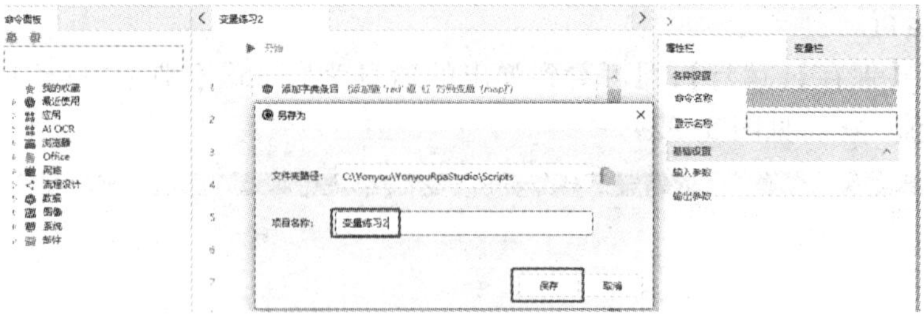

（b）

图 3-35　保存变量练习 2

3.4.3　RPA 条件命令

条件命令用于在计算机语言中判断对象是否满足一定条件,依据满足或不满足条件给出不同的处理方式。条件命令由"if""elseif""else"构成。

if 条件判断:用来判定所给定的条件是否满足。

elseif 条件判断:镶嵌在 if 语句里的,如果一个程序需要 2 个或以上的 if 语句时,则使用 elseif 语句。

else(否则):必须使用在 if 语句里,如果没有 if,就不能使用 else。

下面我们在智多星 RPA 设计器中,体验一下条件命令的使用。

首先,要登录智多星 RPA 设计器,然后如图 3-36 所示,新建一个命令——条件命令练习。

图 3-36　新建部分条件命令练习

（1）实训任务 1:小明的成绩是 85 分,60 分及以上为及格,60 分以下为不及格,判断小明是否及格。

①设置变量(见图 3-37)。

设置一个变量用于存储小明的成绩。

变量名:x。

变量类型:Numeric。

变量值:85。

图 3-37　设置变量 x

②添加判断条件。

双击【if 数值判断】,在右侧属性栏输入参数,"数值 1"是要判断的对象,"数值 2"是判断的标准(见图 3-38)。

图 3-38　添加判断条件

③给出符合条件时的处理方式(见图 3-39)。

本练习中,符合条件时,弹出消息框"及格"。

注意该行脚本要拖到灰色框区域,是有缩进的。

图 3-39　给出符合条件时的处理方式

④添加否则命令。

双击【否则】,则命令区插入该条命令,以便在下面给出不符合条件时的处理方式(见图 3-40)。

图 3-40　添加否则命令

⑤给出不符合条件时的处理方式(见图 3-41)。

本练习中,不符合条件时,弹出消息框"不及格"。

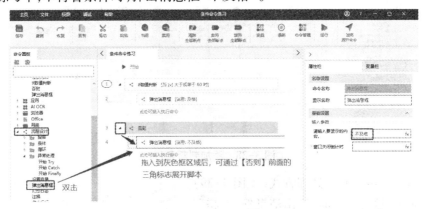

图 3-41　给出不符合条件时的处理方式

⑥民保存运行。

依次单击【保存】【运行】,即可看到弹出的消息为"及格"(见图 3-42)。

图 3-42　保存运行

(2)实训任务 2:小明的成绩是 85 分,80 分及以上为良好,小于 80 分大于等于 60 分为及格,60 分以下为不及格,判断小明成绩属于级别。

这个时候就需要在上一代码的基础上加入"ElseIf 数值判断"语句(见图 3-43 至

图 3-47）。

图 3-43　添加"ElseIf 数值判断"语句 1

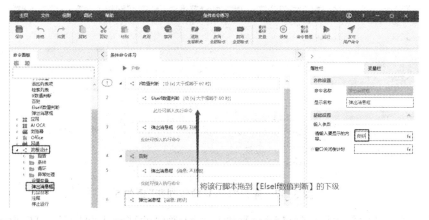

图 3-44　添加"ElseIf 数值判断"语句 2

图 3-45　添加"ElseIf 数值判断"语句 3

图 3-46 添加"ElseIf 数值判断"语句 4

图 3-47 添加"ElseIf 数值判断"语句 5

保存运行：依次单击【保存】【运行】，即可看到弹出的消息为"良好"，可以修改变量 x 的值在不同的判断区间，查看 RPA 运行结果（见图 3-48）。

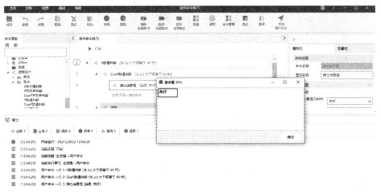

图 3-48 弹出消息为"良好"

单击【文件】—【另存为】,输入文件名——条件命令练习,单击【保存】(见图3-49)。

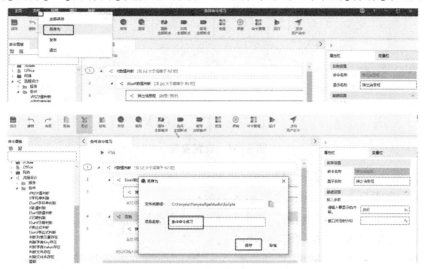

图3-49　保存文件案件命令练习

3.4.4　RPA 循环命令

循环命令用于在计算机语言中按照一定的规则重复某一操作,可以按照次数或条件循环。

次数循环:按照指定的次数进行循环,循环到指定次数后结束循环。

条件循环:可以设置开始循环的条件,当满足设定的条件时开始循环。

下面我们在智多星 RPA 设计器中,体验一下循环命令的使用。

首先,要登录智多星 RPA 设计器,然后如图3-50所示,新建一个命令——循环命令练习。

图3-50　新建命令循环命令练习

实训任务:循环弹出消息"您好"5 次。

①设置变量(见图3-51)。

设置一个变量用于存储循环序号。

变量名:n

变量类型:Numeric

变量值:依据第几次循环赋值

图 3-51 设置变量 n

②设置循环次数(见图 3-52)。

双击【次数循环】,在右侧属性栏输入参数;

智多星 RPA 是通过"起始值"、"递增值"、"结束值"来设置循环次数的;

将当前循环次数序号存储至变量"n"。

图 3-52 设置循环次数

③弹出当前循环次数。

双击【弹出消息框】,在右侧属性栏输入"第增值",选择变量【n】,再输入"次循环";
将该行脚本拖至灰色框区域,使其成为【次数循环】脚本的下级(见图 3-53)。

图 3-53 选择变量

④弹出"您好"。

双击【弹出消息框】,在右侧属性栏输入"您好"(见图 3-54)。

将该行脚本拖至灰色框区域,使其成为【次数循环】脚本的下级。

图 3-54　输入"您好"

⑤保存运行。

依次单击【保存】【运行】,即可看到依次弹出循环次数及"您好",共循环 5 次(见图 3-55)。

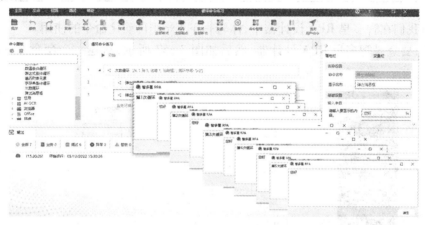

图 3-55　弹出"您好"

单击【文件】【另存为】,输入文件名——循环命令练习,单击【保存】(见图 3-56)。

图 3-56　保存文件

3.5 Excel 自动化

3.5.1 Excel 自动化 1

Excel 自动化是指通过命令,可以对 Excel 文件进行如下自动化操作:

创建 Excel 文件;

打开指定的 Excel 文件;

读取 Excel 文件中单元格的值;

给 Excel 文件中的单元格赋值;

通过获取 Excel 文件总行数对数据区域进行相关操作;

保存、关闭、删除、重命名、复制 Excel 文件等。

下面我们在智多星 RPA 设计器中,体验一下 Excel 自动化命令的使用。

首先,要登录智多星 RPA 设计器,然后如图 3-57 所示,新建一个命令——Excel 自动化练习。

图 3-57 新建命令 Excel 自动化练习

(1)实训任务:创建一个"Excel 自动化练习"的 Excel 文件。

①创建 Excel 文件。

双击【创建 Excel 文件】,在右侧属性栏输入要创建的 Excel 文件的存储路径,这个存储路径是包含文件名及文件后缀的,如"C:\Users\Administrator\Desktop\Excel 自动化\Excel 自动化练习.xlsx";在其下方参数框输入要创建的 Excel 文件中工作表的名称,如不输入,则默认表名为"Sheet1"(见图 3-58)。

图 3-58 输入存储路径

②设置文件路径。

第一步,可以在桌面新建一个文件夹 Excel 自动化,打开该文件夹,在该文件路径处单击鼠标右键,然后单击鼠标左键,选中"将地址复制为文本"(见图 3-59)。

图 3-59 复制地址

第二步,在文件路径输入框,单击鼠标右键,然后单击鼠标左键选择"粘贴"(见图 3-60)。

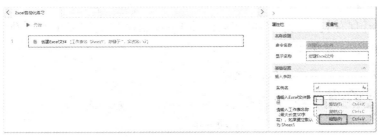

图 3-60 粘贴地址

第三步,在已粘贴的文件路径后,依次输入反斜杠、Excel 文件名"Excel 自动化练习"、Excel 文件后缀".xlsx";再输入 Excel 文件中工作表的名称"Excel 自动化练习"(见图 3-61)。

图 3-61 输入工作表的名称

③保存。

双击【保存】,保存创建的 Excel 文件(见图 3-62)。

注意:此时不添加"保存"命令,即不会创建 Excel 文件。

图 3-62　保存文件 Excel 自动化

④保存运行。

依次单击【保存】【运行】，即可在桌面的 Excel 自动化文件夹中看到新建的 Excel 文件 Excel 自动化练习（见图 3-63）。

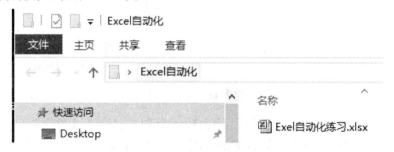

图 3-63　查看文件

（2）实训任务：打开文件 Excel 自动化练习，在 A1、A2、A3 单元格分别输入"1""2""3"，在 B1、B2、B3 单元格分别输入"张三""李四""王五"，保存并关闭 Excel。

①打开 Excel 文件。

双击【打开 Excel 文件】，在右侧属性栏，双击"请输入 Excel 文件路径""fx"后的选择路径标志，选择本地文件 Excel 自动化练习，单击"打开"（见图 3-64）。

图 3-64　打开文件

②单元格赋值。

双击【单元格赋值】，在右侧属性栏，分别输入要赋值的"单元格值""1"和"单元格位置""A1"（见图 3-65）。

图 3-65　对第一个单元格赋值

继续双击【单元格赋值】,或复制上一行脚本并粘贴后,修改右侧属性栏的单元格值和单元格位置,依次录入要赋值的全部"单元格值"和"单元格位置"(见图 3-66)。

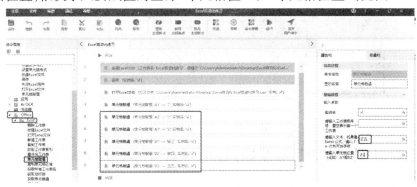

图 3-66　对后续单元格赋值

③关闭 Excel 程序(并保存)。

双击【关闭 Excel 程序】,在右侧属性栏,在"是否先保存打开的文件"处,选择"是"(见图 3-67)。

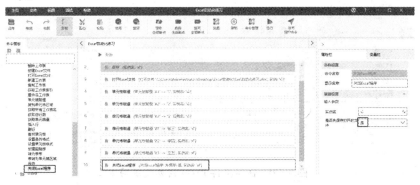

图 3-67　关闭并保存文件

④保存运行。

依次单击【保存】【运行】,打开桌面的 Excel 自动化练习文件,可以看到单元格已被赋值(见图 3-68,图 3-69)。

图 3-68　查看单元格

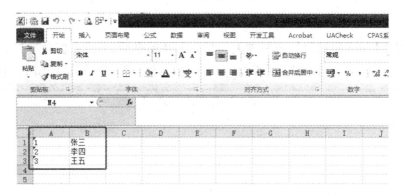

图 3-69　运行文件结束

单击【文件】—【另存为】,输入文件名 Excel 自动化练习 1,单击【保存】(见图 3-70)。

图 3-70　保存文件 Excel 自动化练习 1

3.5.2　Excel 自动化 2

首先,要登录智多星 RPA 设计器,然后如下图,新建一个命令——Excel 自动化练习2(见图 3-71)。

图 3-71 新建命令 Excel 自动化练习 2

实训任务：获取 Excel 文件——Excel 自动化练习中，第一个 sheet"Excel 自动化练习"工作表的总行数，然后依次读取 B 列所有单元格的值，并以弹出消息框的方式顺序输出单元格值。

①打开 Excel 文件。

双击【打开 Excel 文件】，在右侧属性栏，双击"请输入 Excel 文件路径""fx"后的选择路径标志，选择本地文件 Excel 自动化练习，单击"打开"（见图 3-72）。

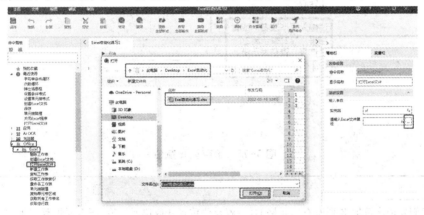

图 3-72 打开文件

②设置变量（见图 3-73）。

设置一个变量用于存储获取到的总行数。

变量名：tr。

变量类型：Numeric。

变量值：通过获取总行数赋值。

图 3-73 设置变量 tr

③获取总行数。

双击【获取总行数】,在右侧属性栏,选择赋值给变量"tr"(见图3-74,图3-75)。

图3-74 选择变量tr

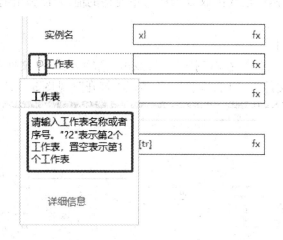

图3-75 给变量tr赋值

想一想
接下来我们要依次读取B列所有单元格的值,就是要重复获取单元格值,那么要重复多少次呢?
要重复的次数就是我们获取的总行数,变量"tr"。
要重复执行某一操作需要用到什么命令呢?
需要用到循环命令,按次数循环,要循环的次数就是变量"tr"。
要获取B1、B2、…、Btr单元格值,如何让B后面的标号自动增加呢?
我们可以把B后面的标号设置为一个变量"rn",将其初始值设置为1,然后使用"自增"函数让其自动增加1。
要以弹出消息框的方式顺序输出单元格值,我们需要一个变量来存储获取的单元格值。
设置变量"rv",用于存储获取到的单元格值。

④设置变量"rv",用于存储获取到的单元格值(见图3-76)。

设置变量:

变量名:rn。

变量类型:Numeric。

变量值:1
变量名:rv
变量类型:String
变量值:通过获取单元格值赋值

图 3-76　设置变量 rv

⑤次数循环。

双击【次数循环】,在右侧的属性栏,"起始值"和"递增值"均输入"1","结束值"选择变量"tr"(见图 3-77)。

图 3-77　进行次数循环设置

⑥获取单元格值。

双击【获取单元格值】,在右侧属性栏,"请输入单元格位置"处输入"B"及选择变量"rn","赋值给变量"处选择变量"rv";将该行脚本拖至灰色框区域,使其成为【次数循环】脚本的下级(见图 3-78)。

图 3-78　获取单元格值

⑦弹出消息框。

双击【弹出消息框】，在右侧属性栏，"请输入要显示的内容"处选择变量"rv"；将该行脚本拖至灰色框区域，使其成为【次数循环】脚本的下级（见图3-79）。

图3-79　弹出消息框

⑧自增。

双击【数据】—【数值】下的【自增】，在右侧属性栏，"变量"处选择变量"rn"；将该行脚本拖至灰色框区域，使其成为【次数循环】脚本的下级（见图3-80）。

图3-80　调协变量自增

⑨保存运行。

依次单击【保存】【运行】，即可看到依次弹出消息"张三""李四""王五"（见图3-81）。

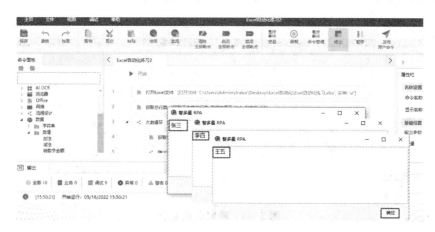

图3-81　运行结果

单击【文件】—【另存为】,输入文件名 Excel 自动化练习 2,单击【保存】(见图 3-82)。

图 3-82 保存文件 Excel 自动化练习 2

3.6 浏览器自动化

浏览器自动化是指通过命令,可以对浏览器进行如下自动化操作:

➤打开浏览器;

➤打开指定的网页;

➤点击网页中的指定位置;

➤在网页的指定位置输入文本;

➤获取网页指定位置的文本;

➤刷新网页、关闭浏览器等。

下面我们在智多星 RPA 设计器中,体验一下浏览器自动化命令的使用吧!

首先,要登录智多星 RPA 设计器,然后如图 3-83 所示,新建一个命令——浏览器自动化练习。

图 3-83 新建命令浏览器自动化练习

实训任务:使用谷歌(Chrome)浏览器,打开"新道物流"运单号查询页面(网址通过点击【工作应用】【大数据审计技术与工具】【新道物流】获取),输入运单号"XDW202100000001",点击"查询"后,获取运单"当前位置"信息,并以弹出消息框的形式输出该位置信息。

①创建浏览器。

双击【浏览器】【Chrome】下的【创建浏览器】(见图3-84)。

图3-84　进入创建浏览器界面

②导航至给定 URL。

双击【导航至给定 URL】,在右侧的属性栏,"请输入 URL"处输入"新道物流"运单号查询页面网址(见图3-85)。

图3-85　输入运单号

③"新道物流"运单号查询页面网址获取。

单击【工作应用】【新道物流】,打开"新道物流"运单号查询页面,在地址栏,按键盘"Ctrl+A"选中全部网址信息,单击鼠标右键后,选择"复制"单击鼠标左键,在智多星 RPA 设计器中,在"请输入 URL"处,按键盘"Ctrl+V"粘贴网址(见图3-86)。

图 3-86 复制粘贴网址

④设置文本(输入运单号)。

双击【设置文本】,在右侧属性栏,在"元素搜索参数"处输入网页中运单号输入框的"XPath 路径"(该路径的获取方式详见下页),在"文本内容"处输入要查询的运单号"XDW202100000001"(见图 3-87)。

图 3-87 输入运单号

注:XPath,全称 XML Path Language,即 XML 路径语言,它是一门在 XML 文档中查找信息的语言,同样适用于 HTML 文档的搜索。

⑤运单号输入框的"XPath 路径"获取。

选中网页中运单号输入框的位置,单击鼠标右键,然后选择"检查"单击鼠标左键,页面下方出现如图 3-88 所示的信息,鼠标选中 XPath 信息中的高亮行,单击鼠标右键,然后选择"Copy"-"Copy XPath"单击左键,将其粘贴到智多星 RPA 设计器中即可(见图 3-89)。

图 3-88　运单号界面显示 XPath 信息

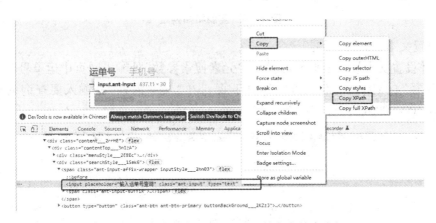

图 3-89　粘贴运单号界面 XPath 信息中的高亮行

⑥元素点击(点击"查询")。

双击【元素点击】,在右侧属性栏,在"元素搜索参数"处输入"查询"按钮的"XPath 路径"(见图 3-90)。

图 3-90　输入相应路径

⑦"查询"按钮的"XPath 路径"获取。

选中网页中"查询"按钮的位置,单击鼠标右键,然后选择"检查"单击鼠标左键,页面下方出现如图 3-91 所示的信息,鼠标选中 XPath 信息中的高亮行,单击鼠标右键,然后选择"Copy"-"Copy XPath"单击左键,将其粘贴到智多星 RPA 设计器中即可(见图 3-92)。

图 3-91 "查询"界面显示的 XPath 信息

图 3-92 粘贴查询界面 XPath 信息中的高亮行

⑧获取文本(获取"当前位置"信息)。

在右侧变量栏设置变量"wlzt"用于存储当前位置信息;双击【获取文本】,在右侧属性栏,在"元素搜索参数"处输入"当前位置"信息的"XPath 路径"(该路径的获取方式详见下页),在"存储至变量"处选择变量"wlzt"(见图 3-93)。

图 3-93 获取文本

⑨"当前位置"信息的"XPath 路径"获取。

选中网页中要获取的当前位置信息的位置,单击鼠标右键,然后选择"检查"单击鼠标左键,页面下方出现如图 3-94 所示的信息,鼠标选中 XPath 信息中的高亮行,单击鼠标右键,然后选择"Copy"–"Copy XPath"单击左键,将其粘贴到智多星 RPA 设计器中即可(见图 3-95)。

图 3-94 "当前位置"界面显示的 XPath 信息

图 3-95 粘贴"当前位置"界面 Xpath 信息中的高亮行

⑩弹出消息框。

双击【弹出消息框】,在右侧属性栏,"请输入要显示的内容"处选择变量"wlzt"(见图 3-96)。

图 3-96 选择变量 wlzt

⑪关闭浏览器。

双击【浏览器】【Chrome】下的【关闭浏览器】(见图 3-97)。

图 3-97　双击【关闭浏览器】

⑫保存运行。

依次单击【保存】【运行】,即可看到机器人自动打开网页,并录入查询单号,点击"查询"后,获取"当前位置"信息,并弹出信息框,点击【确定】后,机器人关闭浏览器(见图 3-98)。

图 3-98　保存运行

⑬单击【文件】—【另存为】,输入文件名浏览器自动化练习,单击【保存】(见图 3-99)。

图 3-99　保存文件浏览器自动化练习

第4章

初步业务活动之舆情分析

本章学习目标

■ 了解什么是舆情和网络舆情;

■ 了解网络舆情与传统舆情的区别;

■ 了解网络舆情对企业的影响及对审计师的价值;

■ 了解值得审计师关注的网络舆情领域;

■ 分析项目任务,明确要完成的成果并将任务进行分解,规划项目进程;

■ 分析实现项目目标的主要途径;

■ 拓展思考该项目成果的其他应用场景。

4.1 项目导入

4.1.1 项目引例

瑞幸咖啡 2019 年财务报告由安永会计师事务所进行审计,而从 2020 年 1 月开始,网络中不断流传出瑞幸咖啡财务造假的消息,2020 年 1 月 31 日,浑水公司在社交平台 twitter 上发布了一份 89 页的沽空报告,称来自匿名作者,合理怀疑瑞幸咖啡存在严重的财务造假情况。2020 年 4 月 2 日,瑞幸审计机构安永表示,在对公司 2019 年年度财务报告进行审计工作的过程中,安永发现公司部分管理人员在 2019 年第二季度至第四季度通过虚假交易虚增了公司相关期间的收入、成本及费用。2020 年 4 月 5 日下午,瑞幸咖啡承认存在问题。

现实结果:

由于安永并未对瑞幸咖啡 2019 年度财务报表出具审计报告,因此其无须对瑞幸咖啡 2019 年度披露的财务信息承担审计责任。

假设：

审计师未曾关注过舆情信息，对刚成功上市的瑞幸咖啡进行常规风险评估，评估为较低风险。

此次瑞幸咖啡的舞弊行为是有预谋且广泛的一系列不当操作，仅使用常规审计程序，通过财务数据的勾稽关系很可能无法发现瑞幸咖啡财务造假的情况。

后果：

如果本次安永出具了无保留意见的审计报告，而瑞幸咖啡管理层在 SEC 的监管调查后承认舞弊行为，那么安永会计师事务所可能需承担严重的审计责任并面临巨额的诉讼赔偿。

4.1.2 知识、背景

(1)什么是舆情

舆情是"舆论情况"的简称，是指在一定的社会空间内，围绕中介性社会事件的发生、发展和变化，作为主体的民众对作为客体的社会管理者、企业、个人及其他各类组织及其政治、社会、道德等方面的取向产生和持有的社会态度。它是较多群众关于社会中各种现象、问题所表达的信念、态度、意见和情绪等表现的总和。

(2)什么是网络舆情

网络舆情是以网络为载体，以事件为核心，是广大网民的情感、态度、意见、观点的表达、传播与互动以及后续影响力的集合，带有广大网民的主观性，未经媒体验证和包装，直接通过多种形式发布于互联网上。

(3)网络舆情与传统舆情的区别

与报纸、无线广播和电视等传统的传播媒体相比，网络媒体具有进入门槛低、信息超大规模、信息发布与传播迅速、参与群体庞大、时事性强等综合性特点，由于网络信息的发布成本极低，信息的提供者、传播者和阅读者之间已经没有明显的区别。网络已成为一个"虚拟社会"，具有非常明显的社会群体特征。

(4)舆情的特点

①自由性。

互联网是完全开放的，它拓展了所有人的公共空间，给了所有人发表意见的便利。

②偏差性。

由于受各种主客观因素的影响，一些网络言论缺乏理性，比较感性化和情绪化。

③多元性。

网络舆情的主题极为宽泛，话题的确定往往是自发、随意的。

④交互性。

在互联网上，网民普遍表现出强烈的参与意识。

⑤突发性。

网络舆论的形成往往非常迅速，一个热点事件的存在加上一种情绪化的意见，就可以成为点燃一片舆论的导火索。

4.2 需求分析

4.2.1 业务需求分析

（1）项目任务

新道会计师事务所即将对明康生物股份有限公司 2021 年的财务报表进行审计,你是该审计项目的高级审计员。在确认承接业务之前,审计经理希望你能帮助他收集被审计单位的舆情信息,以此作为是否承接该业务以及后续将如何制定审计计划的参考信息。

任务流程:收集舆情信息→制作可视化报告→对报告进行分析。

（2）任务分解

①收集舆情信息:股票价格信息、媒体报道、分析师预测、股民评论。

股票价格:数据库下载(万得数据库、国泰安数据库)。

媒体报道:网络爬虫。

分析师预测:网络爬虫。

股民评论:评论热度,数据库下载,网络爬虫。

②绘制图表:图表类型、绘制工具、绘制方法。

图表类型:折线图、柱状图、K 线图、词云图、热力日期图、饼图。

绘制工具:使用的工具应尽量便捷易用、功能强大,且成本低廉,收费、定制化软件不符合要求。

绘制方法:简单易学、灵活性高、模型可复用。

③形成可视化报告:页面设计、排版布局。

④对报告进行分析:得出结论、汇报展示、项目成果复用性。

4.2.2 技术需求分析

（1）技术工具选择

技术工具应具备的条件:使用的工具应小巧轻便,成本低廉,各类收费的、定制化的可视化软件不符合要求;舆情分析报告应能够方便快捷的在项目组之间传播分享,需要通过安装软件才能查看报告的工具不符合要求;报告制作过程不应过于复杂;模型设计完成后应能够反复使用。

Python 作为开源软件之一,语法简单易学,且集成了丰富的库,可以满足以上需求。

任务:使用 Numpy 和 Pandas 库进行数据预处理;使用 JIEBA 库进行文本分析;使用 Pyecharts 库进行可视化展现。

①NumPy 库简介。

NumPy 是 Numerical Python 的缩写,是 Python 数值计算的基石。它提供多种数据结构、算法以及大部分涉及 Python 数值计算所需的接口。NumPy 还包括其他内容:快速、高效的多维数组对象 nDarray,基于元素的数组计算或数组间数学操作函数,用于读写硬盘中基于数组的数据集的工具,用于线性代数操作、傅里叶变换以及随机数生成的工具(如图 4-1 所示)。

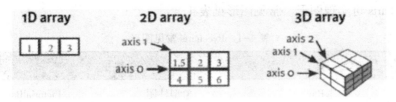

图 4-1　NumPy 的部分操作

除了 NumPy 赋予 Python 的快速数组处理能力之外,NumPy 的另一个主要用途是在算法和库之间作为数据传递的数据容器。对于数据容器,NumPy 数组能够比 Python 内建数据结构更为高效地存储和操作数据。此外,底层语言编写的库,例如用 C 或 Fortran 编写的库,可以在 NumPy 数组存储的数据上直接操作,而无须将数据复制到其他内存中后再操作。因此,许多 Python 的数值计算工具将 NumPy 数组作为基础数据结构,或与 NumPy 进行无缝互操作。

②Pandas 库简介。

Pandas 提供了高级数据结构和函数,这些数据结构和函数的设计使得其利用结构化、表格化数据的工作快速、简单、有表现力(如图 4-2 所示)。

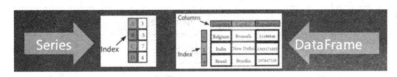

图 4-2　Pandas 的部分操作

Pandas 将表格和关系型数据库(例如 SQL)的灵活数据操作能力与 NumPy 的高性能数组计算的理念相结合。它提供复杂的索引函数,使得数组的重组、切块、切片、聚合、子集选择更为简单。由于数据操作、数据预处理、数据清洗在数据分析中非常重要,因此本次实训大家应熟练掌握 Pandas 库的这些应用技能。

③JIEBA 库简介。

JIEBA 是一款优秀的 Python 第三方中文分词库,支持三种分词模式:精确模式,能将句子最精确地切开,适合文本分析;全模式,把句子中所有的可以成词的词语都扫描出来,速度非常快,但是不能解决歧义;搜索引擎模式,在精确模式的基础上,对长词再次切分,提高召回率,适合用于搜索引擎分词。

JIEBA 适用于复杂的中文分词,通过中文词库的方式来识别分词;利用一个中文词库,确定汉字之间的关联概率;通过计算汉字之间的概率,将汉字间概率大的组成词组,形成分词结果。除了分词,用户还可以添加自定义的词组。

④Pyecharts 库简介。

Pyecharts(https://pyecharts.org)就诞生了。

Pyecharts 拥有简洁的 API 设计,使用流畅,支持链式调用;囊括了 30 多种常见图表;支持主流的开发环境;可轻松集成至 Flask,Django 等主流 Web 框架;高度灵活的配置项,可轻松搭配出精美的图表;详细的文档和示例,帮助开发者更快的上手项目;多达 400+地图文件以及原生的百度地图,为地理数据可视化提供强有力的支持。

(2)准备任务可视化练习

①Pyecharts可实现图形。常见图形见表4-1。

表4-1　Pyecharts常见图形

图表名	函数	图表名	函数
柱状图	Bar	象型柱图	PictorialBar
折线图	Line	饼状图	Pie
3D柱状图	Bar3D	极坐标系	Polar
箱形图	Boxplot	雷达图	Radar
日历图	Calendar	桑基图	Sankey
K线图	Candlestick	散点图	Scatter
涟漪散点图	EffectScatter	旭日图	Sunburst
漏斗图	Funnel	主题河流图	ThemeRiver
仪表盘	Gauge	树图	Tree
地理坐标	Geo	矩形树图	Treemap
关系图	Graph	词云图	WordCloud
热力图	Heatmap	表格组件	Table
水球图	Liquid	分页组件	Tab
地图	Map	页面组件	Page

实现步骤:

第一步,引用函数。

```
B=Bar()
```

第二步,导入数据。

```
导入数据x,y1,y2
B.add_xaxis(x)
B.add_yaxis(y1)
B.add_yaxis(y2)
```

第三步,美化。

```
全局 B.set_global_opts()
系列 B.set_series_opts()
```

第四步,保存。

```
B.render("柱状图.html")
```

②准备任务 1.1 绘图。

小王的手机店铺出售"苹果"和"小米"两种品牌手机,2022 年 1 月 1 日至 7 日的销售量如下:y1 为"苹果"销量,y2 为"小米"销量,请绘制这段期间两款手机销量的柱状图。设置参数过程见图 4-3。

x = ["2022-1-1","2022-1-2","2022-1-3","2022-1-4","2022-1-5","2022-1-6","2022-1-7"]

y1 = ["3","5","5","7","3","9","8"]

y2 = ["5","7","8","6","4","11","9"]

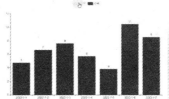

图 4-3　设置参数

③操作步骤。

开始:新建脚本。

a.引入所需库。

```
from pyecharts.charts import Bar
```

b.导入数据

```
x = ["2022-1-1","2022-1-2", "2022-1-3","2022-1-4","2022-1-5","2022-1-6","2022-1-7"]
y1 = ["3","5","5","7","3","9","8"]
y2 = ["5","7","8","6","4","11","9"]
```

c.画图

```
b = Bar()
b.add_xaxis(x)
b.add_yaxis('苹果', y1)
b.add_yaxis('小米', y2)
```

d.保存图片

```
b.render('柱状图.html')
```

④运行效果(见图4-4)。

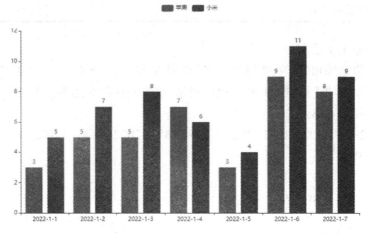

图4-4　两款手机销量

4.3　方案设计

4.3.1　可视化报告设计

(1)呈现内容设计(见图4-5)

图4-5　内容设计

(2)呈现效果设计(见图4-6)

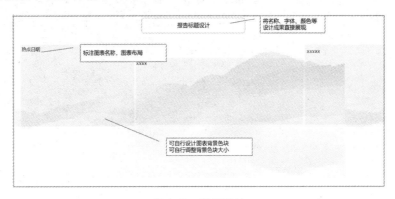

图4-6　效果设计

(3)下载资源并进行设计

从【教学应用】—【资阳按钮】中下载模板,进行内容设计和版面设计(见图4-7)。

图4-7　下载模式

(4)可视化报告效果(见图4-8)

(a)

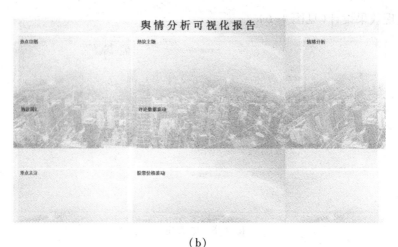

（b）

图 4-8　可视化报告结果

4.3.2　流程设计

任务描述：回顾理论知识，参考样例模板，设计可视化模板的实施流程。

操作步骤：

（1）点击【开始任务】，进入【流程画布】；

（2）在画布左上方的名称输入框中输入画布名称；

（3）在流程图绘制区域下方的【输入】框中输入整个流程的原始输入信息；

（4）在流程图绘制区域下方的【输出】框中输入整个流程最终的输出成果信息；

（5）在流程图绘制区域完成流程图绘制；

（6）点击画布左上方的【保存流程图数据】，保存绘制的流程图信息；

（7）点击画布右上方的【保存画布】，保存整个画布，点击【导出画布】，将画布以图片的形式下载，用于后续项目报告。

用户可在【任务指南】【任务资料】里，查看详细的流程画布操作手册。

操作手册如下：

（1）在教学平台相关任务中单击【开始任务】，打开流程画布。

（2）在画布左上方的名称输入框中输入画布名称（见图 4-9）。

图 4-9　输入画布名称

（3）在流程图绘制区域下方的【输入】框中输入整个流程的原始输入信息，在【输出】框中输入整个流程最终的输出成果信息（见图4-10）。

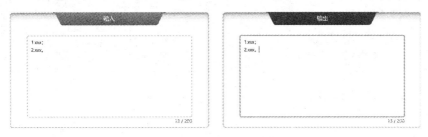

图4-10　输入和输出信息

（4）在流程图绘制区域完成流程图绘制。

①在流程图绘制区域左侧，拖动（不要双击）流程组件至绘制区，选中该组件，在绘制区域右侧，输入该流程活动描述（见图4-11）。

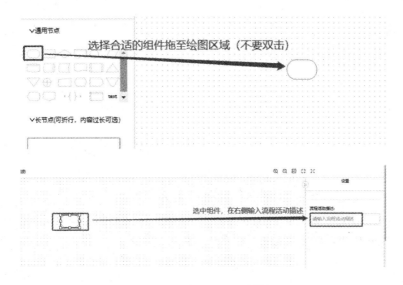

图4-11　输入流程活动描述

②拖动下一个组件到绘制区域后，鼠标悬浮在组件上，组件的四边出现小圆圈，鼠标放置在起点圆圈，按住左键移动至终点圆圈，完成两个组件的连接（见图4-12）。

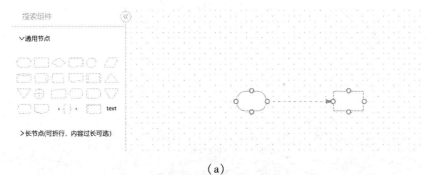

（a）

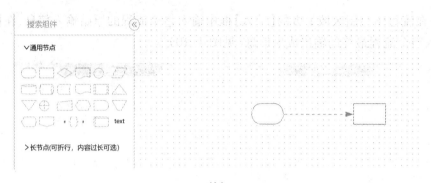

（b）

图 4-12　完成两个组件的连接

　　③对于需要较多描述内容的流程活动,可选择"长节点",鼠标选中该组件后,可选择任意边上的小方框对组件进行缩放(见图 4-13)。

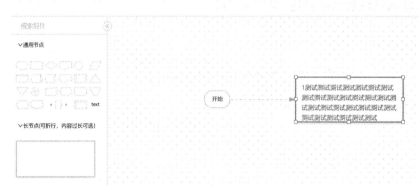

图 4-13　对组件进行缩放

　　④对于不需要的组件或连接线,鼠标选中后,单击【Delete】键便可删除,或点击鼠右键后,点击"删除边"或"删除节点"进行删除(见图 4-14)。

图 4-14　删除边粗节点

　　⑤可通过右上方的功能按钮,对流程图界面进行缩放(见图 4-15)。

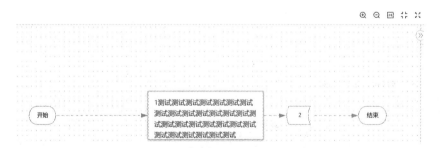

图 4-15　对流程界面进行缩放

（5）点击画布左上方的【保存流程数据】，保存流程图绘制区相关数据（见图4-16）。

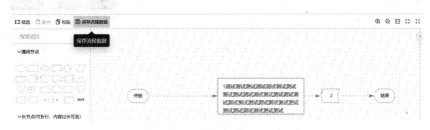

图4-16　保存相关数据

注意：流程活动描述不能为空，不能存在未与其他组件建立链接的组件，否则将不能保存流程。

如存在两个组件属于同一个流程活动的情况，请分别与上下游组件进行链接（见图4-17）。

图4-17　与上下游组件进行链接

（6）点击画布右上方的【保存画布】，保存整个画布（见图4-18）。

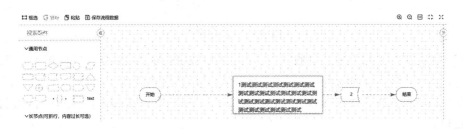

图4-18　保存画布

注意：如此步提示"流程图节点名称不能为空，……"，可通过缩小页面视图，或收起左侧的工具栏，找到未输入流程描述或未连接的组件，进行相关修订（见图4-19至图4-21）。

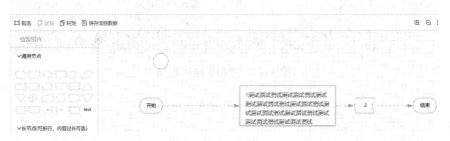

图4-19　缩小面视图

图 4-20　找到未输入流程描述

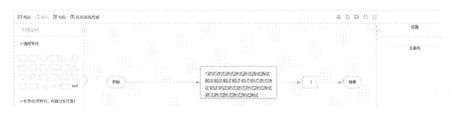

图 4-21　进行修订

注意:每次修改绘图区域内容后,均需要先点击【保存流程数据】,再点击【保存画布】,否则修改将不被保存(见图 4-22)。

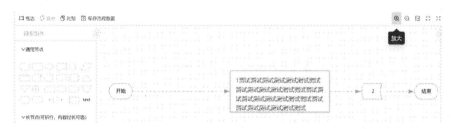

图 4-22　保存修改

(7)将画布左右两侧的工具收起,将流程图缩放至合适大小;也可以把鼠标放置绘图区域空白处,对整个流程图进行左右位置移动,或上下位置移动,对画布进行更好的布局(见图 4-23)。点击【导出画布】,将画布以图片的形式下载,用于后续项目报告(见图 4-24)。

图 4-23　对画布进行布局

图 4-24　下载画布

如需绘制多个画布,可点击【新建画布】、【新增】进行另一个画布的设计(见图 4-25)。

图 4-25　新增画布设计

点击【更多】展开保存过的流程画布列表,点击某一画布名称可打开该画布进行相关操作(见图 4-26)。

图 4-26　打开画布

4.4 技术实现

4.4.1 数据准备

任务 1:数据预处理——评论数据

任务描述:

①读取评论数据。

②计算帖子阅读量、评论量、点赞量。

③将发帖日期、帖子总数量、帖子阅读量、帖子评论量、帖子点赞量保存至新文件′评论数据清洗.csv′中。

④将发帖日期、积极帖子数量、中立帖子数量、消极帖子数量保存至新文件′量化情绪指标.csv′中。

操作步骤:

(1)导入所需库、读取数据

自定义的变量名称:df=读取的评论数据

使用 Pandas 库中的 read_csv 函数,读取评论数据件。

通过该方式读取数据,数据类型为 DataFrame。

import numpy as np

import pandas as pd

df = pd.read_csv("初步业务活动/数据源 01 评论数据.csv")

(2)计算帖子阅读、讨论、点赞量

使用 df[ ]直接索引整列。

直接索引,[ ]里面的内容一般是列索引名,也可以接受一个列名组成的 list 来接受多个列名(如图 4-27 所示)。

例如:

```
a= df["帖子总数量"]
b=df[["帖子总数量","帖子平均评论量"]]
print(a)
print(type(a))
print(b)
print(type(b))
```

```
<class 'pandas.core.series.Series'>
<class 'pandas.core.frame.DataFrame'>
```

图 4-27 直接索引

由于数据库下载的阅读量、评论量、点赞量为当日每贴平均量,而判断舆情热度需要当日总量,因此用户可以通过【每贴平均量×当日发帖总数量】的方式对数据进行计算。

```
df["帖子阅读量"]=df['帖子总数量']*df['帖子平均阅读量']
df["帖子评论量"]=df['帖子总数量']*df['帖子平均评论量']
df["帖子点赞量"]=df['帖子总数量']*df['帖子平均点赞量']
```

(3)定位截取数据

使用 loc[行索引,列标签]函数对数据表内容进行提取,loc[ ]和 iloc[ ]都是常用的提取数据表内数据的方法。结果如图 4-28 所示。

```
loc[ ]可用于指定行名(行位置)、列名,前闭后闭。
iloc[ ]可用于固定(默认)行位置、列位置,前闭后开。
```

记忆方法:先行后列,逗号分开,前闭后闭取名字,前闭后开取位置。

提取数据小练习:

```
test1=df.iloc[0:4,0:4]
test2=df.loc[0:3,"发帖日期":"中立帖子数量"]
test3=df.loc[0:3,["发帖日期","帖子总数量","积极帖子数量","中立帖子数量"]]
print(test1)
print(test2)
print(test3)
```

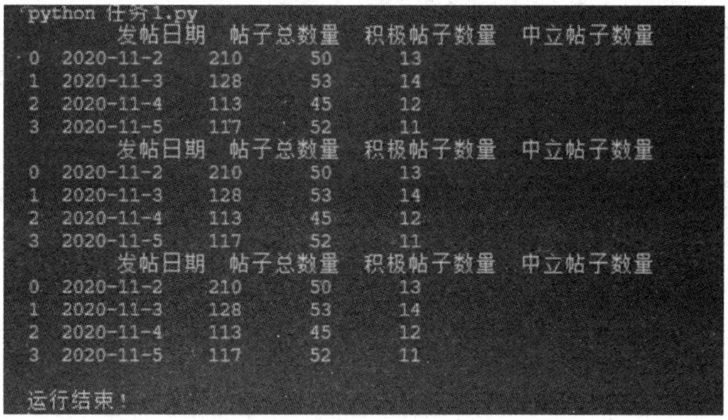

```
python 任务1.py
        发帖日期  帖子总数量  积极帖子数量  中立帖子数量
0  2020-11-2    210      50      13
1  2020-11-3    128      53      14
2  2020-11-4    113      45      12
3  2020-11-5    117      52      11
        发帖日期  帖子总数量  积极帖子数量  中立帖子数量
0  2020-11-2    210      50      13
1  2020-11-3    128      53      14
2  2020-11-4    113      45      12
3  2020-11-5    117      52      11
        发帖日期  帖子总数量  积极帖子数量  中立帖子数量
0  2020-11-2    210      50      13
1  2020-11-3    128      53      14
2  2020-11-4    113      45      12
3  2020-11-5    117      52      11

运行结束!
```

图 4-28　提取数据结果

提取"发帖日期",'帖子总数量','帖子阅读量','帖子评论量','帖子点赞量'时,使用 df[ ]直接截取,loc[ ]定位截取,在不限制截取行的情况下效果相同。

使用 to_csv 函数保存为新文件;to_csv 可保存为 csv 文件;to_excel 可保存为 Excel 文件。

如果数据中包含中文字符,用 encoding='utf-8-sig'可减少乱码发生情况。

例如:

```
data=df.loc[:,["发帖日期",'帖子总数量','帖子阅读量','帖子评论量','帖子点赞量']]
#data=df[["发帖日期",'帖子总数量','帖子阅读量','帖子评论量','帖子点赞量']]
data.to_csv("评论数据清洗.csv",encoding='utf-8-sig')
```

(4)提取情绪指标,并保存

计划使用情绪指标绘制饼图,提取"发帖日期",´积极帖子数量´,´中立帖子数量´,´消极帖子数量´保存为新文件。

```
data2=df.loc[:,["发帖日期",´积极帖子数量',´中立帖子数量',´消极帖子数量']]
#data2=df[["发帖日期",´积极帖子数量',´中立帖子数量',´消极帖子数量´]]
data2. to_csv("量化情绪指标.csv",encoding=´utf-8-sig´)
```

任务2:数据预处理——股价数据

任务描述:

①读取股价数据。

②用0补充空数据。

③将交易日期、日最高价、日最低价、日收盘价、日开盘价保存至新文件股价数据清洗.csv中。

操作步骤:

开始:新建脚本。

(1)导入所需库、读取数据

使用Pandas中的read_csv读取表格数据时,可以通过header=行数直接指定某行为表头(列标签),通过[起始行:结束行]指定读取表格中部分数据。

假设header=5,取[0:5],则会从header后第1行开始提取[0,1,2,3,4]行,取[1:5],则会从header后第2行开始提取4个位置见图4-29。(左闭右开,最后一个位置不提取)。

	A	B	C	D	E	F	G	H	I	J	K	L
1	Trddt	Opnprc	Hiprc	Loprc	Clsprc	Dnshrtrd	Dnvaltrd	Dsmvosd	Dsmvtll	Dretwd	Dretnd	Adjprcwd
2	交易日期	日开盘价	日最高价	日最低价	日收盘价	日个股交易股	日个股交易金额	日个股流通市值	日个股总市值	考虑现金红利	不考虑现金红利	考虑现金红利再
3	没有单位	元/股	元/股	元/股	元/股	股	元	千元	千元	没有单位	没有单位	元/股
4	2016-10-31	17.04	17.04	16.86	16.96	6797925	115226867	74668343.84	84003858	-0.001764	-0.001764	774.207168
5	2016-11-1	17.07	17.08	16.88	17.06	11276808	191798717	74976163.87	84350163.66	0.004122	0.004122	777.398835
6	2016-11-2	17.03	17.17	16.93	17.11	14577069	248781876	75240009.61	84646997.08	0.003519	0.003519	780.134549
7	2016-11-3	17.1	17.26	17.01	17.2	17613247	302162029	75636779.22	85092247.21	0.00526	0.00526	784.228121
8	2016-11-4	17.27	17.61	17.12	17.37	33222961	576814599	76383341.14	85933275.23	0.009884	0.009884	791.989312
9	2016-11-7	17.31	17.5	17.23	17.44	22494769	391606269	76691161.17	86279560.89	0.00403	0.00403	795.180978
10	2016-11-8	17.46	17.51	17.3	17.49	20817046	363028209	76911032.62	86526942.08	0.002867	0.002867	797.46074
11	2016-11-9	17.5	17.53	17.09	17.4	22687314	393344190	76515264.01	86081691.95	-0.005146	-0.005146	793.357169
12	2016-11-10	17.42	17.9	17.36	17.8	34300169	601065107	78274235.59	88060581.42	0.022989	0.022989	811.595265
13	2016-11-11	17.56	18.08	17.56	18.01	43322298	778298636	79197695.68	89099499.39	0.011798	0.011798	821.170265
14	2016-11-14	18.02	18.31	17.39	17.95	97693220	1739645695	78933849.94	88802664.97	-0.003331	-0.003331	818.434551
15	2016-11-15	17.7	18.06	17.66	17.95	39969368	714792773	78933849.94	88802664.97	0	0	818.434551
16	2016-11-16	17.9	17.98	17.75	17.8	13110142	233408894	78274235.69	88060581.42	-0.008357	-0.008357	811.595265
17	2016-11-17	17.86	17.86	17.71	17.78	13195500	234522616	78196287.02	87961636.94	-0.001124	-0.001124	810.68336
18	2016-11-18	17.78	17.85	17.65	17.66	15431401	273832677	77614621.25	87318497.86	-0.007312	-0.007312	804.755979
19	2016-11-21	17.54	17.76	17.37	17.43	38260434	665686900	76647186.88	86230108.66	-0.012465	-0.012465	794.725026
20	2016-11-22	17.43	17.59	17.16	17.27	29916429	519090360	75943598.24	85438552.87	-0.00918	-0.00918	787.429788
21	2016-11-23	17.24	17.33	17.15	17.28	19112003	329749479	75987572.53	85488025.1	0.000579	0.000579	787.88574
22	2016-11-24	17.29	17.52	17.23	17.47	21622924	377012136	76823064.04	86427997.6	0.010995	0.010995	796.548636
23	2016-11-25	17.45	17.62	17.38	17.57	18379296	322205211	77262626.93	86922719.97	0.005724	0.005724	801.10836
24	2016-11-28	17.57	17.72	17.27	17.34	21189421	370579417	76251418.27	85784859.52	-0.01309	-0.01309	790.621455
25	2016-11-29	17.26	17.5	17.27	17.29	20455347	355235991	75987572.53	85488025.1	-0.00346	-0.00346	787.88574
26	2016-11-30	17.3	17.47	17.22	17.29	17946619	311307957	75987572.53	85488025.1	0	0	787.88574

图4-29 提取数据

```
import numpy as np
import pandas as pd
df=pd.read_csv("初步业务活动/数据源02股价数据.csv",header=1)[1:]
```

(2)用0补充空数据

使用pandas中fillna函数,可以将为空的位置补充为指定值。

用0补空位,则value=0

```
df=df.fillna(value=0)
```

（3）提取所需数据，并保存

股价数据用于绘制 K 线图，K 线图 X 轴为日期，Y 轴需要输入 4 个值，分别为´日最高价´、´日最低价´、´日收盘价´、"日开盘价"。使用直接截取或定位截取的方式，提取并保存所需数据（如图 4-30 所示）。

```
data = df.loc[:,["交易日期","日最高价","日最低价","日收盘价","日开盘价"]]
data.to_csv("股价数据清洗.csv",encoding="utf-8-sig")
```

图 4-30　提取并保存数据

任务 3：数据预处理——文本数据

任务描述：

①读取文本数据。

②建立清洗函数。

③使用清洗函数，对文本数据进行清洗。

④标准化时间格式。

⑤保存数据。

操作步骤：

（1）引入所需库，导入数据

re 库是 python 的标准库，用于处理字符串。

```
import numpy as np
import pandas as pd
import re
df = pd.read_csv("初步业务活动/数据源 03 文本数据.csv")
```

（2）建立清洗函数

假设需要清洗´如.... $ &%.何把握@@%中国制造业的投资机会´。

自定义的变量名称：line = 需清洗的句子，punctuation = 需替换的乱码符号。

使用 Re 库中 sub 函数，该函数共有 5 个参数：

位置 1（pattern）：表示正则中的模式字符串（需要替换掉的乱码）；

位置 2（repl）：表示替换后的字符串（即匹配到 pattern 后替换为 repl），也可以是个函数；

位置 3（string）：表示要被处理（查找替换）的原始字符串，数据类型必须为字符串类型；

位置 4（count）：可选参数，表示要替换的最大次数，而且必须是非负整数，该参数默认为 0，即所有的匹配都会替换；

位置 5（flags）：可选参数，表示编译时用的匹配模式（如忽略大小写、多行模式等），数字形式，默认为 0。

```
line =' 如….s&%.何把握@@%中国制造业的投资机会'line clean=re.sub（punctuation，""，line）
punctuation = u'[a-zA-Z´!"#S% &'0 * * +,-.=>? @大、…[ ]《》""! [?]+
print（line clean）
```

清洁函数结果如图 4-31 所示。

图 4-31　清洁函数结果

使用 sub() 函数无法删除句首、句尾的空格。

使用 strip() 函数句首、句尾的空格，要注意该函数无法删除句内空格（如图 4-32 所示）。

```
line_clean=line_clean.strip()
print（line clean）
```

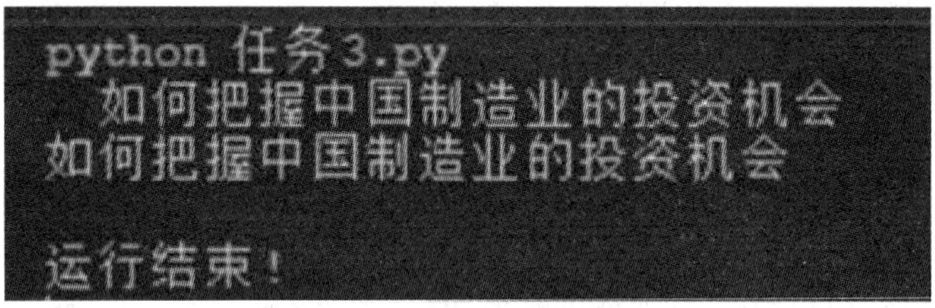

图 4-32　使用 trip() 函数的结果

使用 def 函数名（输入数据）：定义清洗函数，通过 return 输出清洗结果。

使用 str() 可将数据类型转换为字符串形式，以保证 sub() 函数运行。

```
def remove（line）:
line = str（line）
punctuation=u'[a-zA-Z'´!"#S%\\&\'() * +,-./:;<=>? @ * 、…【】《》""''![ \\]^_^"{|}~?]
+'
line_clean=re.sub（punctuation."""，line）
line_clean=line_clean.strip()
return line_clean
```

（3）对数据中所有"标题"进行清洗

使用 apply()对数组执行指定函数调用。

对标题列执行清洗函数，结果保存在名为文本_清洗后的新列中。

```
df['文本_清洗后'] = df['标题'].apply(remove)
```

（4）标准化时间格式

将原始数据中【年-月-日 时-分】格式转化为【年-月-日】格式。

```
df.loc[:,"时间"]=pd.to_datetime(df["时间"],format="%Y-%m-%d")
df.loc[:,"时间"]=df.loc[:,"时闻"].apply(lambda x: x.strftime(%Y-%m-%d))
#按照时间排序
```

```
df=df.sort_values(by="时间)
```

（5）保存数据

将时间、点赞、昵称、文本_清洗后保存为新的 csv 文件。

```
data=df.loc[:,['时间','点赞','昵称','文本_清洗后']]
data.to_csv("文本数据清洗.csv,encoding=utf-8-sig)
```

4.4.2 文本分析

任务 4:数据分析与挖掘——JIEBA 分词

任务描述:

①读取文本数据。

②建立 JIEBA 分词函数。

③使用 JIEBA 分词函数,对文本数据进行分词,保存数据。

操作步骤:

开始:新建脚本。

（1）引入所需库,读取数据

在准备任务中已熟悉 jieba 分词库的使用。

在读取数据时注意停用词库的数据类型应为 list,而通过 pandas 读取函数取得的停用词列数据类型为 Series。

使用 to_list()可以将 pandas 库产生的数据类型转换为 list 类型。

注意:该方式在数据分析中使用频率较高,pandas 库完成数据预处理后,如果需要使用其他库进行后续工作,常会因数据类型不符而报错,可尝试通过该方式解决。

```
import pandas as pd
import numpy as np
import jieba
df=pd.read_csv("文本数据清洗.csv")
stopword=pd.read_csv("初步业务活动/数据源 04stoplist.csv")
stopword=stopword["停用词"].to list()
jieba.load_userdict(初步业务活动/数据源 06 保留词库 dict.txt")
```

（2）定义一个使用 JIEBA 分词的函数

在准备任务中，已经练习过如何使用 jieba 库中的 lcut（）函数以及如何使用停用词库。此时将代码定义为函数进行调用。

```
def cutword(text):
        text = str(text)# 传入要分词的句子
        cutwords = jieba.lcut(text) # 用 jieba 分词
        cutwords = pd.Series(cutwords)cutwords # 将分好的词转为 series,以便使用 isin 函数。~表示
取反运算符
        cutwords = ''.join(cutwords[ ~cutwords.isin(stopword)])
        return (cutwords)
```

（3）对文本数据使用该函数，将输出保存在新 csv 文件中

对预处理后的所有评论标题使用定义后的分词函数，在数据表 df 中追加新增列"分词"，将分词后数据存储于该列中，并将数据表输出保存。

由于对大量文本使用分词函数，可能需要几分钟的时间，通过打印"ok"来提示运行结束（见图 4-33）。

```
df["分词"] = df["文本_清洗后"].apply(cutword)
df.to_csv("./jieba 分词结果.csv")
print("ok")
```

```
python 4.py
Building prefix dict from the default dictionary ...
Loading model from cache /tmp/jieba.cache
Loading model cost 0.764 seconds.
Prefix dict has been built successfully.
ok
```

运行结束！

图 4-33　提示运行结果

任务 5：数据分析与挖掘——词频计算

任务描述：

根据绘图需求，对分词结果进行词频计算。

①计算全部词组的词频。

②计算财务相关词组的词频。

操作步骤：

开始：新建脚本。

（1）引入所需库，导入数据

collections 库是 python 的标准库，可以实现很多基础功能，本次使用该库中的 Counter 进行词频统计。

```
import pandas as pd
import numpy as np
from collections import Counter
df = pd.read_csv("jieba 分词结果.csv")
```

（2）计算词频

对"分词"列的所有数据使用 astype( )，确保数据类型为字符串格式，方便后续计算词频。

使用 join( ) 函数，将多行分词结果汇总为一行，并用空格区隔。

split( ) 函数将一行分词汇总结果转化为列表。

Counter 是 collections 库中的用于计数的工具，传入 list 作为参数，可自动计算元素个数，输出数据的格式类似于字典。

```
df[´分词´]=df[´分词´].astype(str)
text=´ ´.join(df[´分词´])
text=text.split( )
counter=Counter(text)
```

（3）统计词频，并保存为新文件

most_common( )可用于提取数量最多的前 n 个元素，输出格式为列表，本次选择显示前 100 个词组。

为提高词云图的信息含量，可以使用! =快速将无意义或显而易见的词语进行手工剔除。

```
data1 = counter.most common(100) #100 可以换成其他数字
data1 = pd.DataFrame(data1,columns=[´词语´,´出现次数´])
data1 = data1[data1["词语"] ! ="明康"]    #把不想统计的词去掉
data1 = data1[data1["词语"] ! ="药业"]    #把不想统计的词去掉
data1 = data1[data1["词语"] ! ="生物"]    #把不想统计的词去掉
data1. to_csv(´词云图结果.csv´,encoding=´utf-8-sig´)
```

（4）计算财务词库中出现词的词频，并保存为新文件

①计及算全部词语出现次数。

使用 most_common( )不限制提取数量，输出格式为列表。

由于使用 counter 函数后生成的数据格式为一种类似于字典的格式，无法直接构建数据表，用户可以通过 most_common( )快速转换为列表格式，以便于直接构建数据表。

```
data2=counter.most_common( )
data2=pd.DataFrame(data2,columns=[´词语´,´出现次数´])
```

②读取任务资料中的"财务词汇"，与分词词语取交集。

使用 pandas 中 merge( )函数对分词结果和财务词汇取交集。

merge( )是对数据表操作的一种方法，能够水平链接两张数据表，通过调用两张数据表的列或行索引实现链接，类似于 Excel 中的 vlookup 函数，参数如下：

on 代表实现链接的关键词，这里使用 data2 中的"词语"，df_fina 中的"关注词"。

how 代表实现链接的方式，可以选择 left，right，inner，outer，其中默认为 inner；left 表是以左边为主匹配；right 表示以右边为主匹配；inner 代表取交集；outer 代表取并集。

```
df_fina = pd.read_excel("初步业务活动/数据源05财务词汇.xlsx")
```

```
df_merge = pd.merge(data2, df_fina, left_on = '词语', right_on = '关注词', how = 'inner')
df_merge.to_csv('关注词结果.csv', encoding = 'utf-8-sig')
```

4.4.3　数据可视化

任务6:可视化——股价数据K线图

任务描述:

使用pyecharts绘制股价数据K线图

操作步骤:

开始:新建脚本

(1)引入所需库,读取数据

```
import pandas as pd
import pyecharts.options as opts
from pyecharts.charts import Kline
from pyecharts.globals import ThemeType
df = pd.read_csv("股价数据清洗.csv")
```

(2)将需要的数据转换为列表格式

数据格式:Pyecharts绘图使用的数据格式为Python原生格式,而数据分析大都需要使用Numpy/Pandas库,生成的numpy.int64/numpy.int32/...等数据类型并不继承自Python.int,因此需要进行数据格式的转换。

```
x = df.loc[:, "交易日期"].to_list()
y1 = df.loc[:, "日开盘价"].to list()
y2 = df.loc[:, "日收盘价"].to_list()
y3 = df.loc[:, "日最低价"].to list()
y4 = df.loc[:, "日最高价"].to list()
y = [list(z) for z in zip(y1, y2, y3, y4)]    #打包四个值
```

(3)使用Kline函数绘制K线图(见图4-34)

Kline()可生成K线图。

K线4个值输入顺序为:开盘价、收盘价、最低价、最高价。

确定打包后的y值是按照此顺序录入。

```
kline = Kline()
kline.add_xaxis(x)
kline.add_yaxis(股价", y)
kline.set_global_opts(datazoom_opts = opts.DataZoomOpts(is_show = True))
kline.render("K线简版.html")
```

图 4-34　绘制 K 线图

（4）根据需求美化（以下代码为深色看板样例）

此样板配置了主题、图形颜色、背景颜色、时间轴位置（见图 4-35）。

```
kline = Kline( init_opts = opts.InitOpts( theme = ThemeType.WESTEROS))
kline.add_xaxis( x)
kline.add_yaxis(" 股价", y, itemstyleopts = opts.ItemStyleOpts( color = " #ec0000
color0 = " #00da3c" border_color = " #8A0000" , border_color0 = " #008F28" ))
#调整颜色
kline.set_global_opts( legend_opts = opts.
Legendlpts( is_show = False) , xaris_opts = opts.ArisOpts( is_scale = True) , yaxis_opts = opts.AxisOpts( is_
scale = True , splitarea_opts = opts.
Splithrealpts( is_show = True , areastyle_opts = opts.AreaStyleOpts( opacity = 1))) , #opacity 是背景的透
明度
datazoom_opts = [ opts.DataZoomOpts( pos_bottom = "20%" )])
kline.render(" 股票价格图.html")
```

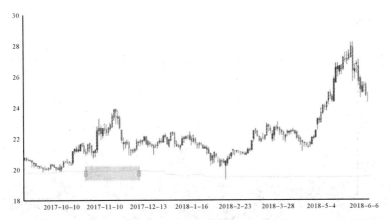

图 4-35　美化后的 K 线图

任务 7：可视化——评论数据图表

任务 7-1：可视化——折线图

任务描述:

使用 pyecharts 绘制评论数据折线图

操作步骤:

开始:新建脚本。

(1)引入库,读取数据

```
import pandas as pd
import pyecharts.options as opts
from pyecharts.charts import Line
from pyecharts.globals import ThemeType
df = pd.read_csv("评论数据清洗.csv")
```

(2)将所需数据转化为列表

阅读量与帖子数量、评论量的数量级相差较大,使用同一坐标轴展示时会影响展示效果,由于此时我们主要获取的信息是评论随时间的波动趋势信息,因此我们将阅读量数据除以100,进行缩放。

```
x = df.loc[ : ,"发帖日期"].to list( )
yl = round((( df.loc[ : ,"帖子总数量"] ),0).to_list( )
y2 = round((( df.loc[ : ,"帖子阅读量"] )/100,0).to_list( )
y3 = round( df.loc[ : ,"帖子评论量"] ,0).to_list( )
```

(3)用 Line( )函数绘制折线图(见图 4-36)

```
line = Line( )
line.add_xaxis( x)
line.add_yaxis("帖子总数量",y1)line.add yaxis("帖子阅读量",y2)
line.add_yaxis("帖子评论量",y3)
line.set_global_opts( datazoom_opts = opts.DataZoom0pts( is_show = True) )
line.render("折线简版.html")
```

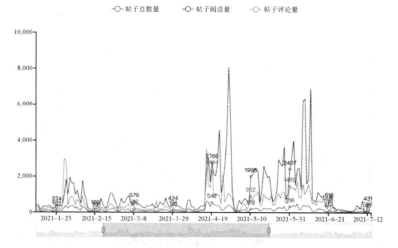

图 4-36　绘制折线图

（4）根据需求美化（以下代码为深色看板样例）（如图4-37所示）

```
line = Line( init_opts = opts.InitOpts( theme = Themelype.DARK , bg color = "#00000000") )
line.add_xaxis(x,)
line.add_yaxis("帖子总数量",y1,
label_opts = opts.LabelOpts( is_show = False)
linestyle_opts = opts.LineStyleOpts( width = 2. 5) ,
itemstyle_opts = opts.ItemStyleOpts( color = #F6485E, ) )
line.add_yaxis( "帖子阅读量",y2,label_opts = opts.LabelOpts( is_show = False) ,
linestyle_opts = opts.LineStyleOpts( width = 2. 5) ,
itemstyle_opts = opts.ItemStyleOpts( color = "#F6C148", ) )
line.add_yaxis( "帖子评论",y3,labelopts = opts.LabelOpts( is_show = False) ,
linestyle_opts = opts.LineStyleOpts( width = 2. 5) ,
itemstyle_opts = opts.ItemStyleOpts( color = "#48F681", ) )
line.set_series_opts( textstyle_opts = opts.TextStyleOpts( color = "#BE4CF6") )
```

```
line.set_global_opts( legend_opts = opts.LegendOpts( pos_top = "15%") ,
tooltip_opts = opts.TooltipOpts( is_show = True, trigger = ´axis", axis_pointer_type = "shadow") ,
toolbox_opts = opts.ToolboxOpts( is_show = True, pos_left = "30%") ,
datazoom_opts = [ opts.DataZoomOpts( pos _pottom = "20%") ] )
line.render( "./评论量波动图.html")
```

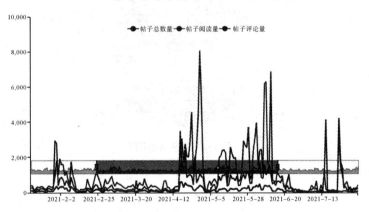

图4-37　美化后的折线图

任务7-2:可视化——饼图

任务描述:

使用 pyecharts 绘制评论数据饼图

操作步骤:

开始:新建脚本。

（1）引入库,读取数据

```
import pandas as pd
from pyecharts import options as opts
from pyecharts.charts import Pie,Grid
from pyecharts.globals import ThemeType
df = pd.read csv( "量化情绪指标.csv")
```

（2）将所需数据转化为列表

通过.sum( )可以直接对某列数据求和。

通过 int( )对合计数取整数。

```
x = int( df.loc[ :,'积极帖子数量'].sum( ) )
y = int( df.loc[ :,'中立帖子数量'].sum( ) )
z = int( df.loc[ :,消极帖子数量'].sum( ) )
x_data = ['积极帖子数量',中立帖子数量',消极帖子数量']
y_data = [ x,y,z ]
data_pair = [ list( z) for z in zip( x data, y data) ]
```

（3）使用 Pie 函数,绘制饼图(见图 4-38)

```
p = Pie( )
p.add( '´, data_pair)
p.render( "饼图简版.html" )
```

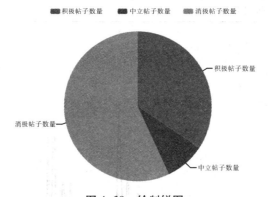

图 4-38　绘制饼图

（4）根据需求美化(以下代码为深色看板样例)(如图 4-39 所示)

```
p = Pie( )
p.add( '´,data_pair,
        radius = [ ~30% "75% * ],   #两个圆圈的大小
        center = [ "50%" , "50%" ],#在图中的位置
        rosetype = "radius" ,#定义的一种风格,也可以尝试用"area"来替换
        label_opts = opts.LabelOpts( is_show = False ) )
p.set_colors( [ #F6485E" ." #F6C148" " #48F681" ] )
p.set_global_opts( legend_opts = opts.LegendOpts( is_show = False ) )
gl = Grid( init_opts = opts.InitOpts( bg color = " #00000000" ) )
gl.add( p,grid_opts = opts.GridOpts( pos_right = ´10%´) )
gl.render( "./饼图.html" )
```

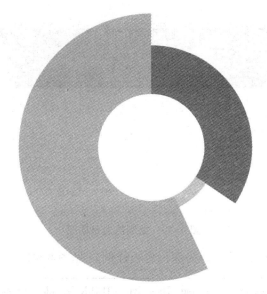

图 4-39　美化后的饼图

任务 7-3:可视化——热力日期图

任务描述:

使用 pyecharts 绘制评论数据热力日期图

操作步骤:

开始:新建脚本。

(1)引入库,读取数据

```
import pandas as pd
import pyecharts.options as opts
from pyecharts.charts import Calendar
from pyecharts.globals import ThemeType
df = pd.read csv("评论数据清洗.csv")
```

(2)将所需数据转换为列表

使用 round( )函数保留点赞量数据的整数部分。

```
x = df.loc[ : ,"发帖日期"].to_list( )
y = round(df.loc[ : ,"帖子点赞量"],0).to_list( )
data = list(zip(x,y))
```

(3)使用 Calendar 函数绘制图表(见图 4-40)

在制作热力日期图时,calendar_opts = opts.CalendarOpts(range_ = "2021")为必填项,否则将不显示图形。

如不开启日期图的视觉映射,则图片颜色无法根据热度变化。

```
c = Calendar( )
c.add("",data,calendar_opts = opts.CalendarOpts( range_ = "2021") )
c.set_global_opts(visualmap_opts = opts.VisualMapOpts( is_show = True) )
    c.render("./日期图简图.html")
```

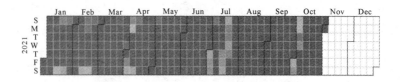

图 4-40　绘制热力日期图

（4）根据需求美化（以下代码为深色看板样例）（见图 4-41）

```
c = Calendar( init_opts = opts.InitOpts( theme = Themelype.CHALK,bg color = "#00000000") )
c.add( "",data,calendar_opts = opts.CalendarOpts( range ="2021",
        daylabel_opts = opts.CalendarDaylabelOpts( name_map = cn",label_color = "#D3D3D3") ,
        monthlabel_opts = opts.CalendarMonthlabelOpts( name_map = "cn",label_color = "#D3D3D3") ,
        yearlabel_opts = opts.CalendarYearlabelOpts( is_show = False,label color-"#D3D3D3")
c.set_global _opts ( visualmap _ opts = opts. VisualMapOpts ( max = 1300, min = 0, orient = horizontal" , is _
pieewise = False,pos_top = "200px",pos_left = "100px") )
c.render( "./热力日期图.html" )
```

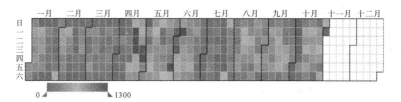

图 4-41　美化后的热力日期图

任务 8：可视化——话题 TOP10

任务描述：

使用 pyecharts 绘制话题 Top10 柱状图。

操作步骤：

开始：新建脚本。

（1）引入库，读取数据

```
import pandas as pd
import pyecharts.options as opts
from pyecharts.charts import Bar,Grid
from pyecharts.globals import ThemeType
from pyecharts.commons.utils import JsCode
df = pd.read csv( "文本数据清洗.csv" )
```

（2）将所需数据转换为列表

使用 sort_values( )可对 dataframe 排序,参数如下:

sort_values(by＝［´排序依据´］,axis＝0,ascending＝True,inplace＝False,na_position＝´last´):

by:指定排序依据

axis:´0´,则 by＝´列名´;´1´,则 by＝´行名´;

ascending:True 升序,False 降序,默认升序;

inplace:是否用排序后的数据框替换现有的数据框,True 替换,False 不替换。

na_position:´first´缺失值显示在最前面,´last´缺失值显示在最后面,默认为´last´。

对点赞数据进行降序排列,截取排在最前的 10 项,即 top10 话题。

由于 Bar 函数画翻转柱状图时,自下而上对应数据位置进行显示,因此对 10 条热点标题进行升序排序。

```
df = df.sort values(by＝［´点赞´］,ascending＝False)   #按点赞降序排序
df = df[ :10] # 截取 TOP10 帖子
df = df.sort values(by＝［'点赞'］)   #10 条标题升序排序
x = dfL´文本_清洗后'].to list( )
yl = df［´点赞´].to list( )
```

（3）使用 Bar 函数画图,使用 Grid 函数调整图片显示位置

使用 reversal_axis( )将柱形图旋转横放(见图 4-42)。

如果不使用 Grid( )函数进行居中布局,会导致文字内容太长而无法全部展示。

```
bar＝Bar( )
bar.add xaxis(x)
bar.add_yaxis('点赞数',yl,)
bar.reversal axis) #旋转
bar.set_series_opts(label opts＝opts.LabelOpts(position＝"right"))
grid = Grid( )
grid.add(bar, grid opts＝opts.GridOpts(pos_left＝´50%´))
grid.render("top10 简图.html")
```

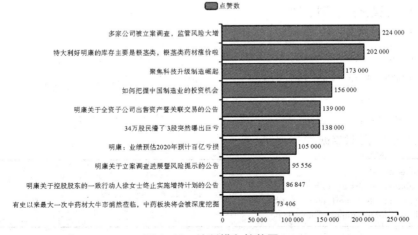

图 4-42 绘制横向柱状图

(4)根据需求美化(以下代码为深色看板样例)(见图4-43)

使用 JsCode( )设置为渐变色。

```
bar= Bar( )
bar.add_xaxis(x)
bar.add_yaxis('点赞数', yl,)
bar.reversal_axis( ) #旋转
bar.set_series_opts(label opts=opts.LabelOpts(position="right",color-"#D3D3D3")  #列名靠右
itemstyle_opts={
"normal": { "color": JsCode(
"""new echarts.graphic.LinearGradient(1,0,0,1,[{offset:0,color:´rgba(190,76,246,100)´},{offset:
1,color:´rgba(135,104,245,100)´}],false)"""), "barBorderRadius": [0,0,0,0],shadowColor":"
rgb(0,160,221)"}},)
```

```
bar.set_global_opts(toolbox opts=opts.ToolboxOpts(is show=True, pos left="40%"),
                legend_opts=opts.LegendOpts(is_show=False))
grid=Grid(init_opts=opts.InitOpts(theme=Themelype.CHALK,bg_color="#00000000"))
grid.add(bar,grid_opts=opts.GridOpts(pos_left=´50%´))
grid.render("./可视化图/top10.html")
```

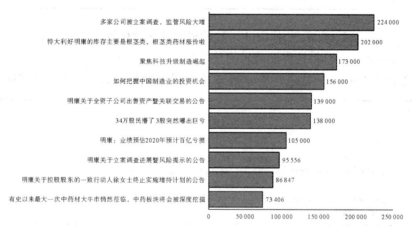

图 4-43　美化后的柱状图

任务9:可视化——词云图

任务9-1:可视化——全词频词云图

任务描述:

使用 pyecharts 绘制全词频词云图

操作步骤:

开始:新建脚本

(1)引入库,读取数据

```
import pandas as pd
import pyecharts.options as opts
from pyecharts.charts import WordCloud
from pyecharts.globals import ThemeType
```

```
from pyecharts.render.engine import render
df=pd.read csv("词云图结果.csv")
```

（2）将所需数据转换为列表

```
word list = df[词语"].to list()
word_count = df["出现次数"].to list()
```

（3）使用 WordCloud 函数画全词频词云图（见图 4-44）

```
wl = WordCloud0)
wl.add(series_name="",data_pair=zip(word_list,word_count),word_size_range=[10,100])
wl.render("全词频词云图.html")
```

图 4-44　绘制全词频词云图

任务 9-2：可视化——财务词频词云图

任务描述：

使用 pyecharts 绘制财务词频词云图。

操作步骤：

开始：新建脚本。

（1）引入库，读取数据

```
import pandas as pd
import pyecharts.options as opts
from pyecharts.charts import WordCloud
from pyecharts.globals import ThemeType
from pyecharts.render.engine import render
df=pd.read_csv("关注词结果.csv")
```

（2）将所需数据转换为列表

```
Word_list = df["词语"].to_list()
Word_count = df["出现次数"].to_list()
```

（3）使用 WordCloud 函数绘制财会词频词云图（见图4-45）

```
w2 = WordCloud( )
w2. add( series_name = " " , data_pair = zip( word_list , word_count) , word_size_range = [ 10 , 100] )
w2. render( "财务词频词云图.html" )
```

图4-45　绘制财务词频词云图

4.4.4　可视化报告

任务10:可视化——可视化大屏

任务描述:

使用 pyecharts 将绘制后的图片合并形成可视化大屏

操作步骤:

开始:新建脚本。

（1）引入库，复制已完成的绘图代码,并删除绘图代码的最后一行。（即删除 render 函数,无须生成网页）

```
import pandas as pd
import pyecharts.options as opts
from pyecharts.charts import Kline , Line , Pie , Grid , Calendar , Bar , WordCloud , Page
from pyecharts.components import Image
from pyecharts.globals import ThemeType
from pyecharts.commons.utils import JsCode
```

（2）汇总已完成图像代码(此段为深色案例代码,仅供参考)

```
#股价图
df = pd.read_csv( "股价数据清洗.csv" )
x = df.loc[ : ,"交易日期"].to_list( )
y1= df.loc[ : ,"日开盘价"].to_list( )
y2= df.loc[ : ,"日收盘价"].to_list( )
y3= df.loc[ : ,"日最低价"].to_list( )
y4= df.loc[ : ,"日最高价"].to_list( )
```

```
y = [list(z) for z in zip(y1,y2,y3y4)] #打包四个值 kline = Kline(init opts = opts.InitOpts(theme = ThemeType.WESTEROS))kline.add xaxis(x)
kline.add yaxis("股价",y,
                        itemstyle_opts=opts.ItemStyleOpts(
                                color="ec0000",color0="#00da3c",
                                border color="#8A0000",
                                border color0="#008F28"))#调整颜色
kline.set_global_opts(legend opts=opts.LegendOpts(is show-=False),
                        xaxis_opts=opts.AxisOpts(is_scale=True),
                        yaxis_opts=opts.AxisOpts(is_scale=True,
                            splitarea_opts = opts.SplitAreaOpts(is_show=True,areastyle_opts = opts.
AreaStyleOpts(opacity=1))),         #opacity 是背景的透明度
datazoom_opts=[opts.DataZoomOpts(pos_bottom="20%")])
```

```
#折线图
df=pd.read csv("评论数据清洗.csv")
x=df.loc[:,"发帖日期"].to_list()
yl=round((df.loc[:,"帖子总数量"]),0).to_list()
y2=round((df.loc[:,"帖子阅读量"])/100,0).to_list()
y3=round(df.loc[:,"帖子评论量"],0).to_list()
line=Line(init_opts=opts.InitOpts(theme=Themelype.DARK,bg_color="#00000000"))
line.add xaxis(x,)
line.add_yaxis("帖子总数量",yl,
label_opts=opts.LabelOpts(is_show=False),
linestyle_opts=opts.LineStyleOpts(width=2.5),
itemstyle_opts=opts.ItemStyleOpts(color="#F6485E",))
line.add_yaxis("帖子阅读量",y2,label_opts=opts.LabelOpts(is_show=False),
linestyle_opts=opts.LineStyleOpts(width=2.5),
itemstyle_opts=opts.ItemStyleOpts(color="#F6C148",))
line.add_yaxis("帖子评论量",y3,label_opts=opts.LabelOpts(is_show=False),
linestyle_opts=opts.LineStyleOpts(width=2.5),
itemstyle_opts=opts.ItemStyleOpts(color="#48F681",))
line.set_series_opts(textstyle_opts=opts.TextStyleOpts(color="#BE4CF6"))
line.set_global_opts(
legend_opts=opts.LegendOpts(pos_top="15%"),
tooltip_opts=opts.TooltipOpts(is_show=True,trigger="axis",
axis_pointer_type="shadow"),
toolbox_opts=opts.Toolboxpts(is_show=True,pos_left=30%"),
datazoom_opts=[opts.DataZoomOpts(pos_bottom="20%")])
```

```
#饼图
df = pd.read _csv("量化情绪指标.csv")
x = int(df.loc[:,积极帖子数量'].sum())
y = int(df.loc[:,'中立帖子数量'].sum())
z = int(df.loc[:,消极帖子数量´].sum())
x_data = ['积极帖子数量',中立帖子数量',消极帖子数量']
y_data = [x,y,z]
data_pair = [list(z) for z in zip(x data, y_data)]p=Pie()
p.add(´,data_pair,
radius=["30%","75%"], #两个圆圈的大小
center=["50%","50%"], #在图中的位置
rosetype="radius", #定义的一种风格,也可以尝试用"area"来替换
label_opts=opts.LabelOpts(is_show=False))
p.set_colors(["#F6485E","#F6C148","#48F681"])
p.set_global_opts(legend_opts=opts.LegendOpts(is_show=False))
gl=Grid(init_opts=opts.InitOpts(bg_color="#00000000"))
gl.add(p,grid_opts=opts.GridOpts(pos_right=´10%´))
```

```
#日期图
df=pd.read_csv("评论数据清洗.csv")
x=df.loc[:,"发帖日期"].to_list()
y=round(df.loc[:."帖子点赞量"],0).to_list()
data=list(zip(x,y))
c=Calendar(init_opts=opts.InitOpts(theme=Themelype.CHALK,bg_color="#00000000"))
c.add("",data,calendar_opts=opts.CalendarOpts(range_="2021",
daylabel_opts=opts.CalendarDaylabel0pts(name_map="cn",label_color="#D3D3D3"),
monthlabel_opts=opts.CalendarMonthlabelOpts(name_map="cn",label_color="D3D3D3"),
yearlabel_opts=opts.CalendarYearlabel0pts(is_show=False,label_color="#D3D3D3"),),
c.set_global_opts(visualmap_opts=opts.VisualMaplpts(max_=1300,min_=0,orient="orizontal",is_
piecewise=False,pos_top="200px",pos_left="100px"))
```

```
#top10横放柱形图
df = pd.read_csv("文本数据清洗.csv")
df = df.sort_values(by=['点赞'],ascending=False)   #按点赞排序
df = df[:10]   #截取TOP10帖子
df = df.sort_values(by=['点赞'])
x = df['文本_清洗后'].to_list()
yl = df['点赞'].to_list()
bar = Bar()
bar.add_xaxis(x)
bar.add_yaxis('点赞数',yl,)
bar.reversal_axis()   #旋转
bar.set_series_opts(label_opts=opts.LabelOpts(position="right",color="#D3D3D3")   #列名靠右
,itemstyle_opts={
normal":{"color":JsCode(
"""new echarts.graphic.LinearGradient(1,0,0,1,[{loffset:0,color:'rgba(190,76,246,100)'},{offset:
1,color:'
rgba(135,104,245,100)'}],false)"""),"barBorderRadius":[0,0,0,0],"shadowColor":"rgb(0,
160,221)"}},)
bar.set_global_opts(toolbox_opts=opts.Toolbox0pts(is_show=True,pos_left="40%"),
legend_opts=opts.LegendOpts(is_show=False))
grid=Grid(init_opts=opts.InitOpts(theme=Themelype.CHALK,bg_color="#00000000"))
grid.add(bar, grid opts=opts.GridOpts(pos_left='50%'))
```

```
#全词频词云图
df=pd.read csv("词云图结果.csv")
word list = df[词语"].to_list()
word count = df["出现次数"].to_list()
wl=WordCloud(init_opts=opts.InitOpts(theme=Themelype.VINTAGE,bg_color="#00000000"))
wl.add(series_name="",data_pair=zip(word_list,word_count),word_size_range=[10,100])
wl.set_global_opts(tooltip_opts=opts.TooltipOpts(is_show=True))
```

```
#关注词词云图
df=pd.read csv("关注词结果.csv")
word_list = df["词语"].to_list()
word_count = df["出现次数"].to_list()
w2=WordCloud(init_opts=opts.Initpts(theme=Themelype.VINTAGE,bg_color="#00000000"))
w2.add(series_name="",data_pair=zip(word_list,word_count),word_size_range=[10,100])
w2.set_global_opts(tooltip_opts=opts.TooltipOpts(is_show=True))
```

（3）使用 Image 函数设置可视化看板

背景图地址：

black = (" https：//pbu － public. oss － cn － beijing. aliyuncs. com/user ＿ data/
58034049581068288/pbu － resource/1657265514233/% E6% B7% B1% E8% 89% B2% E8%
83%8C%E6%99%AF.png"）

white = (´ https：//pbu － public. oss － cn － beijing. aliyuncs. com/user ＿ data/
58034049581068288/pbu － resource/1657261332608/% E7% 99% BD% E8% 89% B2% E8%
83%8C%E6%99%AF.png´）

gold = (´ https：//pbu － public. oss － cn － beijing. aliyuncs. com/user ＿ data/
58034049581068288/pbu － resource/1657261174229/% E9% 87% 91% E8% 89% B2% E8%
83%8C%E6%99%AF.png´）

使用 Image( )函数和 Page( )将背景图传入看板中。

Page( )函数选择自定义排列方式（DraggablePageLayout），可以通过拖拉拽修改图形
位置。

```
image = Image( )
black = (" https：//pbu－public.oss－cn－beijng.aliyuncs.com/user_data/5803449581068288/pbu－resource/
165726551423/%E6%B7%83%8C%E6%99%AF.png"）
image.add( src = black , style_opts = [" width："1920px" ,"height" ："1080px" ])
page = Page( layout = Page.DraggablePageLayout , page_title ="情分析深色看板"）
page.add( image , kline , line , c , gl , grid , wl , w2)
```

（4）调试和生成可视化看板

生成"调试.html"界面，对图形进行拖拉拽，保存并下载调试好的位置文件（json 文
件）（见图 4-46）。

注释掉"调试"代码，通过 save_resize_html( )生成按照位置文件重新布局的终版 html
文件。

注意：生成的位置文件仅可使用一次，如操作失误需重新再进行排版布局，生成新的
位置文件进行替换。

```
#page.render(" 调试.html"）
#Page.save_resize_html(" 调试.html´,
#cfg_file =" 位置.json" ,
#dest =" 舆情分析可视化看板.html"）
```

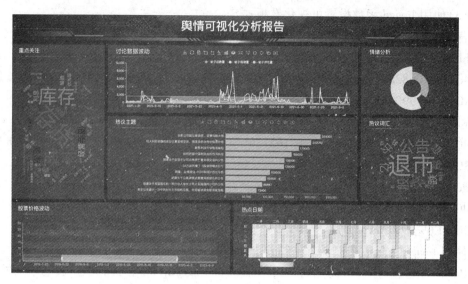

图 4-46　可视化分报报告图

4.5　项目成果

以 PPT 形式,完成本期作业:

(1)对舆情分析可视化报告进行分析;

(2)对被审计单位进行评价,判断是否承接该业务;

(3)如果承接,提示在进行审计计划时应当重点关注的风险内容;

(4)总结项目收获。

4.6　拓展学习

新道数据挖掘工具内置了常用数据挖掘模型,通过输入数据、设置参数、自动完成模型运算,无需进行代码编写。

请尝试用该工具进行更多的模型运算。

例如:对本项目中的文本数据加以整理,尝试进行情感分析

将我们案例任务中的文本数据截取 10 条用于尝试情感分析。

上传数据至【选择数据源】(见图 4-47)。

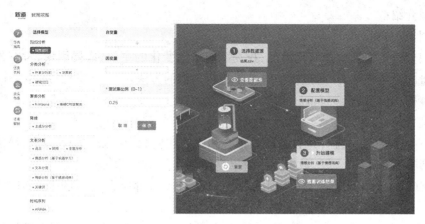

图4-47 上传数据至【选择数据源】

通过【配置模型】进行模型选择,并设置参数(见图4-48)。

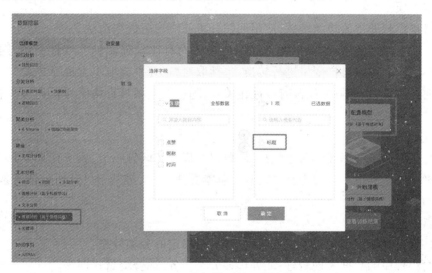

图4-48 选择模型并设置参数

通过【开始建模】运行模型,点击[查看训练结果]查看文本情感得分结果(见图4-49)。

	Unnamed: 0	点赞	标题	昵称	时间	score
0	0	224000	多家公司被立案调查,监管风险大增!	东财基金	2021/4/1 10:30	0.5642849096
1	1	202000	特大利好!明康的库存主要是根茎类,根基类药材涨价啦涨价啦!	鹏华基金鹏友会	2021/1/22 19:20	0.7253768324
2	2	173000	聚焦"科技升级+制造崛起"	华安基金	2021/2/1 15:00	0.9791162822
3	3	156000	如何把握中国制造业的投资机会?	中银基金	2021/3/1 19:00	0.9979853719
4	4	139000	明康子公司出售资产暨关联交易的公告	东财基金	2021/3/25 14:02	0.5497229252
5	5	138000	34万股民懂了 3股突然爆出巨号!	爱迪尔资讯	2021/5/9 15:54	0.5312987424
6	6	105000	明康:业绩预估 2020年预计百亿亏损	*明康生物资讯	2021/4/28 13:51	0.0825693367
7	7	95556	明康关于立案调查进展暨风险提示的公告	汇添富基金	2021/2/3 19:30	0.1470340302
8	8	86847	明康关于控股股东的一致行动人王一女士终止实施增持计划的公告	抄底正当时	2021/10/12 11:38	0.6520866289
9	9	73406	有史以来最大一次中药材大牛市蔚然成花,中药板块将会被深度挖掘!	券商中国	2021/4/17 5:25	0.9638582027

数据默认10条,若想查看全部数据,请点击表格右上角导出按钮

图4-49 查看文本情感得分结果

模型介绍:

（1）回归分析

回归分析是根据事物变化情况,找到影响结果变化的主要、次要因素,考查各个变量对因变量的影响强度,并通过模型对结果进行预测的方法。

线性回归模型: $\hat{y} = a + b_1 x_1 + b_2 x_2$

模型判断:

SSE(和方差):该统计量计算的是拟合和原始数据对应点误差的平方和,该值越接近于 0,说明模型选择拟合好,数据预测效果更佳。

MSE(均方差):该统计量是预测数据和原始数据对应点误差的平方和的均值,即 SSE/n。

R:定义为 SSR 和 SST 的比值。正常取值范围[0,1],越接近 1,表明方程的变量 X 的解释力越强,模型对数据拟合的效果越好。

注意事项:

①对噪声和异常值较为敏感,使用回归分析前应注意数据清洗。

②只适合线性关系,如果自变量和因变量之间有比较强烈的非线性关系,则不适合使用线性回归。可以对自变量进行转换,包括取对教、开平方取平方根等方式。

③前提假设,自变量之间没有线性相关性,随机误差项具有均值为 0、等方差性、正态分布等。

（2）分类分析

分类是根据某种标准给对象贴标签,再根据标签来区分归类,属于有监督学习范畴。

朴素贝叶斯是机器学习中常见的分类基本算法之一,是基于贝叶斯定理与条件独立性假设的分类方法。

优点:

①朴素贝叶斯模型发源于古典数学理论,有稳定的分类效率。

②对小规模的数据表现较好,能处理多分类任务,适合增量式训练。

③对缺失数据不太敏感,算法简单,常用于文本分类。

缺点:

①模型假设属性之间相互独立,往往难以符合实际应用场景。

②不同的先验模型的原因导致预测效果不佳。

③对输入数据的表达形式敏感。

（3）决策树

决策树是一种用于对实例进行分类的树形结构,一种依托于策略抉择而建立起来的树,由节点（node）和有向边（directed edge）组成。

优点:

①决策树模型非常直观。

②不易受异常值影响。

③模型构建和应用的速度较快。

④对于数据分布没有特别严格的要求

⑤对于缺失值较为宽容。

⑥可以同时应用于线性和非线性关系。

注意事项：

①决策树适用于目标变量为二分类或多分类的数据,不适用于连续型变量。

②自变量的类别较多,或为区间型变量时,决策树过拟合的可能性增大。

（4）聚类分析

聚类分析将数据对象的集合分组为由类似的对象组成的多个类的分析过程。

与分类的差别:分类是指我们已经知道了失误的类别,需要从样本中学习分类的规则,是一种有监督的学习,而聚类则是由我们来给定简单的规则,从而得到分类是一种无监督的学习。

k-means 是将数据分为 K 个簇,并使每个组中的所有点与该簇中心（质心）距离的综合最小,这样簇内的数据相似性高,簇间数据相似性低,由于该算法原理简单,可轻松实现,且解释性较好,因此成为最为热门的聚类算法。使用模型时需给定 K 值和质心。

（5）文本分析

文本分析是将非结构化文本框转换为有意义的数据进行分析的过程,以度量客户意见、产品评论、反馈,能提供搜索工具、情感分析和实体建模,以支持基于事实的决策制定;常用于客户服务、知识管理、用户画像、情景广告、情绪分析、舆情监测、垃圾邮件过滤等方面。

情感分析:又称意见挖掘、倾向性分析等,是对带有情感色彩的主观性文本进行分析、处理、归纳和推理的过程。

（6）时间序列

时间序列是指将同一公积指标的数值按其发生的时间先后顺序排列而成的数列。时间序列分析的主要目的是根据已有的历史数据对未来进行预测。

ARIMA:自回归整合移动平均模型,是进行时间序列预测最常见的一种模型。

第 5 章

风险评估分析程序

本章学习目标

■ 了解审计师是否有效执行分析程序的不同后果;
■ 掌握在大数据时代,如何有效执行分析程序;
■ 掌握风险评估的概念及其在审计工作中的地位;
■ 掌握风险评估的信息来源;
■ 掌握风险评估阶段询问程序的意义及询问对象;
■ 掌握风险评估阶段观察和检查程序的主要内容;
■ 掌握风险评估阶段分析程序的意义及目的。

5.1 项目导入

5.1.1 引例情景

(1)被审计单位

万福生科(湖南)农业开发有限公司(以下简称"万福生科")是一家农副产品加工企业,其前身是湖南桃源县成立于 2003 年的湘鲁万福有限责任公司,总部设在湖南常德市,是一家对废水、废渣进行无害化处理和利用的绿色环保企业,其主要产品为大米淀粉糖类、大米蛋白粉类、米糠油类、食用米四大系列十四种产品。在 2009 年 10 月的股东大会上,公司通过了整体变更为万福生科(湖南)农业开发股份有限公司的方案,其法定代表人为龚永福。2011 年 9 月 27 日,万福生科股份以每股 25 元发行价在深圳证券交易所上市,发行 1 700 万股,募集款项合计 4.25 亿元。

(2)财务造假

2012 年 9 月,在一次证监会的突击抽查中,万福生科财务造假的丑陋面目终于被揭穿。调查发现,该公司财务造假不仅涉及 2012 年上半年财务数据,还涉及 2008—2011 年度财务数据。该公司 2013 年 3 月份向社会公众公开致歉的公告中,披露了其在 2008—2011 年间累计虚构了 7.4 亿元左右的收入,其中近 90% 的收入是"假"收入,同时虚构了 1.8 亿元的营业利润和 1.6 亿元的净利润。

（3）处罚结果

2013 年 5 月份,"万福生科"案相关处罚结果出炉,万福生科及其相关负责人面临警告、罚款和终生禁入证券市场等处罚,中磊会计师事务所作为万福生科的审计机构,其给出的审计报告严重与事实不符,证监会撤销事务所的证券服务业业务许可,其 138 万元的业务报酬被悉数没收,并且面临两倍罚款,签字注册会计师终身禁入证券市场,并被罚款 13 万元。

（4）项目引例——审计师存在的问题

①未重视分析程序在识别重大错报风险中的应用。

在万福生科案中,审计师如果在其执业过程中能重视毛利率的分析,则可发现 2008 年至 2010 年万福生科糖业毛利率持续高于 27%,远远超过行业竞争对手的异常现象,若能进一步实施比较分析,还可发现同样以大米作为原料生产淀粉糖的江西恒天实业有限公司虽然在核心产品生产规模、营业收入规模方面都超过万福生科,但其 2008—2009 年的毛利率仅仅为 5.5% 和 16.06%,从而由万福生科异常高于行业水平的毛利率,判断出其极有可能存在粉饰高盈利能力的重大错报风险。

②分析程序在重大错报风险识别中的应用角度过于狭窄。

在万福生科案中,审计师如果查看和分析了万福生科 2008—2010 年这三年的普米、淀粉糖及精米的产能利用率,就可以判断出它主要生产线的生产能力处于严重过剩的状态且产能利用率严重失衡。万福生科普米和精米的产能利用率最高仅达到 33.4% 和 28.2%,而淀粉糖的产能利用率最高达到 77%,审计师若以此为线索,进一步查阅万福生科在 2008—2010 年这三年间自产的碎米量,并结合其原材料耗用量的相关资料,则可推算出 2008—2010 年它的麦芽糖浆和蛋白粉的产量,再与它在招股书中所披露的这两种产品的产量进行比较分析,则可发现其所披露的麦芽糖浆产量是推算的合理产量的 3~4 倍,披露的蛋白粉产量是推算的合理产量的 4~6 倍,同时综合分析万福生科现有的技术和现有稻谷加工能力,审计师应很容易就可识别出其所披露的产量信息存在重大错报,进一步推断其披露的销售收入也存在重大错报。

③未能充分利用行业数据进行分析。

审计师如果在审计万福生科公司前,先去了解稻米加工行业的发展状况,就会了解到 2009—2010 年我国大米加工行业生产能力严重过剩,行业开工率不足 40%,各企业间竞争激烈,为了扩大市场份额,各企业纷纷实施抬价收购稻谷、压价销售大米的恶性竞争措施,从而导致"稻强米弱"市场格局的持续出现,企业毛利率不断下降,部分企业甚至在保本或亏损状态下挣扎,行业发展前景黯淡。以此为依据,审计师若将万福生科 2009—2010 年的米业毛利率与大米加工行业的龙头企业金健米业和北大荒的毛利率进行比较分析,就会发现其毛利率是金健米业毛利率的两倍多,而北大荒处于亏损状态,结合大米加工业的行业背景,自然就能判断万福生科财务报告中的收入成本可能存在重大错报风险。

(5)项目引例——问题解决方向

①立足行业分析,把握风险。

审计师不应局限于对被审计单位提供的数据进行分析,而应主动突破束缚,一方面要收集其所在行业的发展状况、法律监管环境等方面的信息,另一方面还要收集该行业的龙头企业和与被审计单位规模相当的企业的财务状况、经营成果及关键财务指标等数据信息,以此为依据,对被审计单位财务报告所披露的相关信息进行分析比较。这样才能立足于行业的基本情况,准确把握被审计单位目前在经营、债务及财务方面的整体情况,才能有效识别其财务报告中隐藏的重大错报风险。

②从多维角度运用分析程序。

审计师在利用分析程序识别重大错报风险时,首先从多维的角度去运用分析程序,即不仅要从财务信息之间的内在联系的角度去分析,从财务数据与其他资料的相关性的角度去深入分析,还应从调查识别出的与其他相关信息不一致或与预期数据严重偏离的波动和关系的角度加以思考。

依据综合分析的结果进行顺藤摸瓜式的延伸,找到可能存在逻辑矛盾的地方,也就找到了可能存在重大错报的领域。

③利用国内外经济金融型数据库。

目前,我国会计师事务所多以财务、审计作为专业技能,很难建立专业的行业研究数据库,同时受审计期限和审计成本的限制,其无法通过购买行研报告的方式获取行业情况及数据,导致审计师在执行分析程序时巧妇难为无米之炊。

为了提高审计效率和效果,会计师事务所应通过统一采购商业化经济金融型数据库的方式,为审计师实施分析程序提供数据来源。

④利用大数据分析技术。

利用大数据分析技术实施分析程序效果的好坏,最终取决于注册会计师结合数据分析技术和审计思路的能力。

如果审计师能很好地掌握大数据分析技术,则可便捷地使用回归分析、时间序列分析、聚类分析等分析方法,对各类账表数据进行有效分析,快速地定位到审计的关键领域,对甄别出的可疑信息放入疑点管理中心进行集中管理;以行业经济指标为基准,通过预设各类参数,利用计算机技术计算出被审计单位的经济指标,再对两者进行多维度的分析,从而全面恰当地识别评估被审计单位财务报表可能存在的重大错报,最终节约审计资源,降低审计时间成本。

5.1.2 知识背景

(1)什么是风险评估

风险评估是指注册会计师为了了解被审计单位及其环境(包括内部控制),以识别和评估重大错报风险而实施的审计程序。

(2)风险评估在审计工作中的地位

审计风险取决于重大错报风险和检查风险,在接受客户委托后,注册会计师最终承受的审计风险直接取决于检查风险,而检查风险又取决于注册会计师在其可接受的审计风险下对重大错报风险的评估。因此,风险评估是审计工作的起点。

风险评估获取信息来源的方式有哪些？

> 询问
> 观察和检查
> 分析程序

询问：

审计人员了解被审计单位的起点通常是询问企业的管理层和有关人员。

审计人员经过询问可以了解被审计单位的整体情况，从而在审计过程中做到有的放矢，避免工作的盲目性。

询问的对象包括但不限于管理层及财务报告负责人、内部审计人员、采购/生产/、销售/其他业务人员、可以提供识别重大错报风险不同视角的其他人。

观察和检查：

这样可以印证管理层和其他相关人员的询问结果，并可以提供有关被审计单位及其环境的信息。

分析程序：

审计人员实施分析程序有助于识别异常的交易或事项，以及对财务报表和审计产生影响的金额、比率和趋势。

在风险评估阶段，使用分析程序的主要目的是帮助审计人员更好地了解被审计单位及其环境，确认指标间异常的关系或波动，以便评估重大错报风险和找出存在潜在错报风险的领域。

5.1.3 案例导入

明康药业拟聘请新道会计师事务所对其20×0年财务报表进行审计，新道会计师事务所经过多轮内部研讨，决定承接明康药业20×0年财务报表审计业务。

经过项目组讨论，新道会计师事务所决定采取"通过风险评估程序发现异常现象，在异常现象中挖掘审计疑点，基于审计疑点实施实质性程序"的审计思路。

作为销售与收款业务风险评估程序的现场负责人，你决定应用大数据技术辅助完成分析程序，为发掘审计疑点提供帮助。

5.2 需求分析

5.2.1 业务需求分析

（1）业务需求分析

①整体目标。

风险评估的目的在于找出财务报表层次和认定层次的重大错报风险，并对重大错报发生的可能性和后果严重程度进行评估。

审计人员通过分析程序研究销售与收款相关数据之间的内在关系，发掘与其他相关信息不一致或与预期数据严重偏离的波动和关系。

②询问。

审计人员通过询问的方式了解被审计单位行业状况、法律环境、监管环境、业务构成、经营活动、重要往来机构、会计政策的选用等信息。

③分析程序。

在分析程序中,审计人员应用大数据技术,建立数据分析指标与数据分析模型,通过可视化的方式对数据分析结果进行呈现,从而直观发现审计疑点。

④观察和检查。

审计人员通过观察和检查的方式验证询问所获得的信息,并获取企业销售与收款内部控制、销售与收款业务构成、管理层编制的报告等信息。

（2）案例任务分解

①收集数据。

资产负债表相关指标、利润表相关指标、现金流量表相关指标、聚类指标。

②选取可比公司。

通过聚类分析确定可比公司。

③分析数据。

可视化展现、可比公司数据、行业平均数据、公司历史数据。

④发现审计疑点。

发现异常,找出风险点,制订进一步的审计计划。

5.2.2 技术需求分析

（1）数据分析方法

①时间趋势分析。

时间趋势分析是指将被审计单位某一指标按照时间先后顺序进行排列,由此反映指标数据连续变化的趋势。由于企业生产经营具有连贯性,财务指标的剧增剧减都是非常规现象,需要查明原因。

审计人员通过比较所选指标当前数据与之前数据的数量关系,可以发现所选指标在当期的数量水平是否正常,并由此做出进一步判断。

②结构性分析。

结构性分析是对数据各组成部分及其对比关系变动规律的分析。

审计人员通过计算会计要素各组成部分所占比重,进而分析会计要素的总体性质、内部特征、内部结构的变化规律。

对会计要素进行结构性分析有利于审计人员了解被审计单位资产分布是否合理、利润驱动如何构成、有无重大错报迹象。

③比较分析。

比较分析是通过对比实际数与目标数来提示两者之间的差异,借此评估企业生产经营活动的绩效与问题。

审计人员通过对比被审计单位特定财务指标与主要竞争对手、行业平均水平的差异,并对差异的可接受程度进行评价,可以推断出财务指标是否存在异常情况。

④聚类分析。

聚类分析是一种将若干分析对象按照一定标准划分至相对同质群组的统计分析技术。

审计人员采用聚类分析技术可以在众多同行业上市公司中筛选出与被审计单位整体特征更为接近的可比公司,通过对比可比公司与被审计单位财务指标之间的差异,就可以发现被审计单位的某些异常情况。

⑤可视化分析。

可视化分析是对参与风险评估的数据指标分析结果进行图像化呈现。

由于人们对图像信息的接受程度高于文本信息,因此风险评估结果呈现的核心在于使用清晰直观的图形或者表格来表达相应信息,从而提高审计人员的信息感知程度。

风险评估结果的可视化程度很大程度上取决于数据处理人员的创意思维,因此很多时候需要提前设计好采用什么样的图表进行特定信息的展示。

审计人员需要利用所呈现的结果分析现有问题,发掘背后深层次的原因,提前做好审计策略,并积极采取行动发现问题

(2)数据分析工具

①Sklearn 库。

Sklearn(Scikit-learn)是 Python 中一个提供机器学习算法的库,是一组简单有效的工具集,其开源、可复用。

Sklearn 库的优势:是简单高效的数据挖掘和数据分析工具;让每个人能够在复杂环境中重复使用;建立在 NumPy、Scipy、MatPlotLib 之上。

②Echarts 库。

Echarts 是一个基于 JavaScript 的开源可视化图表库,凭借着良好的交互性,精巧的图表设计,得到了众多开发者的认可。

Echarts 的优势:简洁的 API 设计,使用流畅,支持链式调用;囊括了 30 多种常见图表;支持主流的开发环境;可轻松集成至 Flask、Django 等主流 Web 框架;高度灵活的配置项,可轻松搭配出精美的图表;详细的文档和示例,帮助开发者更快上手项目;多达 400+地图文件以及原生的百度地图,为地理数据可视化提供强有力的支持。

③OS 库:提供基本的操作系统交互功能,是 python 标准库,包含几百个函数,包括常用路径操作、进程管理、环境参数等与操作系统相关的操作。

④glob 库:用来匹配路径文件名,不用遍历整个目录判断文件是否符合。

⑤Pandas 库:可以对数据进行导入、清洗、处理、统计和输出。

⑥plotly 库:是一个基于 JavaScript 的绘图库,是一个可交互,基于浏览器的绘图库。

5.2.3 聚类分析

(1)聚类分析基本原理

聚类分析用于对未知类别的样本进行划分,将样本按照一定的规则划分成若干个类簇,把相似的样本聚在同一个类簇中, 把不相似的样本分为不同类簇,从而分析样本之间内在的性质以及相互之间的联系规律,属于机器学习中的无监督学习。

①K-Means 聚类算法。

K-Means 聚类算法是基于划分的聚类算法,通过计算样本点与簇质心的距离,将与

簇质心相近的样本点划分为同一类簇。两个样本距离越远,则相似度越低。该算法的优点是算法简单,适合常规数据集;缺点在于 k 值很难确定,且随着数据容量增大,该方法的复杂度会变得很高。

②层次聚类算法。

层次聚类算法是通过计算不同类别数据点间的相似度来创建一棵有层次的嵌套聚类树。在聚类树中,不同类别的原始数据点是树的最低层,树的顶层是一个聚类的根节点。该算法的优点在于不需要预先制定聚类数,且类别之间的层次较为清晰;缺点在于计算的复杂度较高,离群值可能产生较大影响。

（2）练习任务

某年级计划对不同学习状态的学生制订特定学习计划,现已取得该年级学生的语文、数学、英语成绩,请根据三科成绩,对学生进行恰当分组（见图 5-1）。

图 5-1　成绩分组

5.2.4 【任务指导】技术分析

准备任务 1-1:技术练习——聚类练习

任务描述:

练习任务:某年级计划对不同学习状态的学生制订特定学习计划,现已取得该年级学生的语文、数学、英语成绩,请根据三科成绩,对学生进行恰当分组。

操作步骤:

（1）导入库

numpy、pandas:用于数据分析的库。

sklearn:一个提供机器学习算法的库。

Kmeans 是 sklearn 库中用于 K-means 算法的模块。

StandardScaler 是 sklearn 库中用于数据标准化的模块。

metrics 是 sklearn 库中用于评估模型效果的模块。

```
import numpy as np
import pandas as pd
from sklearn.cluster import KMeans
from sklearn.preprocessing import StandardScaler
    from sklearn import metrics
```

（2）获取数据

使用 read_excel( )读取数据表。

提取数据表中需要进行处理的数据列,存于自定义变量 data 中。

```
df = pd.read_excel('聚类分析在审计中的应用/数据来源/练习数据.xlsx')
data=df[['语文','数学','英语']]
```

（3）数据标准化

StandardScaler( )函数通过删除平均值并缩放到单位方差来标准化特征。得到的结果是,对于每个属性/每列来说所有数据都聚集在 0 附近,标准差为 1,得新的 X 数据集方差为 1,均值为 0。

一般情况下,在监督学习中,我们需要利用训练集数据对测试集数据进行预测,这里隐含了一个假设,就是训练数据和测试数据实际上是同分布的,因此我们通过标准化数据来保证同分布。

fit_transform( )是 fit 和 transform 的结合。fit_transform(data)的意思是找出 data 的均值和标准差,并应用在 data 上。

```
data = StandardScaler( ).fit_transform(data)
```

（4）建立模型

通过 Kmeans( )函数对数据进行聚类。其中 n_clusters 代表 K 值,即我们希望聚类出几组数据。

random_state 用于控制随机状态。由于模型的构建、数据集的生成、数据集的拆分都是一个随机的过程,因此当我们控制了随机状态时,每次构建都会从我们指定的点开始以相同的方式进行构建,为了重复的展现相同的结果,我们在这里统一固定为 random_state = 12。如果对随机状态不加控制,那么聚类结果就无法固定,而是随机的显现。

```
kmodel = KMeans(n_clusters=3, random_state=12)
```

（5）训练模型

使用模型训练 data 数据。

将训练后的类别结果存储在 labels 这个自定义变量中。

```
kmodel.fit(data)
labels = kmodel.labels_
```

（6）模型评估

①平均轮廓系数,越大越好。

metrics 中包含众多评估模型效果的函数,其中 silhouette_score( )是通过计算轮廓系数判断聚类效果的好坏。最佳值为 1,最差值为-1,接近 0 的值表是重叠的群集,数值越大说明聚类效果越好,负值通常表示样本已分配给错误的聚类(样本与所在组相比,和其他组更为相似)。

```
silhouette_value = metrics.silhouette_score(data, labels)
print('平均轮廓系数(越大越好):', silhouette_value)
```

②DBI 指数,越小越好。

davies_bouldin_score( )是一种评估度量的聚类方法,通过计算聚类内各点距离之和与类间距离之比,来评价 K 值选择是否合适。该比例小,说明聚类内各点距离近且族群间距离远。

```
DBI_value = metrics.davies_bouldin_score(data, labels)
print('DBI 指数(越小越好):', DBI_value)
```

准备任务 1-2:技术练习——聚类结果可视化展现

任务描述:

根据聚类结果,绘制散点图。

操作步骤:

开始:复制上一任务代码,或在上一任务脚本中继续编写。

(1)画图准备

由于二维散点图用于展现两个变量之间的分布关系,为了能够在二维图中展示多个变量的分布情况,我们对数据进行以下处理:

将学生名称转换为组内位置。

①计算每组学生个数。

②组内按照个数平均分布。

③结果保存于"分组"下。

④保存数据。

使用 numpy 库中的 linspace( )函数可以生成等差数列,传入三个参数,分为:

第一个位置:起始数

第二个位置:结束数

第三个位置:个数

```
df['标签'] = labels
df = df.sort_values(by = "标签")
count = df['标签'].tolist()
count_0 = count.count(0)
count_1 = count.count(1)
count_2 = count.count(2)
a = np.linspace(0.1,0.9,count_0).tolist()
b = np.linspace(1.1,1.9,count_1).tolist()
c = np.linspace(2.1,2.9,count_2).tolist()
df['分组'] = a+b+c
df.to_excel('聚类练习结果.xlsx', index = False, encoding = 'utf-8-sig')
```

(2)绘制散点图

①导入库。

使用 pyecharts 中的 Scatter 绘制散点图。

```
from pyecharts import options as opts
from pyecharts.charts import Scatter
```

②整理 x,y 轴所需数据。

X 轴为每个学生根据所在组密集情况进行分布排列。

Y 轴为每个学生三科成绩。

```
x = df['分组'].to_list( )
y1 = df['语文'].to_list( )
y2 = df['数学'].to_list( )
y3 = df['英语'].to_list( )
```

③使用 pyecharts 中的 scatter( )绘制散点图。

Scatter:绘制散点图(见图 5-2)。

```
c = Scatter( )
c.add_xaxis(x)

c.add_yaxis("语文", y1, label_opts = opts.LabelOpts(is_show = False))
c.add_yaxis("数学", y2, label_opts = opts.LabelOpts(is_show = False))
c.add_yaxis("英语", y3, label_opts = opts.LabelOpts(is_show = False))
c.set_global_opts(xaxis_opts = opts.AxisOpts(type_ = 'value'),
tooltip_opts = opts.TooltipOpts(is_show = True, trigger = "axis", axis_pointer_type = "cross"))
c.render("散点图.html")
```

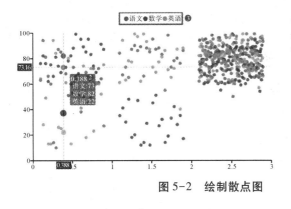

图 5-2　绘制散点图

5.3　方案设计

5.3.1　方案设计

(1)整体方案

①确定相关报表项目:确定销售与收款循环审计相关报表项目。

②选取相关分析指标:在销售与收款循环相关报表项目的基础上,选取相关的分析指标。

③确定分析方法:针对选取的指标,选择适当的分析方法。

④选取可比公司:通过聚类分析选取合适的可比公司。

⑤可视化呈现与疑点分析:对分析内容进行可视化展现,并对指标异常程度进行量化评估。

(2)确定相关报表项目

销售与收款业务涉及的主要财务报表项目见表5-1。

表5-1　销售与收款业务涉及的主要财务报表项目

业务类型	资产负债表项目	利润表项目	现金流量表项目
销售与收款业务	货币资金 应收票据 应收账款 预收账款 坏账准备	销售收入 销售费用 利润总额 净利润	经营活动现金流入 经营活动产生的现金流量净额

(3)确定分析指标

分析指标见表5-2。

表5-2　分析指标

资产负债表相关指标	利润表相关指标	现金流量表相关指标
应收账款与收入比 应收账款周转率 应收票据与收入比 应收票据周转率 预收账款与收入比 预收账款周转率 货币资金与净资产比 有息负债与净资产比 坏账准备 坏账准备率 应收账款 应收票据 预收账款 货币资金 有息负债	净利润增长率 利润总额增长率 销售收入增长率 销售毛利率 销售费用与销售收入比 净资产收益率 净利润 利润总额 销售收入 销售费用	净现比 现金营运指数 净收益营运指数 经营现金流入与销售收入比

(4)确定分析方法

时间趋势分析:对所选指标进行时间趋势分析,收集近5年的相关指标数据,分析其业务变化趋势。

比较分析:与可比公司及行业均值进行比较分析,发现被审计单位的异常情况。

可视化分析:对所选指标可视化展现被审计单位、可比公司、行业均值的比较趋势,发现审计疑点。

（5）选取可比公司

一般而言,可比公司应与被审计单位处于同一行业,具有类似的商业模式,其规模、杠杆、财务状况比较接近,这样就可以通过比较可比公司与被审计单位的指标来发现被审计单位的异常情况。

采用聚类分析技术可以在众多同行业上市公司中筛选出与被审计单位整体特征更为接近的可比公司,在进行聚类分析时,我们需要先确定聚类的指标。

规模:资产总计。

杠杆:利息保障倍数、资产负债率。

财务状况:投入资本回报率、息税前营业利润率、经营活动产生的现金流量净额与负债比。

（6）量化评估

虽然通过可视化图形,我们可以快速发现问题,但对于分析指标的异常程度还是需要一个量化的评估结果来更好地指导我们进行下一步的审计程序。因为我们还没有对数据进行分析,不可预知数据的异常情况,所以我们可以先初步设计一个评估模型如表5-3所示,其中的评估标准可以在数据分析后进行适当的调整。

表5-3　指标量化评估标准

评价指标	低风险	中风险	高风险
被审计单位审计年度数据与上年数据差异率（纵向差异率）	当差异率绝对值≤10%时	当10%<差异率绝对值≤20%时	当差异率绝对值>20%时
被审计单位审计年度数据与可比公司数据差异率（横向可比差异率）	当差异率绝对值≤20%时	当20%<差异率绝对值≤30%	当差异率绝对值>30%时
被审计单位审计年度数据与行业均值数据差异率（横向行业差异率）	当差异率绝对值≤20%时	当20%<差异率绝对值≤50%	当差异率绝对值>50%时

（7）综合评估思路

分析数据:分析财务指标的历史变化趋势;实际值与标准值的差异水平;财务指标之间的逻辑关系。

发现异常:发现财务指标是否存在异常。

找出风险点:将分析结果与异常现象产生关联;提示可能存在的风险点。

5.3.2　【任务指导】流程设计

任务描述:

根据案例资料,梳理已有数据和可用技术,设计实施流程。

操作步骤:

①点击【开始任务】,进入【流程画布】;

②在画布左上方的名称输入框中输入画布名称;

③在流程图绘制区域下方的【输入】框中输入整个流程的原始信息;

④在流程图绘制区域下方的【输出】框中输入整个流程最终的输出成果信息;

⑤在流程图绘制区域完成流程图绘制;

⑥点击画布左上方的【保存流程图数据】,保存绘制的流程图信息;

⑦点击画布右上方的【保存画布】,保存整个画布,点击【导出画布】,将画布以图片的形式下载,用于后续项目报告。

用户可在【任务指南】、【任务资料】里,查看详细的流程画布操作手册。

参考答案(见图 5-3 至图 5-5):

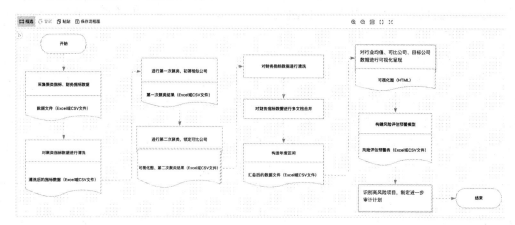

图 5-3　进行【流程画布】

图 5-4　输入原始信息

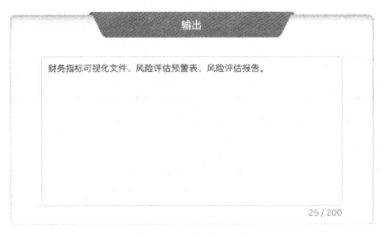

图 5-5　输出成果信息

5.4　技术实现

5.4.1　数据准备

案例所用数据来自某经济金融型数据库。

初始数据包含四类指标(见表 5-4):

表 5-4　初始数据包含的四类指标

资产负债表相关指标	包含 15 个指标,指标编码为 T1-∗
利润表相关指标	包含 10 个指标,指标编码为 T2-∗
现金流量表相关指标	包含 4 个指标,指标编码为 T3-∗
聚类指标	包含用于筛选出可比公司的 6 个基准指标

5.4.2　选取可比公司(k-means 聚类方法)

任务 1:聚类数据预处理

任务描述:

①导入聚类指标数据;

②清洗聚类指标数据;

③保存清洗后的聚类指标(文件命名为:01 数据预处理结果.xlsx)。

脚本处理思路:

①股票代码类型转为字符串:删除开头为 9 的股票代码。

②筛选报表类型为 A 的数据。

③拆解日期为年、月、日 3 列数据。

④根据"股票代码""年""月"合并 3 个表格数据。

⑤根据聚类指标数据删除缺失值记录,去重。

操作步骤:

开始:新建脚本。

(1)导入库

```
import pandas as pd
```

(2)读取债务风险指标数据,并对其进行清洗

使用 astype( )将股票代码的数据格式转换为字符串格式。

```
df_1 = pd.read_excel('风险评估分析程序/数据来源/01 聚类数据/聚类_债务风险.xlsx')
df_1['股票代码'] = df_1['股票代码'].astype(str)
```

①筛选债务风险指标中报表类型编码为 A 的数据。

由于该数据库中报表类型 A 代表合并报表,B 代表母公司报表,此处我们应使用合并报表,所以筛选保留 A 为需要使用的数据。

```
df_1 = df_1[df_1['报表类型编码'] == 'A']
```

②删除证券代码以 9 开头的样本。

"股票代码"以"9"开头的股票为在中国境内上市的外资股,不适宜做本案例的可比公司,故需要将其剔除。

```
df_1 = df_1[~df_1['股票代码'].str.startswith('9')]
```

③提取债务风险指标中截止日期以及年份信息。

```
df_1[['年', '月', '日']] = df_1['截止日期'].str.split('-', expand=True)
```

(3)读取盈利模式指标数据,并对其进行清洗

```
df_2 = pd.read_excel('风险评估分析程序/数据来源/01 聚类数据/聚类_盈利模式.xlsx')
df_2['股票代码'] = df_2['股票代码'].astype(str)
```

①筛选盈利模式指标中报表类型编码为 A 的数据。

```
df_2 = df_2[df_2['报表类型编码'] == 'A']
```

②删除证券代码以 9 开头的样本。

```
df_2 = df_2[~df_2['股票代码'].str.startswith('9')]
```

③提取盈利模式指标中截止日期以及年份信息。

```
df_2[['年', '月', '日']] = df_2['截止日期'].str.split('-', expand=True)
```

（4）读取规模指标数据，并对其进行清洗

```
df_3 = pd.read_excel('风险评估分析程序/数据来源/01 聚类数据/聚类_规模.xlsx')
df_3['证券代码'] = df_3['证券代码'].astype(str)
```

①筛选规模指标中报表类型编码为 A 的数据。

```
df_3 = df_3[df_3['报表类型'] == 'A']
```

②删除证券代码以 9 开头的样本。

```
df_3 = df_3[~df_3['证券代码'].str.startswith('9')]
```

③提取规模指标中截止日期以及年份信息。

```
df_3[['年', '月', '日']] = df_3['会计期间'].str.split('-', expand=True)
```

（5）合并表格数据：依据"股票代码""年""月"合并

使用 merge( ) 函数进行合并。

以股票代码/证券代码、年、月作为合并条件，将三份 Excel 文件中的数据合并至一张表格内。

```
df_merge = pd.merge(df_1, df_2, on=['股票代码', '年', '月'])
df_merge = pd.merge(df_merge, df_3, left_on=['股票代码', '年', '月'], right_on=['证券代码', '年', '月'])
```

（6）删除为空的记录

使用 dropna( ) 函数删除合并后存在缺失数据的行。

```
df_merge = df_merge.dropna(subset=['利息保障倍数 A', '资产负债率', '经营活动产生的现金流量净额/负债合计', '投入资本回报率', '息税前营业利润率', '资产总计'])
```

（7）删除完全一样的数据，并保存

使用 drop_duplicates( ) 去除完全重复的行。

使用 to_excel( ) 将结果保存为 Excel 文件。

```
df_merge = df_merge.drop_duplicates()
print(df_merge.shape)
df_merge.to_excel('01 数据预处理结果.xlsx', index=False, encoding='utf-8-sig')
```

合并后得到数据行列数。

```
python 任务 1.py
(132,19)
运行结束！
|
```

生成 Excel 文件(见图 5-6)。

	A	B	C	D	E	F	G	H	I	J	K	L	M	N	O	P	Q	R	S
1	股票代码	截止日期_x	报表类型编码_x	利息保障倍数A	资产负债率	经营活动产生的现金流量净额/负债合计	年	月	日_x	截止日期_y	报表类型编码_y	投入资本回报率	息税前营业利润率	日_y	证券代码	会计期间	报表类型	资产总计	日
2	XXX153	2020-12-31	A	3.979234	0.570549	0.143156	2020	12	31	2020-12-31	A	0.04457	0.041263	31	XXX153	2020-12-31	A	3,007,997,786.47	31
3	XXX4X3	2020-12-31	A	4.813089	0.529828	0.15799	2020	12	31	2020-12-31	A	0.121159	0.143261	31	XXX4X3	2020-12-31	A	1,317,556,724.19	31
4	XXX425	2020-12-31	A	157.021187	0.183198	0.399982	2020	12	31	2020-12-31	A	0.180126	0.335163	31	XXX425	2020-12-31	A	13,869,959,247.35	31
5	XXX518	2020-12-31	A	-10.058776	0.305737	0.083711	2020	12	31	2020-12-31	A	-0.037827	-0.069657	31	XXX518	2020-12-31	A	925,876,050.58	31
6	XXX534	2020-12-31	A	53.769539	0.409483	-0.114555	2020	12	31	2020-12-31	A	0.023785	0.288522	31	XXX534	2020-12-31	A	2,601,951,738.55	31
7	XXX538	2020-12-31	A	24.428549	0.544171	0.262787	2020	12	31	2020-12-31	A	0.147669	0.149373	31	XXX538	2020-12-31	A	30,377,590,084.58	31
8	XXX566	2020-12-31	A	1.712055	0.533162	-0.092656	2020	12	31	2020-12-31	A	0.032203	0.139169	31	XXX566	2020-12-31	A	10,336,406,520.68	31
9	XXX597	2020-12-31	A	2.586244	0.693411	0.03526	2020	12	31	2020-12-31	A	0.036653	0.046672	31	XXX597	2020-12-31	A	11,718,744,245.03	31
10	XXX623	2020-12-31	A	23.312165	0.138458	0.146926	2020	12	31	2020-12-31	A	0.041098	0.310854	31	XXX623	2020-12-31	A	24,658,542,292.54	31
11	XXX739	2020-12-31	A	190.559128	0.418463	0.329935	2020	12	31	2020-12-31	A	0.083201	0.072868	31	XXX739	2020-12-31	A	5,750,766,279.01	31
12	XXX756	2020-12-31	A	10.440321	0.527502	0.118549	2020	12	31	2020-12-31	A	0.063988	0.069032	31	XXX756	2020-12-31	A	5,916,156,319.63	31
13	XXX766	2020-12-31	A	11.691883	0.208321	0.135562	2020	12	31	2020-12-31	A	0.066091	0.21366	31	XXX766	2020-12-31	A	5,997,069,913.93	31
14	XXX788	2020-12-31	A	11.343314	0.43586	0.222216	2020	12	31	2020-12-31	A	0.035514	0.05088	31	XXX788	2020-12-31	A	2,142,637,517.46	31
15	XXX9X8	2020-12-31	A	3.977034	0.452455	0.151466	2020	12	31	2020-12-31	A	0.059207	0.126011	31	XXX9X8	2020-12-31	A	5,227,113,436.26	31
16	XXX915	2020-12-31	A	321.286256	0.19275	0.965786	2020	12	31	2020-12-31	A	0.098647	0.177386	31	XXX915	2020-12-31	A	2,899,711,204.80	31
17	XXX931	2020-12-31	A	4.482184	0.463328	0.117509	2020	12	31	2020-12-31	A	0.061247	0.114765	31	XXX931	2020-12-31	A	3,527,623,173.15	31
18	XXX952	2020-12-31	A	7.119496	0.479735	0.274058	2020	12	31	2020-12-31	A	0.139122	0.285483	31	XXX952	2020-12-31	A	1,693,288,037.08	31
19	XX2XX1	2020-12-31	A	151.27078	0.260766	0.738969	2020	12	31	2020-12-31	A	0.154277	0.421946	31	XX2XX1	2020-12-31	A	21,954,888,570.86	31
20	XX2XX7	2020-12-31	A	2503.771328	0.11096	2.353156	2020	12	31	2020-12-31	A	0.209628	0.432222	31	XX2XX7	2020-12-31	A	6,493,052,924.97	31
21	XX2X19	2020-12-31	A	60.376469	0.29537	0.480599	2020	12	31	2020-12-31	A	0.079643	0.194269	31	XX2X19	2020-12-31	A	9,774,384,476.70	31
22	XX2X2X	2020-12-31	A	444.502176	0.284143	0.444163	2020	12	31	2020-12-31	A	0.092478	0.141442	31	XX2X2X	2020-12-31	A	4,991,769,097.50	31
23	XX2X22	2020-12-31	A	65.945255	0.306455	0.148273	2020	12	31	2020-12-31	A	0.087238	0.152493	31	XX2X22	2020-12-31	A	3,503,787,794.67	31
24	XX2X3X	2020-12-31	A	3.831367	0.399304	0.226619	2020	12	31	2020-12-31	A	0.0375	0.093185	31	XX2X3X	2020-12-31	A	3,663,327,301.15	31
25	XX2X82	2020-12-31	A	6.578054	0.394242	0.167324	2020	12	31	2020-12-31	A	0.059938	0.011776	31	XX2X82	2020-12-31	A	2,845,416,874.15	31
26	XX21X2	2020-12-31	A	-32.83401	0.681367	0.044225	2020	12	31	2020-12-31	A	-0.463585	-0.192294	31	XX21X2	2020-12-31	A	7,668,567,056.67	31
27	XX21X7	2020-12-31	A	20.438454	0.245668	0.506125	2020	12	31	2020-12-31	A	0.059541	0.059198	31	XX21X7	2020-12-31	A	922,375,081.54	31
28	XX2118	2020-12-31	A	1.865583	0.565447	-0.14821	2020	12	31	2020-12-31	A	0.045403	0.345121	31	XX2118	2020-12-31	A	9,919,199,057.86	31
29	XX2166	2020-12-31	A	8.974404	0.475119	-0.059043	2020	12	31	2020-12-31	A	0.058382	0.171322	31	XX2166	2020-12-31	A	2,122,029,854.59	31
30	XX2198	2020-12-31	A	29.743221	0.117144	0.537671	2020	12	31	2020-12-31	A	0.044498	0.081575	31	XX2198	2020-12-31	A	889,559,036.66	31

图 5-6 生成的 Excel 文件

任务 2:第一次聚类

任务 2-1:数据标准化

任务描述:

①导入库和数据;

②数据标准化。

聚类的整体思路:

①准备数据;

②数据标准化;

③利用 k-means 算法第一次聚类(结果数据为含有 6XX518 的聚类结果);

④数据标准化;

⑤再次利用 k-means 算法第二次聚类;

⑥保存聚类结果。

操作步骤:

开始:新建脚本。

(1)导入库

```
import pandas as pd
from sklearn.cluster import KMeans
from sklearn.preprocessing import StandardScaler
from sklearn import metrics
```

(2)获取数据

```
df = pd.read_excel('01 数据预处理结果.xlsx')
```

(3)提取数据(见图 5-7)

提取股票代码和 6 个聚类指标存于 df 中。

提取 6 个聚类指标存于 data 中。

```
df = df[['股票代码', '利息保障倍数A', '资产负债率', '经营活动产生的现金流量净额/负债合计',
'投入资本回报率', '息税前营业利润率', '资产总计']]
data = df[['资产负债率', '利息保障倍数A', '经营活动产生的现金流量净额/负债合计', '投入资本
回报率', '息税前营业利润率', '资产总计']]
```

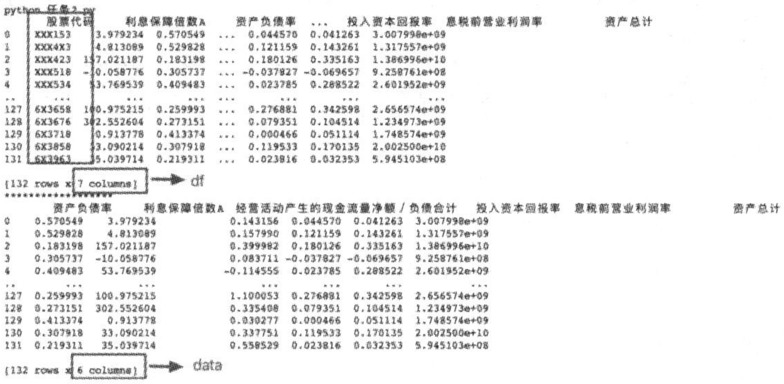

```
python 任务2.py
     股票代码    利息保障倍数A     资产负债率   ...   投入资本回报率   息税前营业利润率          资产总计
0    XXX153    3.979234  0.570549  ...   0.044570  0.041263  3.007998e+09
1    XXX4X3    4.813089  0.529828  ...   0.121159  0.143261  1.317557e+09
2    XXX423  157.021187  0.183198  ...   0.180126  0.335163  1.386996e+10
3    XXX518  -10.058776  0.305737  ...  -0.037827 -0.069657  9.258761e+08
4    XXX534   53.769539  0.409483  ...   0.023785  0.288522  2.601952e+09
..      ...         ...       ...  ...        ...       ...           ...
127  6X3658  100.975215  0.259993  ...   0.276881  0.342598  2.656574e+09
128  6X3676  302.552604  0.273151  ...   0.079351  0.104514  1.234973e+09
129  6X3718    0.913778  0.413374  ...   0.000466  0.051114  1.748574e+09
130  6X3858   33.090214  0.307918  ...   0.119533  0.170135  2.002500e+10
131  6X3963   35.039714  0.219311  ...   0.023816  0.032353  5.945103e+08

[132 rows x 7 columns]  ——> df
********************
        资产负债率     利息保障倍数A  经营活动产生的现金流量净额/负债合计  投入资本回报率  息税前营业利润率        资产总计
0    0.570549    3.979234     0.143156  0.044570  0.041263  3.007998e+09
1    0.529828    4.813089     0.157990  0.121159  0.143261  1.317557e+09
2    0.183198  157.021187     0.399982  0.180126  0.335163  1.386996e+10
3    0.305737  -10.058776     0.083711 -0.037827 -0.069657  9.258761e+08
4    0.409483   53.769539    -0.114555  0.023785  0.288522  2.601952e+09
..        ...         ...          ...       ...       ...           ...
127  0.259993  100.975215     1.100053  0.276881  0.342598  2.656574e+09
128  0.273151  302.552604     0.335408  0.079351  0.104514  1.234973e+09
129  0.413374    0.913778     0.030277  0.000466  0.051114  1.748574e+09
130  0.307918   33.090214     0.337751  0.119533  0.170135  2.002500e+10
131  0.219311   35.039714     0.558529  0.023816  0.032353  5.945103e+08

[132 rows x 6 columns]  ——> data
```

图 5-7　提取数据

(4)数据标准化

使用 StandardScaler( )对 6 个聚类指标进行标准化

```
data = StandardScaler( ).fit_transform( data)
```

任务 2-2:训练模型

任务描述:

①建立模型;

②训练模型。

聚类的整体思路:

①准备数据;

②数据标准化;

③利用 k-means 算法第一次聚类(结果数据为含有 6XX518 的聚类结果);

④数据标准化;

⑤再次利用 k-means 算法第二次聚类;

⑥保存聚类结果。

操作步骤:

开始:在上一任务脚本中继续编写。

(1)建立模型

使用 kMeans( )建立模型,预计聚类 2 组,随机控制设置为 12。

```
kmodel = KMeans( n_clusters = 2, random_state = 12)
```

(2)训练模型

将清洗好的数据 data 放入建立的模型中,训练模型。

```
kmodel.fit( data)
labels = kmodel.labels_
print( labels)
```

打印可以查看所有股票的分组情况(0、1 两组),如图 5-8 所示。

```
19 print(labels )
20
python 任务2.py
[0 0 0 0 0 0 0 0 0 0 0 0 0 0 0 0 0 0 0 0 0 1 0 0 0 0 0 0 0 0 0 0 0 0 0
 0 0 0 0 0 0 0 0 0 0 0 0 0 0 0 0 0 0 0 0 0 0 0 0 0 1 0 0 0 0 0 0 0 0 0
 0 0 0 0 0 0 0 0 0 0 0 0 0 0 0 0 0 0 0 0 0 0 0 0 0 0 0 0 0 0 0 0 1 0 0
 0 0 0 0 0 0 0 0 0 0 0 0 0 0 0 0 0 0]

运行结束!
```

图 5-8　股票分组情况

任务 2-3:评估模型

任务描述:

①评估模型;

②保存聚类结果。

聚类的整体思路:

①准备数据;

②数据标准化;

③利用 k-means 算法第一次聚类(结果数据为含有 6XX518 的聚类结果);

④数据标准化;

⑤再次利用 k-means 算法第二次聚类;

⑥保存聚类结果。

操作步骤:

开始:在上一任务脚本中继续编写。

(1)模型评估

①平均轮廓系数,越大越好,如图 5-9 所示。

```
silhouette_value = metrics.silhouette_score( data, labels)
print( '平均轮廓系数(越大越好):', silhouette_value)
```

```
python 任务2.py
平均轮廓系数(越大越好): 0.7003898218172171

运行结束!
```

图 5-9　平均轮廓系数

②DBI 指数,越小越好,如图 5-10 所示。

```
DBI_value = metrics.davies_bouldin_score( data, labels)
print( 'DBI 指数(越小越好):', DBI_value)
```

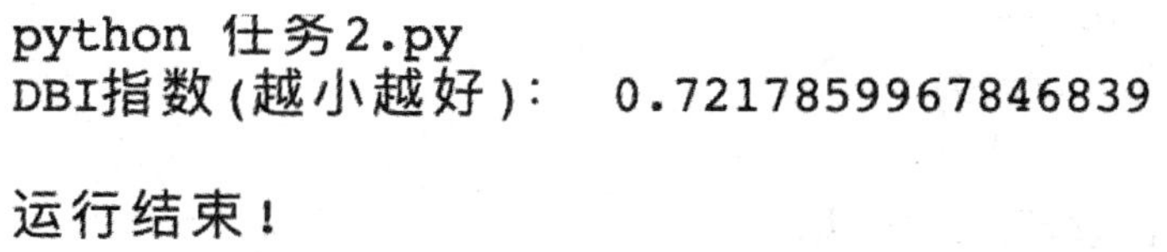

```
python 任务2.py
DBI指数(越小越好): 0.7217859967846839
```

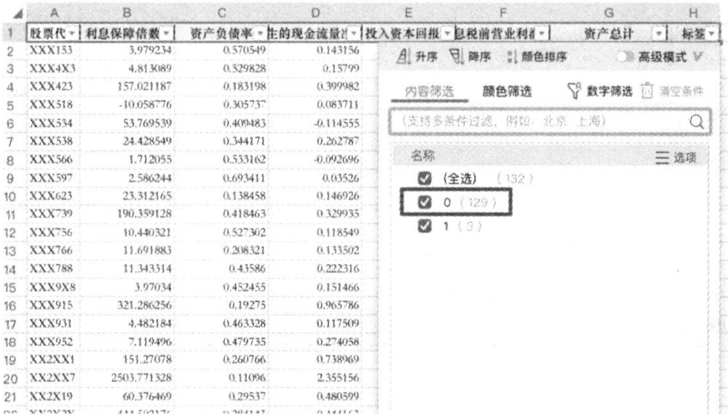

运行结束！

图 5-10　DBI 指数

③保存数据，如图 5-11 所示。

```
df['标签'] = labels
df.to_excel('02kmeans 第一次聚类结果.xlsx', index=False, encoding='utf-8-sig')
```

图 5-11　保存数据

（2）定位 6XX518 股票代码的标签，保存该组数据

定位目标股票的标签。

将相同标签的股票数据保留在 df 中，并生成 Excel 文件（见图 5-12）。

```
label = df.loc[df['股票代码'] == '6XX518', '标签']
df = df[df['标签'] == int(label)]
df.to_excel('02kmeans 第一次聚类保留数据.xlsx', index=False, encoding='utf-8-sig')
```

图 5-12　生成 Excel 文件

任务 3:第二次聚类

任务 3-1:第二次聚类

任务描述:

对保留数据进行第二次聚类。

聚类的整体思路:

①准备数据;

②数据标准化;

③利用 k-means 算法第一次聚类(结果数据为含有 6XX518 的聚类结果);

④数据标准化;

⑤再次利用 k-means 算法第二次聚类;

⑥保存聚类结果。

操作步骤:

开始:新建脚本。

(1)导入库

```
import pandas as pd
from sklearn.cluster import KMeans
from sklearn.preprocessing import StandardScaler
from sklearn import metrics
```

(2)获取数据

```
df = pd.read_excel('02kmeans 第一次聚类保留数据.xlsx')
```

(3)数据标准化(见图 5-13)

```
data = df[['资产负债率','利息保障倍数 A','经营活动产生的现金流量净额/负债合计','投入资本回报率','息税前营业利润率','资产总计']]
data = StandardScaler().fit_transform(data)
```

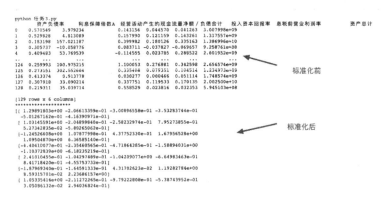

图 5-13　数据标准化

(4)建立模型

使用 KMeans()建立模型,预计聚类 5 组,随机控制设置为 12。

我们的目的是寻找与被审计单位相似的对标公司,因此可以尝试不同的组数,只要能够帮助我们筛选出对标公司即可。

```
kmodel = KMeans(n_clusters=5, random_state=12)
```

(5)训练模型

```
kmodel.fit(data)
labels = kmodel.labels_
```

如果打印 labels,则可以看到 129 个股票数据的分组情况(0~4 共 5 组)如图 5-14 所示。

```
15  print(labels)
python 任务3.py
[2 2 3 2 2 0 2 2 0 2 2 0 2 2 0 2 2 3 4 0 0 0 2 2 0 2 2 0 0 3 0 2 0 0 2 2 2
 0 2 0 2 2 0 2 2 0 2 2 2 4 3 0 0 0 2 0 0 0 3 3 2 0 2 2 2 0 0 0
 0 2 0 2 0 2 0 0 0 2 0 3 0 2 0 1 2 0 1 2 0 2 0 2 0 0 0 2 2 0 1 2 2 0 3 2 2
 0 2 2 0 2 2 2 3 2 0 2 2 2 3 0 2 0 0]

运行结束!
```

图 5-14　129 个股票数据分组情况

(6)评估模型

①计算平均轮廓系数,该指标越大越好(见图 5-15)。

```
silhouette_value = metrics.silhouette_score(data, labels)
print('平均轮廓系数(越大越好):', silhouette_value)
```

```
python 任务3.py
平均轮廓系数(越大越好):  0.24505457365979993

运行结束!
```

图 5-15　平均轮廓系数

②计算 DBI 指数,该指数越小越好(见图 5-16)。

```
DBI_value = metrics.davies_bouldin_score(data, labels)
print('DBI 指数(越小越好):', DBI_value)
```

```
python 任务3.py
DBI指数(越小越好):  1.0886448837670317

运行结束!
```

图 5-16　DBI 指数

(7)保存数据

```
df['标签'] = labels
df.to_excel('03kmeans第二次聚类结果.xlsx', index=False, encoding='utf-8-sig')
```

任务 3-2：聚类结果可视化

任务描述：

对第二次聚类的结果进行可视化展现。

操作步骤：

开始：新建脚本。

（1）导入画图库，读取数据

```
import pandas as pd
import numpy as np
from sklearn.preprocessing import StandardScaler
from pyecharts import options as opts
from pyecharts.charts import Scatter
df = pd.read_excel('03kmeans 第二次聚类结果.xlsx')
```

（2）数据标准化

```
data = df[['利息保障倍数 A','资产负债率','经营活动产生的现金流量净额/负债合计','投入资本回报率','息税前营业利润率','资产总计']]
data = StandardScaler().fit_transform(data)
df[['利息保障倍数 A','资产负债率','经营活动产生的现金流量净额/负债合计','投入资本回报率','息税前营业利润率','资产总计']] = data
```

（3）画图准备（见图 5-17）

①计算每组股票个数；

②组内按照个数平均分布；

③结果保存于'分组'下；

④保存数据。

```
df=df.sort_values(by="标签")
count=df['标签'].tolist()
count_0 = count.count(0)
count_1 = count.count(1)
count_2 = count.count(2)
count_3 = count.count(3)
count_4 = count.count(4)
a=np.linspace(0.1,0.9,count_0).tolist()#生成有序数列
b=np.linspace(1.1,1.9,count_1).tolist()
c=np.linspace(2.1,2.9,count_2).tolist()
d=np.linspace(3.1,3.9,count_3).tolist()
e=np.linspace(4.1,4.9,count_4).tolist()
df['分组']=a+b+c+d+e
df.to_excel('03 散点图基础数据.xlsx', index=False, encoding='utf-8-sig')
```

1	股票代码	息保障	资产负	现金流	入资本[	前营业	资产总	标签	分组
44	XX237X	-0.29092	-0.18169	-0.58976	-0.19567	0.167284	-0.36495	0	0.746154
45	XX2X19	-0.5085	-0.09072	0.669612	0.172684	0.329784	0.239602	0	0.761538
46	XX2X2X	-0.58224	0.698633	0.56482	0.365163	0.042854	-0.22408	0	0.776923
47	XX2X22	-0.43569	-0.08339	-0.28618	0.286582	0.102878	-0.36833	0	0.792308
48	XX21X7	-0.83495	-0.17279	0.743027	-0.12877	-0.40385	-0.61857	0	0.807692
49	6XX613	-1.33985	-0.17973	0.068966	-0.42435	-0.33626	-0.4049	0	0.823077
50	3XX463	-0.01025	-0.18758	-0.29357	0.91556	0.5801	-0.26628	0	0.838462
51	XX2317	-0.82858	-0.06843	0.064364	0.319424	0.440912	-0.1996	0	0.853846
52	XX2252	-2.16292	-0.31012	-0.10142	-3.02718	-5.89984	0.395916	0	0.869231
53	6XX557	-0.44312	-0.18956	0.330012	0.539931	0.041616	-0.16483	0	0.884615
54	XX2198	-1.67912	-0.15367	0.833755	-0.35436	-0.28231	-0.62176	0	0.9
55	6XXX79	1.473316	-0.21722	-0.6258	-1.709	-0.95883	2.726013	1	1.1
56	6XX518	1.774473	-0.212	-0.69165	-0.42086	0.089386	6.382753	1	1.5
57	6XX196	0.992218	-0.20258	-0.46736	-0.13486	0.212719	6.131372	1	1.9
58	6XX422	0.356439	-0.19109	-0.34491	0.112909	-0.37608	-0.03991	2	2.1
59	6X3538	0.243763	-0.19288	-0.50358	-0.15749	0.028341	-0.48783	2	2.113333
60	6XX42X	0.751225	-0.1964	-0.09492	0.332501	-0.02649	0.888043	2	2.126667
61	6X3222	0.88446	-0.20738	-0.29915	-0.49371	-0.15621	-0.50201	2	2.14
62	6X352X	2.142894	-0.20821	-0.37669	-0.23612	0.327568	-0.41069	2	2.153333
63	6X3718	0.266567	-0.21291	-0.62554	-1.01468	-0.44776	-0.53848	2	2.166667
64	3XX583	-0.59382	-0.19941	-2.54454	-0.09925	0.165584	-0.45648	2	2.18
65	6X3567	0.119224	-0.18807	-0.32166	0.02305	0.439364	0.085178	2	2.193333

图 5-17　画图准备

（4）整理 x,y 轴所需数据

X 轴为每家公司根据所在组密集情况进行分布排列。

Y 轴为每家公司 6 项影响因素标准化后的具体数值。

```
x = df['分组'].to_list( )
y1 = df['利息保障倍数 A'].to_list( )
y2 = df['资产负债率'].to_list( )
y3 = df['经营活动产生的现金流量净额/负债合计'].to_list( )
y4 = df['投入资本回报率'].to_list( )
y5 = df['息税前营业利润率'].to_list( )
y6 = df['资产总计'].to_list( )
```

（5）使用 pyecharts 中的 scatter( )绘制散点图（见图 5-18）

```
c = Scatter( )
c.add_xaxis(x)

c.add_yaxis("利息保障倍数 A", y1, label_opts = opts.LabelOpts(is_show = False))
c.add_yaxis("资产负债率", y2, label_opts = opts.LabelOpts(is_show = False))
c.add_yaxis("经营活动产生的现金流量净额/负债合计", y3, label_opts = opts.LabelOpts(is_show = False))
c.add_yaxis("投入资本回报率", y4, label_opts = opts.LabelOpts(is_show = False))
c.add_yaxis("息税前营业利润率", y5, label_opts = opts.LabelOpts(is_show = False))
c.add_yaxis("资产总计", y6, label_opts = opts.LabelOpts(is_show = False))
c.set_global_opts(xaxis_opts = opts.AxisOpts(type_ = 'value'), tooltip_opts = opts.Tooltip
Opts(is_show = True, trigger = "axis", axis_pointer_type = "cross"))
c.render("股票分布.html")
```

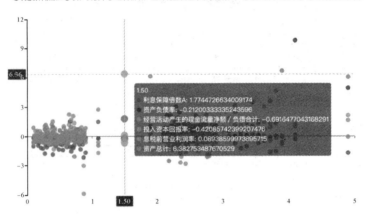

●利息保障倍数A ● 资产负债率 ● 经营活动产生的现金流量净额/负债合计 ● 投入资本回报率● 息税前营业利润率 ● 资产总计

图 5-18　绘制散点图

5.4.3　(选学)选取可比公司(层次聚类方法)

选做任务 1:层次聚类

选做任务 1-1:层次聚类——第一次聚类

任务描述:

使用层次聚类进行第一次聚类

保存聚类结果

操作步骤:

开始:新建脚本。

(1)导入库

```
import numpy as np
import pandas as pd
from sklearn.cluster import AgglomerativeClustering
from sklearn.preprocessing import StandardScaler
from sklearn import metrics
```

(2)获取数据

```
df = pd.read_excel('01 数据预处理结果.xlsx')
```

(3)数据存在空值,删除空值

```
df = df.dropna()
```

(4)删除完全一样的数据,去重

```
df = df.drop_duplicates()
df = df[['股票代码','利息保障倍数 A','资产负债率','经营活动产生的现金流量净额/负债合计',
'投入资本回报率','息税前营业利润率','资产总计']]
data = df[['资产负债率','利息保障倍数 A','经营活动产生的现金流量净额/负债合计','投入资本
回报率','息税前营业利润率','资产总计']]
```

（5）数据标准化

```
data = StandardScaler( ).fit_transform( data )
best_k = 2
```

（6）建立模型

```
kmodel = AgglomerativeClustering( n_clusters=best_k )
```

（7）训练模型

```
kmodel.fit( data )
labels = kmodel.labels_
```

（8）评估模型
①平均轮廓系数,越大越好。

```
silhouette_value = metrics.silhouette_score( data, labels )
print('平均轮廓系数(越大越好):', silhouette_value )
```

②DBI 指数,越小越好。

```
DBI_value = metrics.davies_bouldin_score( data, labels )
print('DBI 指数(越小越好):', DBI_value )
df['标签'] = labels
df.to_excel('03 层次聚类结果.xlsx', index=False, encoding='utf-8-sig')
```

（9）定位 6XX518 股票代码的标签,并保存数据

```
label = df.loc[ df['股票代码'] == '6XX518', '标签']
df = df[ df['标签'] == int( label ) ]
df.to_excel('03 层次第一次聚类结果.xlsx', index=False, encoding='utf-8-sig')
```

选做任务 1-2:层次聚类——第二次聚类
任务描述:
①使用层次聚类进行第二次聚类;
②保存聚类结果。
操作步骤:
开始:新建脚本。
（1）导入库

```
import numpy as np
import pandas as pd
from sklearn.cluster import AgglomerativeClustering
from sklearn.preprocessing import StandardScaler
from sklearn import metrics
```

（2）获取数据

```
df = pd.read_excel('03 层次第一次聚类结果.xlsx')
df = df[['股票代码', '利息保障倍数 A', '资产负债率', '经营活动产生的现金流量净额/负债合计',
'投入资本回报率', '息税前营业利润率', '资产总计']]
data = df[['资产负债率', '利息保障倍数 A', '经营活动产生的现金流量净额/负债合计', '投入资本
回报率', '息税前营业利润率', '资产总计']]
```

（3）数据标准化

```
data = StandardScaler().fit_transform(data)
best_k = 5
```

（4）建立模型

```
kmodel = AgglomerativeClustering(n_clusters=best_k)
```

（5）训练模型

```
kmodel.fit(data)
labels = kmodel.labels_
```

（6）评估模型

①平均轮廓系数，越大越好。

```
silhouette_value = metrics.silhouette_score(data, labels)
print('平均轮廓系数(越大越好):', silhouette_value)
```

②DBI 指数，越小越好。

```
DBI_value = metrics.davies_bouldin_score(data, labels)
print('DBI 指数(越小越好):', DBI_value)
```

（7）保存数据

```
df['标签'] = labels
df.to_excel('03 层次第二次聚类结果.xlsx', index=False, encoding='utf-8-sig')
```

5.4.4 数据可视化

任务 4：可视化数据预处理

任务描述：

对 29 个原始财务指标数据文件进行预处理，提取需要的分析指标数据。

处理思路：

①针对不同的表格数据，筛选满足条件的数据；

②统一每个表格的列名，选取报表类型为 A 类（或 1 类）；

③每个表格保存'股票代码''截止日期''最后一列'三列数据。

操作步骤：

开始：新建脚本。

（1）导入库

glob 库提供了一系列文件批量操作功能。

os 库提供了基本的操作系统交互功能。

```
import pandas as pd
import glob
import os
```

（2）获取股票代码清单

```
df_cluster = pd.read_excel('03kmeans 第二次聚类结果.xlsx')
df_code = df_cluster['股票代码']
```

（3）获取数据文件名

使用 glob.glob( )函数返回一个符合匹配条件的文件路径列表。

使用 os.path.basename( )函数返回一个文件路径中的文件名，使用 for 循环获取文件路径列表中的所有文件名（见表 5-19）。此处获取文件名是为了后续输出预处理后的数据表时可以自动以此给文件命名。

```
file_list = glob.glob('风险评估分析程序/数据来源/02 可视化数据/ * .xlsx')#获取"02 可视化数据"
文件夹下所有".x1sx"文件的路径列表
#print(file_list)
for file_name in file_list:#对文件路径列表中的每一个文件路径执行以下操作
name = os.path.basename(file_name)#获取文件名
#print( name)
```

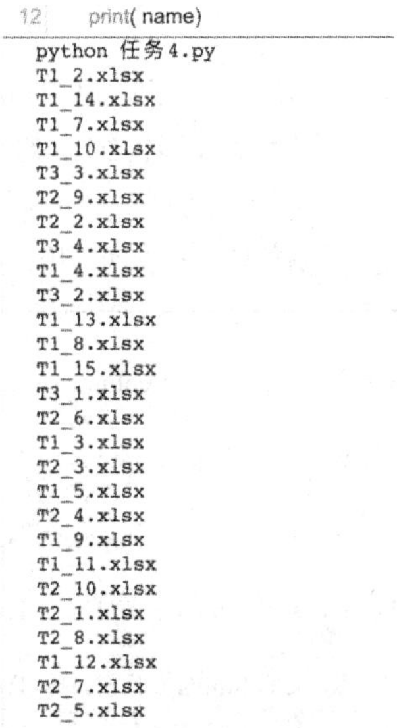

```
12      print( name)
python 任务4.py
T1_2.xlsx
T1_14.xlsx
T1_7.xlsx
T1_10.xlsx
T3_3.xlsx
T2_9.xlsx
T2_2.xlsx
T3_4.xlsx
T1_4.xlsx
T3_2.xlsx
T1_13.xlsx
T1_8.xlsx
T1_15.xlsx
T3_1.xlsx
T2_6.xlsx
T1_3.xlsx
T2_3.xlsx
T1_5.xlsx
T2_4.xlsx
T1_9.xlsx
T1_11.xlsx
T2_10.xlsx
T2_1.xlsx
T2_8.xlsx
T1_12.xlsx
T2_7.xlsx
T2_5.xlsx
```

图 5-19　获取数据文件名

(4)读取文件中的数据,并筛选所需数据

其中 T1_1. xlsx 和 T1_10. xlsx 两个文件需特殊处理。

这两个文件数据来源于“报表附注”数据库,其中应收款项科目数字 1~3 分别代表:1 为应收账款;2 为其他应收账款;3 为预付账款。我们仅需要“1. 应收账款数据”。

文件数据按照账龄进行了进一步划分,而我们仅需要应收账款余额的合计数据(见图 5-20)。

T1_1.xlsx

	A	B	C	D	E	F	G
1	证券代码	年度区间	报表类型	应收款项科目	账龄或项目	期末金额	期末坏账准备金额
2	XXX153	2013-12-31	1	1	按账龄分析法计提坏账准备的应收账款其中:一年以内	228, 855, 695. 80	2, 288, 556. 96
3	XXX153	2013-12-31	1	1	按账龄分析法计提坏账准备的应收账款其中:一至二年	12, 607, 705. 43	630, 385. 28
4	XXX153	2013-12-31	1	1	按账龄分析法计提坏账准备的应收账款其中:二至三年	2, 707, 004. 96	812, 101. 50
5	XXX153	2013-12-31	1	1	按账龄分析法计提坏账准备的应收账款其中:三至四年	1, 323, 036. 10	661, 518. 05
6	XXX153	2013-12-31	1	1	按账龄分析法计提坏账准备的应收账款其中:四至五年	734, 973. 10	514, 481. 17
7	XXX153	2013-12-31	1	1	按账龄分析法计提坏账准备的应收账款其中:五年以上	6, 638, 459. 61	6, 638, 459. 61
8	XXX153	2013-12-31	1	1	按账龄分析法计提坏账准备的应收账款	252, 866, 875. 00	11, 545, 502. 57
9	XXX153	2013-12-31	1	1	单项金额虽不重大但单项计提坏账准备的应收账款		
10	XXX153	2013-12-31	1	1	合计	252, 866, 875. 00	11, 545, 502. 57
11	XXX153	2013-12-31	1	2	按账龄分析法计提坏账准备的其他应收款其中:一年以内	17, 394, 686. 75	173, 946. 88
12	XXX153	2013-12-31	1	2	按账龄分析法计提坏账准备的其他应收款其中:一至二年	5, 224, 754. 40	261, 237. 72
13	XXX153	2013-12-31	1	2	按账龄分析法计提坏账准备的其他应收款其中:二至三年	1, 088, 753. 58	326, 626. 08
14	XXX153	2013-12-31	1	2	按账龄分析法计提坏账准备的其他应收款其中:三至四年	748, 268. 79	374, 134. 40
15	XXX153	2013-12-31	1	2	按账龄分析法计提坏账准备的其他应收款其中:四至五年	151, 217. 97	105, 852. 58
16	XXX153	2013-12-31	1	2	按账龄分析法计提坏账准备的其他应收款其中:五年以上	2, 433, 549. 48	2, 433, 549. 48
17	XXX153	2013-12-31	1	2	按账龄分析法计提坏账准备的其他应收款	27, 041, 230. 97	3, 675, 347. 14
18	XXX153	2013-12-31	1	2	单项金额虽不重大但单项计提坏账准备的其他应收款	4, 123, 247. 28	4, 123, 247. 28
19	XXX153	2013-12-31	1	2	合计	31, 164, 478. 25	7, 798, 594. 42
20	XXX153	2013-12-31	1	2	单项金额重大并单项计提坏账准备的其他应收款		
21	XXX153	2013-12-31	1	3	一年以内	31, 593, 845. 62	
22	XXX153	2013-12-31	1	3	一至二年	723, 512. 14	
23	XXX153	2013-12-31	1	3	二至三年	161, 675. 47	
24	XXX153	2013-12-31	1	3	三年以上	209, 263. 60	
25	XXX153	2013-12-31	1	3	合计	32, 688, 296. 83	
26	XXX153	2013-12-31	2	1	按组合计提坏账准备的应收账款(账龄组合)其中:一年以内	57, 060, 692. 44	570, 606. 92
27	XXX153	2013-12-31	2	1	按组合计提坏账准备的应收账款(账龄组合)其中:一至二年	4, 819, 616. 51	240, 980. 83
28	XXX153	2013-12-31	2	1	按组合计提坏账准备的应收账款(账龄组合)其中:二至三年	1, 621, 973. 28	486, 591. 99
29	XXX153	2013-12-31	2	1	按组合计提坏账准备的应收账款(账龄组[illegible]四年	1, 309, 387. 46	654, 693. 73
30	XXX153	2013-12-31	2	1	按组合计提坏账准备的应收账款(账龄组[illegible]五年	734, 973. 10	654, 693. 73

图 5-20　应收账款余额合计数据

①应收账款截取合计数。

```
df = pd.read_excel(file_name)
if name== 'T1_1. xlsx' or name== 'T1_10. xlsx':
df = df[df['账龄或项目']=='合计']
df = df[df['应收款项科目'] == 1]
```

②修改列名:判断列名是否存在,存在则修改列名。

在 29 份数据文件中,相同的内容可能使用了不同的列标签,为了保证批量处理后不存在丢失的数据,需要统一列名。

浏览数据表发现,存在“期末坏账准备金额”“坏账准备”两种列名,统一修改为“坏账准备”;存在“证券代码”“股票代码”两种列名,统一修改为“股票代码”;存在“会计期间”“年度区间”“会计年度”“截止日期”4 种列名,统一修改为“截止日期”;存在“报表类型编码”“报表类型”两种列名,统一修改为“报表类型”。

```
if '期末坏账准备金额' in df.columns:
df.rename({'期末坏账准备金额': '坏账准备'}, axis='columns', inplace=True)
if '证券代码' in df.columns:
df.rename({'证券代码': '股票代码'}, axis='columns', inplace=True)
if '会计期间' in df.columns:
df.rename({'会计期间': '截止日期'}, axis='columns', inplace=True)
if '年度区间' in df.columns:
df.rename({'年度区间': '截止日期'}, axis='columns', inplace=True)
if '会计年度' in df.columns:
df.rename({'会计年度': '截止日期'}, axis='columns', inplace=True)
if '报表类型编码' in df.columns:
df.rename({'报表类型编码': '报表类型'}, axis='columns', inplace=True)
```

③处理报表类型编码 选择为 A 或者为 1 的数据。

即使数据来源于同一数据供应商，其不同数据库中的字段也可能并不一致。

例如本次数据来源中包含某数据供应商提供的“资产负债表”数据库和“报表附注”数据库。其中“资产负债表”数据库中用“A”“B”表示“合并报表”“母公司报表”，如图 5-21所示；而“报表附注”数据库中用“1”“2”来表示这两类报表，如图 5-22 所示。

T1_2.xlsx

	A	B	C	D
1	股票代码	截止日期	报表类型编码	应收账款与收入比
2	XXX153	2013-12-31	A	15.91%
3	XXX153	2013-12-31	B	23.22%
4	XXX153	2014-03-31	A	70.21%
5	XXX153	2014-03-31	B	104.79%
6	XXX153	2014-06-30	A	31.90%
7	XXX153	2014-06-30	B	53.31%
8	XXX153	2014-09-30	A	23.41%
9	XXX153	2014-09-30	B	34.23%
10	XXX153	2014-12-31	A	15.73%
11	XXX153	2014-12-31	B	19.32%
12	XXX153	2015-03-31	A	83.30%
13	XXX153	2015-03-31	B	103.00%
14	XXX153	2015-06-30	A	42.56%
15	XXX153	2015-06-30	B	52.04%
16	XXX153	2015-09-30	A	29.69%
17	XXX153	2015-09-30	B	37.18%
18	XXX153	2015-12-31	A	20.55%
19	XXX153	2015-12-31	B	22.54%
20	[illegible]	[illegible]	[illegible]	[illegible]

图 5-21 用“A”“B”表示“合并报表”“母公司报表”

T1_10.xlsx

	A	B	C	D	E	F
1	证券代码	年度区间	报表类型	应收款项科目	账龄或项目	期末坏账准备金额
2	XXX153	2013-12-31	1	1	按账龄分析法计提坏账准备的应收账款其中：一年以内	2,288,556.96
3	XXX153	2013-12-31	1	1	按账龄分析法计提坏账准备的应收账款其中：一至二年	630,385.28
4	XXX153	2013-12-31	1	1	按账龄分析法计提坏账准备的应收账款其中：二至三年	812,101.50
5	XXX153	2013-12-31	1	1	按账龄分析法计提坏账准备的应收账款其中：三至四年	661,518.05
6	XXX153	2013-12-31	1	1	按账龄分析法计提坏账准备的应收账款其中：四至五年	514,481.17
7	XXX153	2013-12-31	1	1	按账龄分析法计提坏账准备的应收账款其中：五年以上	6,638,459.61
8	XXX153	2013-12-31	1	1	按账龄分析法计提坏账准备的应收账款	11,545,502.57
9	XXX153	2013-12-31	1	1	单项金额虽不重大但单项计提坏账准备的应收账款	
10	XXX153	2013-12-31	1	1	合计	11,545,502.57
11	XXX153	2013-12-31	1	2	按账龄分析法计提坏账准备的其他应收款其中：一年以内	173,946.88
12	XXX153	2013-12-31	1	2	按账龄分析法计提坏账准备的其他应收款其中：一至二年	261,237.72
13	XXX153	2013-12-31	1	2	按账龄分析法计提坏账准备的其他应收款其中：二至三年	326,626.08
14	XXX153	2013-12-31	1	2	按账龄分析法计提坏账准备的其他应收款其中：三至四年	374,134.40
15	XXX153	2013-12-31	1	2	按账龄分析法计提坏账准备的其他应收款其中：四至五年	105,862.58
16	XXX153	2013-12-31	1	2	按账龄分析法计提坏账准备的其他应收款其中：五年以上	2,433,549.48
17	XXX153	2013-12-31	1	2	按账龄分析法计提坏账准备的其他应收款	3,675,347.14
18	XXX153	2013-12-31	1	2	单项金额虽不重大但单项计提坏账准备的其他应收款	4,123,247.28

图 5-22 用“1”“2”表示“合并报表”“母公司报表”

在批量处理多数据库来源的文件时，我们需要考虑这两种情况，防止数据丢失。

```
df = df[(df['报表类型']=='A') | (df['报表类型']==1)]
```

④筛选包含 12-31 的年度数据。

某些数据中包含季报、半年报的数据，我们筛选 12-31 日以保留年度数据。

```
df = df[df["截止日期"].str.contains("12-31")]
```

⑤获取最后一列数据。

每份数据表中最后一列数为我们进行风险评估的指标,因此保留最后一列数。

```
last_name = df.columns[-1]
```

⑥填补空值、提取"股票代码清单"中股票代码对应的相关数据。

使用 fillna( )函数填补空值。

使用 merge( )函数,以股票代码名单(df code)为交集提取数据。

保留"股票代码""截止日期""指标名称"三项。

```
df[last_name] = df[lastname].fil1na(0)
df_merge = df.merge(df_code, on=['股票代码'])#merge( )函数默认内连接
df_merge = df_merge[['股票代码', 截止日期', last_name]]
```

⑦按照股票代码和截止日期进行排序,以原文件命名保存文件在"数据结果"文件夹下。

使用 sort_values( )将合并后的数据按照日期排序。

使用 to_csv( )保存排序后的数据结果,保存在"数据结果"文件夹下。

```
df_merge = df_merge.sort_values(['股票代码', 截止日期'])#按照股票代码和截止日期进行升序
排列
#print(df_merge.shape)
df_merge.to_excel('风险评估分析程序/数据结果/'+name,index=False, encoding='utf-8-sig')
```

打印查看每个合并后的数据都为 878 行,3 列(见图 5-23)。

```
42      print(df_merge.shape)
python 任务4.py
(878, 3)
(878, 3)
(878, 3)
(878, 3)
(878, 3)
(878, 3)
(878, 3)
(878, 3)
(878, 3)
(878, 3)
(878, 3)
(878, 3)
(878, 3)
(878, 3)
(878, 3)
(878, 3)
(878, 3)
```

图 5-23 合并后的数据

保存在"数据结果"文件夹下的数据文件如图5-24所示：

图5-24　保存的数据文件

任务5：数据合并

任务描述：

将预处理后的29个文件中的财务指标数据汇总在一张表中。

处理思路：

①批量读取预处理后的数据；

②根据'股票代码'、'截止日期'，汇总数据于一张表格内。

操作步骤：

开始：新建脚本。

（1）导入库

```
import pandas as pd
import glob
```

（2）读取数据结果文件夹，获取文件名称列表

```
file_list = glob.glob('风险评估分析程序/数据结果/ * .x1sx')
print(file_list)
```

（3）遍历文件列表，进行数据合并

使用 for...in 循环遍历数据文件列表中的文件。

使用 merge()函数，以'股票代码'、'截止日期'为依据合并数据。

```
df = pd.read_excel(file_list[o]) #读取文件列表中的第一个文件的数据
for file_name in file_list 1:]: #从文件列表中的第二个文件开始到最后一个文件,执行以下操作
df2 = pd.read excel(file_name) #读取文件数据
df = df.merge(df2,on=["股票代码','截止日期) #将读取的数据与第一个文件数据合并,依次以"股票代码"、"截止日期"为匹配条件,默认内连接即取两表交集
```

（4）保存文件（见图5-25）

```
df.to_excel('05合并数据.xlsx',index=False, encoding='utf-8-sig')
```

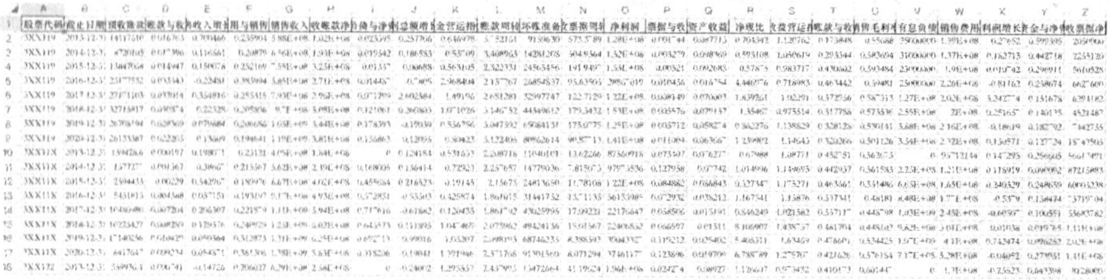

图 5-25　保存文件

任务 6:构造年度区间

任务描述:

数据源中存在某些指标某些年度的数据缺失,构造年度区间框架,创建 129 家股票代码 8 年数据框架。

处理思路:

①找到最小时间、最大时间;

②构造年度区间;

③填充股票代码:使用上一个或者下一个股票代码填充,指标数据不补充(即只占位不影响数据结果);

④保存处理结果。

操作步骤:

开始:新建脚本。

(1)导入库

```
import pandas as pd
```

(2)获取年度的最小时间和最大时间

```
df = pd.read_excel('05 合并数据.xlsx')
min_time = df['截止日期'].min()
max_time = df['截止日期'].max()
```

(3)根据最小最大构造年度区间数据

将"df"表以"截止日期"建立索引。

创建一个从年度区间最小值到最大值,间隔 12 个月的时间序列,并将其转换为"年-月-日"格式的字符。

date_range()主要用于生成一系列特定的时间,我们可以设定开始、结束、周期数、时间间隔等。

start=min time,开始日期为表中最小的日期,即 2013-12-31。

end=max time,结束日期为表中最大的日期,即 2020-12-31。

freq='12M',日期间隔为 12 个月。

构建一个空表格,用于存储补足年度区间后的数据。

```
df.index = df['截止日期']
new_index = pd.date_range(start=min_time, end=max_time, freq='12M').strftime('%Y-%m-%d')
pd_df = pd.DataFrame()
```

（4）对数据按照股票代码进行分组

按照股票代码进行分组。

使用 for in 对每个"股票代码"组循环执行后续操作。

```
group_df = df.groupby('股票代码')
for key_name, key_value_df in group_df:
```

（5）按照构造后的时间序列，重置索引

按照已创建的年度区间序列重建索引（此时空值以 NAN 填列）。

将"截止日期"列按照新的索引赋值，即填充缺失年度的"截止日期"数据，如图 5-26 所示。

```
key_value_df = key_value_df.reindex(new_index)
key_value_df['截止日期'] = key_value_df.index.to_list()
```

```
[8 rows x 31 columns]
            股票代码    截止日期        预收账款  预收账款与收入比      销售收入增长率  ...      预收账款周转率           和
总额         货币资金 经营现金流入与销售收入比       坏账准备率
2013-12-31   NaN  2013-12-31      NaN     NaN        NaN   ...    NaN       NaN        NaN        NaN
NaN
2014-12-31   NaN  2014-12-31      NaN     NaN        NaN   ...    NaN       NaN        NaN        NaN
NaN
2015-12-31   NaN  2015-12-31      NaN     NaN        NaN   ...    NaN       NaN        NaN        NaN
NaN
2016-12-31  XX2737 2016-12-31  1.000048e+07  0.002330  1.000000e-10  ...  429.135639  4.069593e+08  1.798991e+09     1.151934   0
9500
2017-12-31  XX2737 2017-12-31  6.612633e+07  0.012542  1.162330e-01  ...   79.729343  4.011062e+08  9.693701e+08     1.163032   0
0599
2018-12-31  XX2737 2018-12-31  7.053402e+07  0.020315  1.083480e-01  ...   49.225412  4.223316e+08  9.055790e+08   106.582621   0
6928
2019-12-31  XX2737 2019-12-31  1.206371e+08  0.024794  1.461360e-01  ...   40.331605  5.647218e+08  9.320936e+08     1.140806   0
5213
2020-12-31  XX2737 2020-12-31  1.852904e+08  0.034207  1.599530e-01  ...   29.234092  7.204029e+08  1.228913e+09   207.938808   0
2702
[8 rows x 31 columns]
            股票代码    截止日期        预收账款  预收账款与收入比      销售收入增长率  ...      预收账款周转率           和
总额         货币资金 经营现金流入与销售收入比       坏账准备率
2013-12-31   NaN  2013-12-31      NaN     NaN        NaN   ...    NaN       NaN        NaN        NaN
NaN
2014-12-31   NaN  2014-12-31      NaN     NaN        NaN   ...    NaN       NaN        NaN        NaN
NaN
2015-12-31   NaN  2015-12-31      NaN     NaN        NaN   ...    NaN       NaN        NaN        NaN
NaN
```

图 5-26　填充缺失年度的"截止日期"数据

（6）对为空的股票代码进行填充

用后一个进行填充，如无后一个，则用前一个填充。

"bfill"是用后一个非缺失值填充该值。

"ffill"是用前一个非缺失值填充该值。

连接两个或多个数组。

```
key_value_df['股票代码'] = key_value_df['股票代码'].fillna(method='bfill')
key_value_df['股票代码'] = key_value_df['股票代码'].fillna(method='ffill')
pd_df = pd.concat([pd_df,key_value_df],ignore_index=True)
```

（7）保存

打印查看效果（见图 5-27）。

```
print(pd_df)
pd_df.to_excel('06 数据预处理汇总表.xlsx',index=False,encoding='utf-8-sig')
```

```
print(pd_df)
pd_df.to_excel('06数据预处理汇总表.xlsx', index=False, encoding='utf-8-sig')
```

```
      股票代码    截止日期    货币资金 经营现金流入与销售收入比    预收账款 预收账款与收入比 ...   销售收入增长率        预收账款周转率   利润总额
                                        坏账准备率
0     3XX119  2013-12-31  14117609.52  0.016763   0.700646  ...  59.656344  1.498086e+08  1.059441e+00  0.082273
1     3XX119  2014-12-31   8720105.16  0.017396   0.116861  ...  57.483326  1.777603e+08  7.022921e+00  0.069048
2     3XX119  2015-12-31  13847067.80  0.014947   0.150078  ...  66.902875  1.789833e+08  5.107604e+00  0.070262
3     3XX119  2016-12-31  25177532.40  0.033343  -0.224806  ...  29.991184  3.928777e+07  4.118834e+08  0.090099
4     3XX119  2017-12-31  27171103.01  0.033014   0.354816  ...  30.290550  1.415375e+08  2.682939e+08  0.100392
...
1027  XXX9X8  2016-12-31  10463984.22  0.005843  10.699568  ... 171.139260  3.060927e+08  2.145228e+08  0.051728
1028  XXX9X8  2017-12-31  24851404.49  0.007181   0.256259  ... 139.261595  4.337003e+08  5.197134e+08  0.054275
1029  XXX9X8  2018-12-31  32649319.83  0.010088   0.073795  ...  91.842448  4.705861e+08  1.201920e+09  0.056177
1030  XXX9X8  2019-12-31  53580369.36  0.016688  -0.021530  ...  59.924890  2.498490e+08  4.721254e+08  0.062861
1031  XXX9X8  2020-12-31  46366092.33  0.019327   0.000791  ...  51.741640  2.437613e+08  5.121066e+08  0.067540

[1032 rows x 31 columns]
```

图 5-27　查看结果

任务 7：数据可视化

任务 7-1：截取可比公司、目标公司数据

任务描述：

截取可比公司、目标公司数据。

操作步骤：

开始：新建脚本。

（1）导入库

```
import pandas as pd
```

（2）读取数据（第二次聚类结果数据、处理后的汇总数据）

```
df = pd.read_excel('06 数据预处理汇总表.xlsx')
df_kmeans = pd.read_excel('03kmeans 第二次聚类结果.xlsx')
```

（3）截取被审计单位及可比公司（聚类同组公司）数据

被审计单位股票代码：6××518。

定位与之相同标签的公司，作为可比公司数据，存储于 code_list 中。

将 code_list 对应股票数据赋值给 df_com。

```
label = df_kmeans.loc[df_kmeans['股票代码'] == '6XX518', '标签'].values[0]
code_list = df_kmeans.loc[df_kmeans['标签'] == label, '股票代码'].to_list()
df_com = df[df['股票代码'].isin(code_list)]
```

（4）保存数据（见图 5-28）

```
df_com.to_excel('目标及可比公司.xlsx', index=False , encoding='utf-8-sig')
```

图 5-28　保存数据

任务 7-2:计算行业均值

任务描述:

计算剩余公司均值,并保存数据。

操作步骤:

开始:在上一任务脚本中继续编写。

(1)获取剩余公司股票代码列表(见图 5-29)

除目标及可比之外的所有公司。

```
df_other = df[ ~ df[´股票代码´].isin( code_list ) ]
```

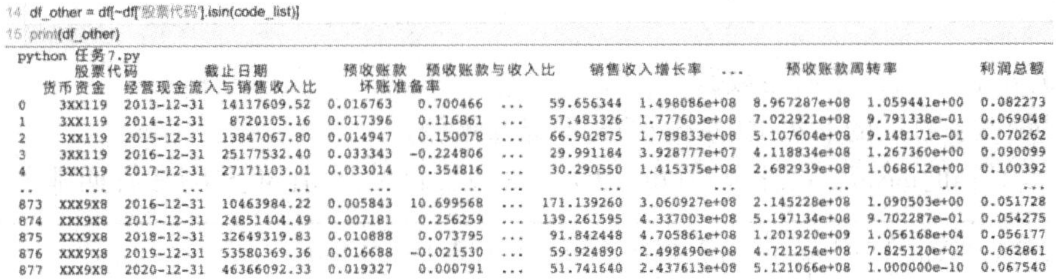

图 5-29　剩余公司股票代码列表

(2)计算剩余公司的均值

使用 groupby( )按照截止日期汇总数据,汇总后使用.mean( )计算均值。

使用 sort_values( )对计算后的数据重新按照日期排序。

```
df_other = df_other.drop([´股票代码´],axis=1) #删除"股票代码"列 df_mean = df_other.groupby(´截止日期´).mean( ).reset_index( ) #按"截止日期"分组后求均值并重置索引
```

(3)保存均值(见图 5-30)

```
df_mean= df_mean.sort_values(´截止日期´) #按照"截止日期"升序排列 df_mean.to_excel(´行业均值.xlsx´,index=False ,
encoding=´utf-8-sig´)
```

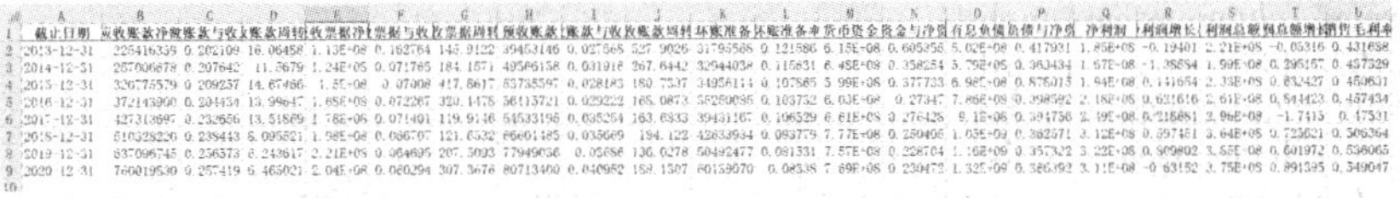

图 5-30　保存均值

任务 7-3 数据可视化展现

任务描述:

批量绘制各个财务指标的年度趋势折线图,每张图包含被审计单位、可比公司及行业均值数据。被审计单位为 6××518,可比公司为 6×××79 和 6×××196。

其中,操作步骤:

开始:新建脚本。

（1）导入库

```
import pandas as pd
from pyecharts.charts import Line,Tab
from pyecharts import options as opts
from pyecharts.globals import ThemeType
```

（2）读取数据（处理后的汇总数据、指标列表）

```
df_com=pd.read_excel('目标及可比公司.xlsx')
df_mean=pd.read_excel('行业均值.xlsx')
df_column = pd.read csv(风险评估分析程序/数据来源/可视化指标.csv')
column_list = df_column['可视化指标.to_list() #获取该列表,为了使可视化页签按《可视化指标.csv》
指标顺序排序
```

（3）准备 x 轴、y 轴所需数据

x 轴：截止日期的前 4 位（左闭右开,即提取年份）。

对均值（df_mean）、可比公司（df_196/df_X79）、目标公司（df_518）按日期排序

```
x= df_mean['截止日期'].astype(str).apply(lambda x:x[0:4]).to_list()
df_mean = df_mean.sort_values('截止日期')
df_196= df_com.loc[df_com['股票代码']=='6××196'].sort_values('截止日期')
df_X79= df_com.loc[df_com['股票代码']=='6×××79'].sort_values('截止日期')
df_518= df_com.loc[df_com['股票代码']=='6××518'].sort_values('截止日期')
```

（4）绘图

使用 Tab() 绘制多图。

使用 for …in 循环,对可视化指标（column_list）逐一画图。

使用 line() 绘制折线图。

x 轴为年度数据；y 对应数据分别为均值（df_mean）、可比公司（df_196/df_X79）、目标公司（df_518）。

对图形进行美化,包括对图片大小、主题、线条粗细等进行设置（见图 5-31）。

```
tab = Tab()
for column_name in column_list:
line = Line()
y1 = df_mean[column_name].to_list()
y2 = df_196[column_name].to_list()
y3 = df_X79[column_name].to_list()
y4 = df_518[column_name].to_list()
line = Line(init_opts=opts.InitOpts(theme=ThemeType.SHINE,height='480px', width='1080px'))
line.add_xaxis(x)
line.add_yaxis(column_name + "行业均值", y1,label_opts=opts.LabelOpts(is_show=False),linestyle_
opts=opts.LineStyleOpts(width=4))
line.add_yaxis("6XX196", y2,label_opts=opts.LabelOpts(is_show=False),linestyle_opts=opts.LineSty-
leOpts(width=4))
line.add_yaxis("6XXX79", y3,label_opts=opts.LabelOpts(is_show=False),linestyle_opts=opts.LineSty-
leOpts(width=4))
line.add_yaxis("目标公司", y4,label_opts=opts.LabelOpts(is_show=False),linestyle_opts=opts.LineS-
tyleOpts(width=4))
line.set_global_opts(toolbox_opts=opts.ToolboxOpts(is_show=True))
tab.add(line, column_name)
tab.render('可视化结果.html')
```

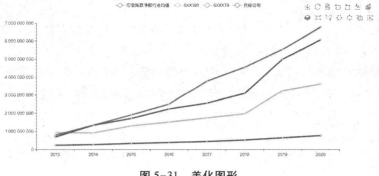

图 5-31　美化图形

5.4.5　风险评估

任务 8:审计项目风险评估

任务 8-1:审计年度与上年度对比

任务描述:

计算被审计单位审计年度与上年度财务指标数据的差异率,并依据方案设计中的评估标准,评价各个财务指标的纵向差异率风险等级。

操作步骤:

开始:新建脚本。

(1)导入库、读取表

```
import pandas as pd
df = pd.read_excel('目标及可比公司.xlsx')
```

(2)取数据

提取目标公司(6××518)本年(2020 年)与上年(2019 年)数据。

使用 sort_values( )按日期排序,排序后删除'股票代码'和'截止日期'。

使用.T.reset_index( )对数据进行转置。

重命名列名:

第 1 列:'指标名称'。

第 2 列:'目标公司指标数值'。

第 3 列:'目标公司上年度指标数值'。

```
df_self = df[ df['股票代码'] = = '6××518']
df_self = df_self [ df_self [ "截止日期"].str.contains("2019") | df_self [ "截止日期"].str.contains("
2020")]
df_self = df_self .sort_values('截止日期', ascending=False)
df_self = df_self .drop(['股票代码', '截止日期'], axis=1)
df_fin = df_self .T.reset_index( )
df_fin.columns = ['指标名称', '目标公司指标数值', '目标公司上年度指标数值']
```

(3)计算纵向差异率

数据=(目标公司指标数值-目标公司上年度指标数值)/目标公司上年度指标数值

```
df_fin［´纵向差异率´］ = ( df_fin ［´目标公司指标数值´］-df_fin［´目标公司上年度指标数值´］)/df_
fin［´目标公司上年度指标数值´］
```

（4）标记低、中、高风险（见图 5-32）

当纵向差异率的绝对值≤10%时，标记为低风险；当 10%<纵向差异率的绝对值≤20%时，标记为中风险；当纵向差异率的绝对值>20%时，标记为高风险。

```
df_fin［´纵向对比风险预警´］ = abs( df_fin［´纵向差异率´］)
df_fin.loc［df_fin［´纵向差异率´］.abs( )<=0.1,´纵向对比风险预警´］= ´低风险´
df_fin.loc［( df_fin［´纵向差异率´］.abs( )>0.1) & ( df_fin［´纵向差异率´］.abs( )<=0.2)，´纵向对比
风险预警´］= ´中风险´
df_fin.loc［df_fin ［´纵向差异率´］.abs( )>0.2,´纵向对比风险预警´］= ´高风险´
```

图 5-32 标记低、中、高风险

（5）保存数据

```
df_fin.to_excel( ´0801 纵向波动风险评估.xlsx´, index = False, encoding = ´utf-8-sig´)
```

任务 8-2：目标公司与可比公司对比

任务描述：

计算被审计单位与可比公司审计年度财务指标数据的差异率，并依据方案设计中的评估标准，评价各个财务指标的横向可比差异率风险等级。

操作步骤：

开始：新建脚本。

（1）导入库、读取表、提取目标公司数据

与上一任务处理相同，提取 2020 年数据、删除股票代码和截止日期，进行转置。

```
import pandas as pd
df = pd.read_excel( ´目标及可比公司.xlsx´)
df_self = df[ df[´股票代码´] = = ´6××518´]
df_self = df_self [ df_self [ "截止日期".str.contains( "2020" ) ]
df_self = df_self .sort_values( ´截止日期´, ascending = False)
df_self = df_self .drop( [´股票代码´, ´截止日期´], axis = 1)
df_fin = df_self .T.reset_index( )
df_fin.columns = [´指标名称´, ´目标公司指标数值´]
```

（2）与可比公司（6××196）进行对比

①提取可比公司（6××196）的数据。

```
df_com = df[df['股票代码']=='6××196']
df_com = df_com[df_com["截止日期"].str.contains("2020")]
df_com = df_com.drop(['股票代码', 截止日期'], axis=1).T.reset_index()
df_com.columns = ['指标名称', '6××196']
df_fin = df_fin.merge(df_com, on='指标名称')
```

②计算"6××196差异率"。

数据＝（目标公司指标数值－可比公司指标数值）/可比公司指标数值。

```
df_fin['6××196差异率'] = (df_fin['目标公司指标数值'] –
df_fin['6××196'])/df_fin['6××196']
```

③标记低、中、高风险（见图5-33）。

6××196对比风险预警：当横向差异率的绝对值≤20%时，标记为低风险；当20%<横向差异率的绝对值≤30%时，标记为中风险；当横向差异率的绝对值>30%时，标记为高风险。

```
df_fin['6××196对比风险预警'] = abs(df_fin['6××196差异率'])
df_fin.loc[df_fin['6××196差异率'].abs()<=0.2, '6××196对比风险预警'] = '低风险'
df_fin.loc[(df_fin['6××196差异率'].abs()>0.2) & (df_fin['6××196差异率'].abs()<=0.3), '6××196对比风险预警'] = '中风险'
df_fin.loc[df_fin['6××196差异率'].abs()>0.3, '6××196对比风险预警'] = '高风险'
```

	指标名称	目标公司指标数值	6XX196	6XX196差异率	6XX196对比风险预警
0	预收账款	1.546783e+08	5.308967e+08	-0.708647	高风险
1	预收账款与收入比	9.684017e-02	1.057986e-02	8.153259	高风险
2	销售收入增长率	-2.921400e-02	3.444950e-01	-1.084802	高风险
3	销售费用与销售收入比	2.785160e-01	3.406150e-01	-0.182314	低风险
4	销售收入	1.706508e+10	2.491827e+10	-0.315158	高风险
5	应收账款净额	6.072082e+09	3.623641e+09	0.675685	高风险
6	有息负债与净资产比	1.113719e+00	7.032419e-01	0.583693	高风险
7	利润总额增长率	-7.662940e-01	-1.187000e-01	5.455720	高风险
8	现金营运指数	3.443860e-01	1.368746e+00	-0.748393	高风险
9	应收账款周转率A	2.810416e+00	6.876585e+00	-0.591306	高风险
10	坏账准备	5.621200e+08	1.570276e+08	2.579754	高风险
11	应收票据周转率	7.624943e+01	3.861734e+01	0.974487	高风险
12	净利润	3.700412e+08	3.019882e+09	-0.877465	高风险
13	应收票据与收入比	1.311485e-02	2.589510e-02	-0.493539	高风险
14	净资产收益率	1.354700e-02	9.536300e-02	-0.857943	高风险
15	净现比	8.258990e-01	9.768940e-01	-0.154566	低风险
16	净收益营运指数	1.856336e+00	1.170752e+00	0.585592	高风险
17	应收账款与收入比	3.558190e-01	1.454210e-01	1.446820	高风险
18	销售毛利率	3.191160e-01	5.840280e-01	-0.453595	高风险
19	有息负债	2.908598e+10	2.362380e+10	0.231215	中风险
20	销售费用	1.188222e+09	8.487533e+09	-0.860004	高风险
21	净利润增长率	-8.273700e-01	-1.576950e-01	4.246647	高风险
22	货币资金与净资产比	3.513522e-01	2.544159e-01	0.381015	高风险
23	应收票据净额	1.806433e+08	7.125106e+08	-0.746469	高风险
24	预收账款周转率	1.103263e+02	9.451924e+01	0.167236	低风险
25	利润总额	6.724820e+08	3.579769e+09	-0.812135	高风险
26	货币资金	9.175941e+09	8.546522e+09	0.073646	低风险
27	经营现金流入与销售收入比	1.267016e+00	8.467404e+02	-0.998504	高风险
28	坏账准备率	8.169833e-02	4.153434e-02	0.967007	高风险

运行结束！

图5-33　标记6××196的低、中、高风险

（3）与可比公司（6×××79）进行对比

①提取数据。

```
df_com = df[df['股票代码'] == '6×××79']
df_com = df_com[df_com["截止日期"].str.contains("2020")]
df_com = df_com.drop('(股票代码'，截止日期'], axis=1).T.reset_index()
df_com.columns = ['指标名称'，'6×××79']
df_fin = df_fin.merge(df_com, on='指标名称')
```

②计算"6×××79 差异率"。

数据=（目标公司指标数值-可比公司指标数值）/可比公司指标数值。

```
df_fin['6×××79 差异率'] = (df_fin['目标公司指标数值'] -
df_fin['6×××79'])/df_fin['6×××79']
```

③标记低、中、高风险（见图 5-34）。

```
6×××79 对比风险预警：
当横向可比差异率的绝对值≤20%时，标记为低风险；
当20%<横向可比差异率的绝对值≤30%时，标记为中风险；
当横向可比差异率的绝对值>30%时，标记为高风险。
df_fin['6×××79 对比风险预警'] = abs(df_fin['6×××79 差异率'])
df_fin.loc[df_fin['6×××79 差异率'].abs()<=0.2, '6×××79 对比风险预警'] = '低风险'
df_fin.loc[(df_fin['6×××79 差异率'].abs()>0.2) & (df_fin['6×××79 差异率'].abs()<=0.3), '6×××79 对比风险预警'] = '中风险'
df_fin.loc[df_fin['6×××79 差异率'].abs()>0.3, '6×××79 对比风险预警'] = '高风险'
```

图 5-34　标记 6×××79 的低、中、高风险

（4）保存数据

```
df_fin.to_excel('0802 可比公司风险评估.xlsx', index=False,
encoding='utf-8-sig')
```

任务 8-3:目标公司与行业均值对比

任务描述:

计算被审计单位审计年度财务指标数据与行业均值的差异率,并依据方案设计中的评估标准,评价各个财务指标的横向行业差异率风险等级。

操作步骤:

开始:新建脚本。

(1)导入库、读取表、提取目标公司数据

```
import pandas as pd
df = pd.read_excel('目标及可比公司.xlsx')
df_mean = pd.read_excel('行业均值.xlsx')
df_self = df[df['股票代码']=='6XX518']
df_self = df_self[df_self["截止日期"].str.contains("2020")]
df_self = df_self.sort_values('截止日期', ascending=False)
df_self = df_self.drop(['股票代码', 截止日期'], axis=1)
df_fin = df_self.T.reset_index()
df_fin.columns = ['指标名称', 目标公司指标数值']
```

(2)提取行业均值数据

与上一任务处理相同,提取 2020 年数据、删除截止日期,进行转置。

```
df_mean = df_mean[df_mean["截止日期"].str.contains("2020")]
df_mean = df_mean.drop(['截止日期'], axis=1)
df_mean = df_mean.T.reset_index()
df_mean.columns = ['指标名称', 行业均值']
df_fin = df_fin.merge(df_mean, on='指标名称')
```

(3)计算横向行业差异率

```
数据=(目标公司指标数值-行业均值)/行业均值;
df_fin['横向行业差异率'] = (df_fin['目标公司指标数值']-df_fin['行业均值'])/df_fin['行业均值']
```

(4)标记低、中、高风险(见图 5-35)

当横向差异率的绝对值≤20%时,标记为低风险;当 20%<横向差异率的绝对值≤50%时,标记为中风险;当横向差异率的绝对值>50%时,标记为高风险。

```
df_fin['横向行业对比风险预警'] = abs(df_fin['横向行业差异率'])
df_fin.loc[df_fin['横向行业差异率'].abs()<=0.2, 横向行业对比风险预警'] = '低风险'
df_fin.loc[(df_fin['横向行业差异率'].abs()>0.2) & (df_fin['横向行业差异率'].abs()<=0.5), 横向行业对比风险预警'] = '中风险'
df_fin.loc[df_fin['横向行业差异率'].abs()>0.5, 横向行业对比风险预警'] = '高风险'
```

	指标名称	目标公司指标数值	行业均值	横向行业差异率	横向行业对比风险预警
0	预收账款	1.546783e+08	8.071340e+07	0.916389	高风险
1	预收账款与增收比	9.684017e-02	4.095239e-02	1.364701	高风险
2	销售收入增长率	-2.921400e-02	2.301512e-01	-1.126934	高风险
3	销售费用与销售收入比	2.785160e-01	2.770736e-01	0.005206	高风险
4	销售收入	1.706508e+10	3.302618e+09	4.167137	高风险
5	应收账款净额	6.072082e+09	7.600198e+08	6.989373	高风险
6	有息负债与净资产比	1.113719e+00	3.663924e-01	2.039691	高风险
7	利润总额增长率	-7.662940e-01	8.913946e-01	-1.859657	高风险
8	现金营运指数	3.443860e-01	4.943458e+00	-0.930335	高风险
9	应收账款周转率A	2.810416e+00	6.465021e+00	-0.565289	高风险
10	坏账准备	5.621200e+08	6.013907e+07	8.347002	高风险
11	应收票据周转率	7.624943e+01	3.073676e+02	-0.751928	低风险
12	净利润	3.700412e+08	3.112978e+08	0.188705	高风险
13	应收票据与收入比	1.311485e-02	6.029425e-02	-0.782486	低风险
14	净资产收益率	1.354700e-01	8.312548e-01	-0.837030	高风险
15	净收益营运指数	8.258950e-01	1.348699e+00	-0.387633	中风险
16	销售毛利率	1.856336e+00	1.157317e+00	0.604000	中风险
17	应收账款与收入比	3.558190e-01	2.574192e-01	0.382255	中风险
18	销售费用率	3.191160e-01	5.490470e-01	-0.418782	中风险
19	有息负债	2.908598e+10	1.317627e+09	21.074525	高风险
20	销售费用	1.188222e+09	8.545337e+08	0.390491	中风险
21	净利润增长率	-8.273700e-01	-6.315247e-01	0.310115	中风险
22	货币资金与净资产比	3.513522e-01	2.304724e-01	0.524487	高风险
23	应收票据净额	1.806433e+08	2.042719e+08	-0.115672	低风险
24	预收账款周转率	1.103263e+02	1.881307e+02	-0.413566	中风险
25	利润总额	6.724820e+08	3.753390e+08	0.791665	高风险
26	货币资金	9.175941e+09	7.687642e+08	10.935964	高风险
27	经营现金流入与销售收入比	1.267016e+00	1.961201e+02	-0.993540	高风险
28	坏账准备率	8.169833e-02	8.337963e-02	-0.020164	低风险

运行结束!

图 5-35　标红低、中、高风险

（5）保存数据

```
df_fin.to_excel('0803 行业对比风险评估.xlsx', index = False, encoding = 'utf-8-sig')
```

任务 8-4：综合风险评估

任务描述：

依据各指标的风险评估结果及方案设计中的综合评估标准，评估各指标的应关注程度。

操作步骤：

开始：新建脚本。

（1）导入库、读取表、合并数据

```
import pandas as pd
df = pd.read_excel('0801 纵向波动风险评估.xlsx')
df1 = pd.read_excel('0802 可比公司风险评估.xlsx')
df2 = pd.read_excel('0803 行业对比风险评估.xlsx')
df_merge = pd.merge(df,df1,on='指标名称')
df_merge = pd.merge(df_merge, df2, on='指标名称')
```

（2）计算可比公司角度评价的高、中、低风险出现次数（次数/2）

使用 pd.Series.value_counts 统计数据集中的元素的出现次数。

由于我们选取了 2 家可比公司，因此这里用"次数/2"取平均，如果选取多家可比公司，可以类似"次数/N"。

```
df_count_com = df_merge[['6×××79 对比风险预警','6××196 对比风险预警']].apply(pd.Series.value_counts, axis=1).fillna(0)/2
```

（3）计算纵向角度、行业角度评价的中高、中、低风险出现次数

```
df_count = df_merge[['纵向对比风险预警','横向行业对比风险预警']].apply(pd.Series.value_counts, axis=1).fillna(0)
```

（4）汇总三个角度的高、中、低风险出现次数

```
df_count[´高风险´] = df_count[´高风险´] + df_count_com[´高风险´]
df_count[´中风险´] = df_count[´中风险´] + df_count_com[´中风险´]
df_count[´低风险´] = df_count[´低风险´] + df_count_com[´低风险´]
df_merge = df_merge.join(df_count)
```

（5）综合评价应关注程度（见图5-36）

以下风险判断标准仅供参考，我们可根据不同项目实际情况进行调整。

当差异率三个指标【高风险】=3时，该指标标记为"重大关注"；当2<=【高风险】<3，或者【高风险】>=1且【中风险】>=2时，该指标标记为"重点关注"；当1<=【高风险】<2，或者【中风险】=3时，该指标标记为"需要关注"；其他指标标记为"视情况关注"。

角度1	角度2	角度3	结论
高风险	高风险	高风险	重大关注
高风险	高风险	中风险	重点关注
高风险	高风险	低风险	重点关注
高风险	中风险	中风险	重点关注
高风险	中风险	低风险	需要关注
高风险	低风险	低风险	需要关注
中风险	中风险	中风险	需要关注
中风险	中风险	低风险	视情况而定
中风险	低风险	低风险	视情况而定
低风险	低风险	低风险	视情况而定

图5-36 综合评价应关注程度

```
df_merge[´提示关注程度´] = ´视情况关注´
df_merge.loc[df_merge[´高风险´]==3,´提示关注程度´] = ´重大关注´
df_merge.loc[((df_merge[´高风险´]<3)&(df_merge[´高风险´]>=2)) |((df_merge[´高风险´]>=
1)&(df_merge[´中风险´]>=2)),´提示关注程度´] = ´重点关注´
df_merge.loc[((df_merge[´高风险´]<2)&(df_merge[´高风险´]>=1)&(df_merge[´中风险´]!=
2)) |((df_merge[´中风险´]==3)),´提示关注程度´] = ´需要关注´
```

（6）保存数据（见图5-37）

```
df_merge.to_excel(´0804综合风险评估.xlsx´, index=False, encoding=´utf-8-sig´)
```

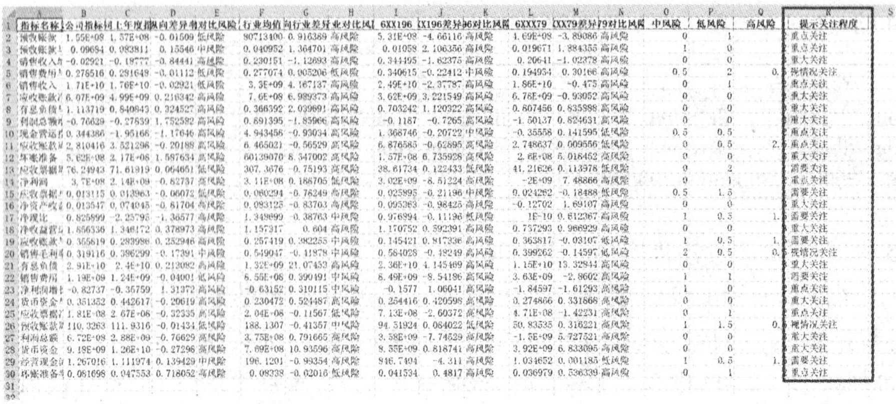

指标名称	公司指标	上年度指	纵向差异	对比风险	行业均值	向行业差异	业对比风	6XX196	X196差异	96对比风险	6XXX79	XX79差异	79对比风险	中风险	低风险	高风险	提示关注程度
预收账款	1.55E+08	1.57E+08	-0.01509	低风险	80713400	0.916369	高风险	5.31E+08	-4.66116	高风险	1.69E+08	-3.89086	高风险	0	1		重点关注
预收账款	0.09694	0.083811	0.15546	中风险	0.040952	1.364701	高风险	0.01058	2.106356	高风险	0.019671	1.884355	高风险	1	0		重点关注
销售收入	-0.02921	-0.18777	-0.84441	高风险	0.230151	-1.12693	高风险	0.344495	-1.62375	高风险	0.20641	-1.02378	高风险	0	0		重大关注
销售费用	0.276516	0.291649	-0.01112	低风险	0.277074	0.005206	低风险	0.340615	-0.22412	中风险	0.194934	0.30166	高风险	0.5	2	0.	视情况关注
销售收入	1.71E+10	1.76E+10	-0.02921	低风险	3.3E+09	4.167137	高风险	2.49E+10	-2.37787	高风险	1.86E+10	-0.475	高风险	0	1		重点关注
应收账款	6.07E+09	4.99E+09	0.216342	高风险	7.6E+08	6.989373	高风险	3.62E+09	3.221549	高风险	6.76E+09	-0.93052	高风险	0	0		重大关注
有息负债	1.113719	0.840843	0.324527	高风险	0.366392	2.039691	高风险	0.703242	1.120322	高风险	0.807456	0.835888	高风险	0	0		重大关注
利润总额	-0.76629	-0.27639	1.752582	高风险	0.691395	-1.85966	高风险	-0.1187	-0.7265	高风险	-1.50137	0.824631	高风险	0	0		重大关注
现金营运	0.344386	-1.95168	-1.17646	高风险	4.943456	-0.93034	高风险	1.368746	-0.20722	中风险	-0.35558	0.141595	低风险	0.5	0.5		重点关注
应收账款	2.810416	3.521296	-0.20188	高风险	6.465021	-0.56529	高风险	6.876585	-0.62895	高风险	2.748637	0.009556	低风险	0	0.5	2.	重点关注
坏账准备	5.62E+08	2.17E+08	1.587634	高风险	60139070	8.347002	高风险	1.57E+08	6.735928	高风险	2.6E+08	5.018452	高风险	0	0		重大关注
应收票据	76.24943	71.61919	0.064651	低风险	307.3676	-0.75193	高风险	38.61734	0.122433	低风险	41.21626	0.113978	低风险	0	2		需要关注
净利润	3.7E+08	2.14E+09	-0.82737	高风险	3.11E+08	0.188705	低风险	3.02E+09	-8.51224	高风险	-2E+09	7.48866	高风险	0	1		重点关注
应收票据	0.013115	0.013963	-0.06072	低风险	0.080294	-0.76249	高风险	0.025895	-0.21196	中风险	0.024262	-0.18488	低风险	0.5	1.5		需要关注
净资产收	0.013547	0.074045	-0.81704	高风险	0.083125	-0.83703	高风险	0.095363	-0.98425	高风险	-0.12702	1.69107	高风险	0	0		重大关注
净现比	0.825899	-2.25795	-1.36577	高风险	1.349699	-0.38763	中风险	0.976894	-0.11196	低风险	1E-10	0.612367	高风险	1	0.5	1.	需要关注
净收益营	1.856336	1.346172	0.378973	高风险	1.157317	0.604	高风险	1.170752	0.592391	高风险	0.737293	0.966929	高风险	0	0		重大关注
应收账款	0.355619	0.283986	0.252946	高风险	0.257419	0.382255	中风险	0.145421	0.817336	高风险	0.363817	-0.03107	低风险	1	0.5	1.	需要关注
销售毛利	0.319116	0.386299	-0.17391	中风险	0.549047	-0.41878	中风险	0.564028	-0.43249	高风险	0.399262	-0.14597	低风险	2	0.5	0.	视情况关注
有息负债	2.91E+10	2.4E+10	0.213082	高风险	1.32E+09	21.07453	高风险	2.36E+10	4.145469	高风险	1.15E+10	13.32944	高风险	0	0		重大关注
销售费用	1.19E+09	1.24E+09	-0.04001	低风险	6.55E+08	0.390491	中风险	8.49E+09	-8.54186	高风险	3.63E+09	-2.8602	高风险	1	1		需要关注
净利润增	-0.82737	-0.35759	1.31372	高风险	-0.63152	0.310115	中风险	-0.1577	1.06041	高风险	-1.84597	-1.61293	高风险	1	0		重点关注
货币资金	0.351352	0.442617	-0.20619	高风险	0.230472	0.524487	高风险	0.254416	0.420598	高风险	0.274866	0.331868	高风险	0	0		重大关注
应收票据	1.81E+08	2.67E+08	-0.32335	高风险	2.04E+08	-0.11567	低风险	7.13E+08	-2.60372	高风险	4.71E+08	-1.42231	高风险	0	1		重点关注
预收账款	110.3263	111.9316	-0.01434	低风险	188.1307	-0.41357	中风险	94.51924	0.084022	低风险	50.83535	0.316221	高风险	1	1.5	0.	视情况关注
利润总额	6.72E+08	2.88E+09	-0.76629	高风险	3.75E+08	0.791665	高风险	3.58E+09	-7.74529	高风险	-1.5E+09	5.727521	高风险	0	0		重大关注
货币资金	9.18E+09	1.26E+10	-0.27296	高风险	7.69E+08	10.93596	高风险	8.55E+09	0.818741	高风险	3.92E+09	6.833095	高风险	0	0		重大关注
经营现金	1.267016	1.111974	0.139429	中风险	196.1201	-0.99354	高风险	946.7494	-4.311	高风险	1.034652	0.001185	低风险	1	0.5	1.	需要关注
坏账准备	0.081698	0.047553	0.718052	高风险	0.08338	-0.02016	低风险	0.041534	0.4817	高风险	0.036979	0.536339	高风险	0	1		重点关注

图 5-37 保存数据

第6章
风险应对之收入实质性程序

本章学习目标

■了解被审计单位财务造假的常用手段;

■了解收入实质性程序在审计工作中的重要性;

■掌握营业收入的审计目标;

■掌握营业收入细节测试主要内容;

■分析项目任务,明确要完成的成果并了解所需的技术和工具;

■确定完成项目任务的实现方案并梳理完成项目任务的主要流程;

■掌握技术工具在收入实质性程序中的实际应用。

6.1 项目导入

6.1.1 项目引例

(1)被审计单位

深圳市索菱实业股份有限公司(简称"索菱股份")是一家集研发、生产、销售、服务于一体的高新电子信息技术企业,主营汽车影音导航系统、智能信息系统、防盗系统、安全检测系统、智能轨迹倒车系统等产品。

证监会在 2020 年 12 月 8 日发布了对索菱股份的处罚决定,指出其 2016 年年度报告、2017 年年度报告、2018 年年度报告均存在虚假记载。2016 年 1 月至 2018 年 12 月,索菱股份通过虚增营业收入、虚减管理费用、财务费用的方式,累计虚增利润84 952.29万元。

(2)会计师事务所

瑞华会计师事务所(简称"瑞华所")作为索菱股份 2016 年、2017 年年度财务报表审计机构,在 2021 年 9 月收到了证监会的处罚决定书。处罚决定书指出瑞华所在对索菱股份 2016 年、2017 年年度财务报表进行审计时,未勤勉尽责,其中包括未按要求执行识别和评估重大错报风险的程序、未按要求执行销售与收款循环与销售货物有关的内部控制测试程序等。

（3）证监会对瑞华所的责任认定

处罚决定书披露的细节指出,针对出库单存在制单员为超级管理员的情形,瑞华所没有保持合理的职业怀疑,未设计和实施有效的进一步审计程序并获取充分、适当的审计证据;针对同一客户销售的同类产品同时存在不同编号抬头出库单的情形,未向负责制单的部门进行核实,且审计工作底稿中并未记录当事人执行企业询问、查看索菱股份相关人员操作系统等审计程序的过程。瑞华所称其执行了查看索菱股份相关人员操作系统等审计程序,但缺少事实依据。

（4）营业收入造假,财务造假的惯用手段

营业收入作为反映企业生产经营情况的重要指标,向市场传递了重要信号,容易成为企业财务舞弊的主要对象。证监会已披露的财务造假案例中,通过虚构销售业务等方式,虚增收入,进而虚增利润是最为普遍的造假手段。因此,营业收入实质性程序是审计工作中的重中之重。

（5）恰当的执行审计程序,关乎事务所生死

纵观审计失败案例,事务所承担责任甚至倒闭的,无一不是因未执行恰当的审计程序,从而未获取充分适当的审计证据,未形成真实客观的审计结论,未发表正确的审计意见,出具了不符合实际情况的审计报告。

6.1.2 知识背景

（1）营业收入的审计目标

发生认定:确定利润表中记录的营业收入是否已发生,且与被审计单位有关。

完整性认定:确定所有应当记录的营业收入是否均已记录。

准确性认定:确定与营业收入有关的金额及其他数据是否已恰当记录,包括对销售退回、可变对价的处理是否适当。

截止认定:确定营业收入是否已记录于正确的会计期间。

分类认定:确定营业收入记录于恰当的账户。

列报认定:确定营业收入已被恰当地汇总或分解且表述清楚,按照企业会计准则的规定在财务报表中作出的相关披露是相关的、可理解的。

（2）营业收入的细节测试

收入确认方法检查:检查营业收入确认方法是否符合企业会计准则的规定。

账表核对:获取营业收入明细表,复核分类汇总是否正确,并与各相关账表合计数核对是否相符。

凭证检查:核对收入交易的原始凭证与会计分录。

业务单据检查:从发运凭证追查至销售发票存根和明细账,以确定不存在遗漏事项。

函证程序:结合对应收账款的审计,选择主要客户函证本期销售额。

截止测试:实施收入截止测试。

销售退、折检查:检查销售退回、销售折扣、销售折让的真实性以及会计处理的正确性。

列报及披露检查:检查营业收入在财务报表中的列报和披露是否符合企业会计准则的规定。

6.1.3 案例导入

新道会计师事务所已承接对明康生物 20X1 年财务报表进行审计的业务。新道会计师事务所执行风险评估程序后,初步发现明康生物营业收入存在重大错报风险,准备采取实质性程序获取审计证据,以应对营业收入存在的重大错报风险。

新道会计师事务所依据对明康生物的销售业务处理流程,拟对营业收入进行以下细节测试:①复核销售订单的原单价、销售折扣与公司的销售政策是否一致;②复核销售订单的货物数量是否符合物流公司装运规则;③获取销售订单的物流信息,复核货物件数是否一致,物流状态是否已签收,及签收日期是否属于被审计年度;④对于以上步骤发现的异常销售订单,进一步追查被审计单位与客户之间的社会网络关系。

6.2 需求分析

6.2.1 业务需求分析

(1)销售政策复核

已收集被审计单位相关销售政策如表 6-1、表 6-2 所示:

表 6-1 原单价政策

类别编号	产品类别	产品编号	产品名称	价格类别	单价区间
1	抗生素类	1	青霉素	1	10~12
1	抗生素类	2	红霉素	2	20~22
1	抗生素类	3	阿莫西林	3	30~32
1	抗生素类	4	氧氟沙星	4	40~42
1	抗生素类	5	头孢唑啉	5	50~52

政策解读:产品名称不同,价格类别不同,不同的价格类别代表着不同的单价区间。

表 6-2 销售折扣政策

区域	区域类别	价格系数
东北	1	0.9
华北	2	1
西北	1	0.9
华中	2	1
华东	3	1.1
华南	3	1.1
西南	2	1

政策解读:区域不同,所属区域类别不同,不同的区域类别有着不同的价格系统,即折扣标准不同。

已收集被审计单位销售订单如图6-1所示:

订单号	订单时间	物流单号	客户名称	区域	产品名称	渠道	原单价	折扣	销售单价	货物件数	货物数量	销售金额
100000001	2021-1-1	XDW 202100000001	北京邦东药品分公司	华北	医用外科口罩	物流	21.5	1	21.5	1	500	10 750
100000002	2021-1-1	XDW 202100000002	北京诚通药业有限公司	华北	芬必得	物流	21.09	1	21.09	1	2 000	42 180
100000003	2021-1-2	XDW 202100000003	北京东药股份昌平有限公司	华北	医用外科口罩	物流	21.67	1	21.67	1	500	10 835
100000004	2021-1-2	XDW 202100000004	北京东药股份第三医药有限	华北	连翘	物流	11.54	1	11.54	2	3 000	34 620
100000005	2021-1-2	XDW 202100000005	北京东药股份丰台有限公司	华北	红霉素	物流	20.1	1	20.1	2	5 000	100 500

图6-1 销售订单1

依据销售订单中的"产品名称"和"原单价"信息,可与"原单价政策"中的价格区间进行复核;依据销售订单中的"区域"和"折扣"信息,可与"销售折扣政策"中的价格系数进行复核。

(2)装运规则复核

已收集被审计单位相关装运规则如表6-3所示:

表6-3 物流装运规则

类别编号	产品类别	产品编号	产品名称	单件装运数量
1	抗生素类	1	青霉素	2 500
2	镇痛类	6	阿司匹林	2 000
3	中药类	11	连翘	1 500
4	保健类	16	维生素AD	1 000
5	其他	21	医用棉	500

规则解读:产品名称不同,所属类别不同,单件装运数量则不同。

已收集被审计单位销售订单如图6-2所示:

订单号	订单时间	物流单号	客户名称	区域	产品名称	渠道	原单价	折扣	销售单价	货物件数	货物数量	销售金额
100000001	2021-1-1	XDW 202100000001	北京邦东药品分公司	华北	医用外科口罩	物流	21.5	1	21.5	1	500	10 750
100000002	2021-1-1	XDW 202100000002	北京诚通药业有限公司	华北	芬必得	物流	21.09	1	21.09	1	2 000	42 180
100000003	2021-1-2	XDW 202100000003	北京东药股份昌平有限公司	华北	医用外科口罩	物流	21.67	1	21.67	1	500	10 835
100000004	2021-1-2	XDW 202100000004	北京东药股份第三医药有限	华北	连翘	物流	11.54	1	11.54	2	3 000	34 620
100000005	2021-1-2	XDW 202100000005	北京东药股份丰台有限公司	华北	红霉素	物流	20.1	1	20.1	2	5 000	100 500

图6-2 销售订单2

依据销售订单中的"产品名称""货物件数",及"货物装运规则"中的"单件装运数量",可以复核销售订单中的"货物数量"是否合理。

(3)物流信息复核

因销售订单中有"物流单号"信息,会计师事务所可在相关物流公司网站获取物流信息,如图6-3所示:

运单号: XDW202100000001	当前位置: 已签收, 签收人类型: 本人2021-1-7			联系客服
寄	收	货物名称	物流状态	预计到达时间
石家庄市 →	北京市	药品	已签收	详情 ∨

2021-1-7 ○ 18:58 已签收, 签收人类型: 本人

2021-1-6 ○ 9:41 派送中, 派件员: 李杰, 电话: 15191757560

2021-1-2 ○ 10:55 运输中

2021-1-1 ○ 13:43 已揽收

到达网点: 北京市朝阳区西大望路营业部　　　承运方式: 景德物流

货物件数: 1 件　　　货物重量: 7kg　　　货物体积: 0.5 m²

关联运单: -　　　提货方式:

图 6-3　精确的物流信息

已收集被审计单位销售订单如图 6-4 所示:

订单号	订单时间	物流单号	客户名称	区域	产品名称	渠道	原单价	折扣	销售单价	货物件数	货物数量	销售金额
100000001	2021-1-1	XDW 202100000001	北京邦东药品分公司	华北	医用外科口罩	物流	21.5	1	21.5	1	500	10 750
100000002	2021-1-1	XDW 202100000002	北京诚通药业有限公司	华北	芬必得	物流	21.09	1	21.09	1	2 000	42 180
100000003	2021-1-2	XDW 202100000003	北京东药股份昌平有限公司	华北	医用外科口罩	物流	21.67	1	21.67	1	500	10 835
100000004	2021-1-2	XDW 202100000004	北京东药股份第三医药有限	华北	连翘	物流	11.54	1	11.54	2	3 000	34 620
100000005	2021-1-2	XDW 202100000005	北京东药股份丰台有限公司	华北	红霉素	物流	20.1	1	20.1	2	5 000	100 500

图 6-4　销售订单 3

依据销售订单中的"物流单号",在相关物流公司网站获取物流信息,其中:可以比对"货物件数"是否一致;可以依据"当前位置"信息确定货物是否已签收,判断是否符合收入确认的条件;可以依据"签收日期"确定收入应归属的年度。

(4)销售存疑报告(见图 6-5)

销售政策复核:销售订单中原单价与公司销售政策不一致的订单;销售订单中销售折扣与公司销售政策不一致的订单。

装运规则复核:销售订单中货物数量与物流装运规则不一致的订单

物流信息复核:销售订单中货物件数与外部物流信息不一致的订单;物流状态不是已签收,或物流日期不在 2021 年的销售订单。

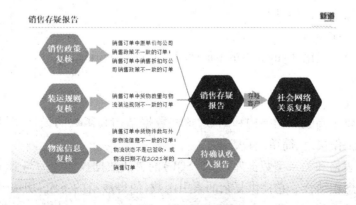

图 6-5　销售存款报告

(5)社会网络关系复核

对于《销售收入存疑表》中的销售订单,进一步复核被审计单位与其客户之间的社会网络关系。会计师事务所可以通过国家工商系统或商业查企业平台,进行被审计单位与其客户之间的社会网络关系筛查(见图6-6)。

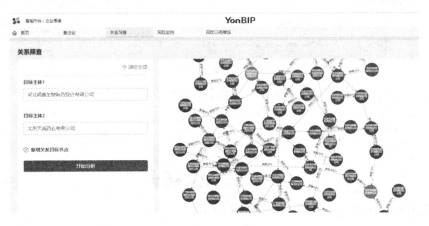

图6-6 社会网络关系筛查

6.2.2 技术需求分析

业务需求:

①销售政策复核:订单"原单价"与政策中的价格区间比对;"折扣"与政策中的价格系数比对。

②装运规则复核:订单"货物件数"与"货物数量"之间的关系,与规则中的"单件装运数量"比对。

③物流信息复核:订单"货物件数"与物流"货物件数"比对;订单状态及签收日期复核。

④销售存疑报告:将有问题的订单信息汇总。

⑤社会网络关系复核:筛查被审计单位与其客户之间的社会网络关系。

技术工具、方法:

①数据分析与处理:Python下的pandas

②网页信息获取:API/RPA

③查验平台:Python

④企业平台可视化:Python下的pandas、Python下的pyecharts

(1)Python

①Pandas库。

Pandas提供了高级数据结构和函数,这些数据结构和函数的设计使得利用结构化、表格化数据的工作快速、简单、有表现力。

Pandas将表格和关系型数据库(例如SQL)的灵活数据操作能力与NumPy的高性能数组计算的理念相结合。它提供复杂的索引函数,使得数组的重组、切块、切片、聚合、子集选择更为简单。

②Pyecharts 库。

Echarts 有着简洁的 API 设计,使用流畅,支持链式调用;囊括了 30 多种常见图表;支持主流的开发环境;可轻松集成至 Flask,Django 等主流 Web 框架;高度灵活的配置项,可轻松搭配出精美的图表;详细的文档和示例,帮助开发者更快上手项目;多达 400+ 地图文件以及原生的百度地图,为地理数据可视化提供强有力的支持。

（2）API

API（Application Programming Interface,应用程序编程接口）是一些预先定义的函数。目的是赋予应用程序与开发人员基于某软件或硬件可以访问一组例程的能力,而又无需访问源码,或理解内部工作机制的细节。API 的一个主要功能是提供通用功能集,程序员通过调用 API 函数对应用程序进行开发,可以减轻编程任务。API 同时也是一种中间件,为各种不同平台提供数据共享。

根据单个或分布式平台上不同软件应用程序间的数据共享性能,我们可以将 API 分为四种类型:

远程过程调用（RPC）:通过作用在共享数据缓存器上的过程（或任务）实现程序间的通信。

标准查询语言（SQL）:是标准的访问数据的查询语言,通过数据库实现应用程序间的数据共享。

文件传输:文件传输通过发送格式化文件实现应用程序间数据共享。

信息交付:指松耦合或紧耦合应用程序间的小型格式化信息,通过程序间的直接通信实现数据共享。

（3）RPA

RPA（Robotic Process Automation,机器人流程自动化）,是基于计算机程序以及业务规则,通过执行重复的、基于规则的任务,实现手工业务自动化的软件,又称为软件机器人、虚拟劳动者。RPA 可以模仿大部分用户操作行为,包括复制粘贴信息、登录网页及抓取数据等。RPA 可以 7×24 小时工作,提供非入侵、跨系统的应用操作,把人类从大量简单重复性的工作中解放出来,从事更有价值的工作。

RPA 的优势有:

降低成本:7×24×365 工作,成本可以降至原人工执行的 1/5～1/9,RPA 可以完成耗时及重复的任务,释放人力执行更为增值的工作。

提升效率:相当于人工 5～15 倍的超高工作效率,可以实现在指定环境下进行零错误率的稳定工作。

便捷易用:RPA 可以配置在当前系统和应用程序之外,保证程序的连续性。

降低风险:减少错误,提供审计跟踪数据,更好地满足合规控制要求;非人工处理,可以防止信息泄露。

6.3 方案设计

6.3.1 整体方案

（1）销售政策复核

①应用 python 完成订单"原单价"与政策中的价格区间的比对；

②应用 python 完成"折扣"与政策中的价格系数的比对。

（2）装运规则复核

应用 python 完成订单"货物件数"与"货物数量"之间的关系，与规则中的"单件装运数量"进行比对。

（3）物流信息复核

①应用 python（通过 API 接口）或 RPA，实现对第三方物流的订单物流信息获取；

②应用 python 或 RPA 完成"货物件数"的比对；

③应用 python 或 RPA 完成物流状态及物流日期的复核。

（4）销售存疑报告

应用 python 完成"原单价"、"折扣"、"货物数量"、"货物件数"中不符信息的汇总。

（5）社会网络关系复核

①应用商业"查企业"平台，完成被审计单位与存疑客户之间的社会网络关系筛查；

②应用 python 完成存疑客户关联关系网络图的可视化展现。

6.3.2 项目实施流程设计

任务描述：

依据项目需求分析及方案设计，绘制项目实施流程图。

操作步骤：

①点击【开始任务】，进入【流程画布】；

②在画布左上方的名称输入框中输入画布名称；

③在流程图绘制区域下方的【输入】框中输入整个流程的原始输入信息；

④在流程图绘制区域下方的【输出】框中输入整个流程最终的输出成果信息；

⑤在流程图绘制区域完成流程图绘制；

⑥点击画布左上方的【保存流程图数据】，保存绘制的流程图信息；

⑦点击画布右上方的【保存画布】，保存整个画布，点击【导出画布】，将画布以图片的形式下载，用于后续项目报告。

用户可在【任务指南】【任务资料】里，查看详细的流程画布操作手册。

参考答案（见图 6-7 至图 6-9）：

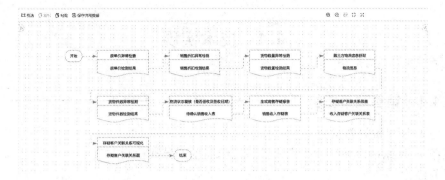

图 6-7　输入画布名称

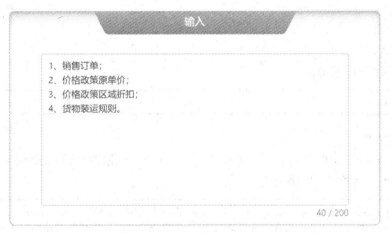

图 6-8　输入信息

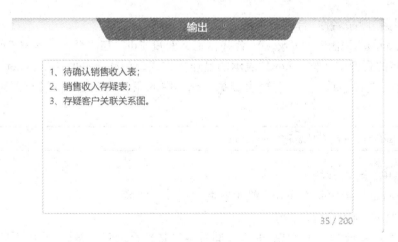

图 6-9　输出信息

6.4　技术实现

6.4.1　销售政策复核

任务 1:原单价异常检查

任务 1-1:原单价异常检查——销售订单原单价异常检测方法一

任务描述:

通过 python 代码,使用数据分析与处理技术检查销售订单中的原单价是否符合公司销售政策。

操作步骤:

(1)导入库

Pandas 用于数据操作。

```
import pandas as pd
```

(2)读取表

使用 pandas 库中的"read_excel( )"读取表,并从"数据源 02 价格政策原单价.xlsx"表中筛选"产品名称","价格类别"字段。

```
df = pd.read_excel('风险应对之收入实质性程序/数据源/数据源 01 销售订单.xlsx')
df1 = pd.read_excel('风险应对之收入实质性程序/数据源/数据源 02 价格政策原单价.xlsx')
df1 = df1[['产品名称','价格类别']]
```

(3)根据"产品名称"合并数据

使用 pandas 库中的"merge( )"合并自定义变量"df"与"df1",其中"on"表示的是用于连接的列索引名称,"how"表示的是连接方式,有 inner、left、right、outer,此处用 left 代表左连接,左边表取全部,右边表依据"on"中的条件与之匹配,没有匹配的用 NaN 填充。

```
df = df.merge(df1, on='产品名称', how='left')
```

(4)原单价异常检测

使用 pandas 库中的"astype( )"对数据类型进行转换。

使用"loc"函数进行行索引。

使用"&"表示"并"的意思,即需要同时满足其左右的两个条件;使用"|"表示"或"的意思,即满足其左右任意一个条件即可。

```
#创建"原单价检测结果"字段,并赋值为"原单价正常"
df['原单价检测结果'] = '原单价正常'
#将"原单价"转换为浮点数
df['原单价'] = df['原单价'].astype(float)

#依据"价格类别"及其价格区间,判断"原单价"是否异常
```

```
df.loc[(df['价格类别'] = =1)&((df['原单价'] > 12)|(df['原单价'] < 10)),'原单价检测结果']
= '原单价异常'
df.loc[(df['价格类别'] = =2)&((df['原单价'] > 22)|(df['原单价'] < 20)),'原单价检测结果']
= '原单价异常'
df.loc[(df['价格类别'] = =3)&((df['原单价'] > 32)|(df['原单价'] < 30)),'原单价检测结果']
= '原单价异常'
df.loc[(df['价格类别'] = =4)&((df['原单价'] > 42)|(df['原单价'] < 40)),'原单价检测结果']
= '原单价异常'
df.loc[(df['价格类别'] = =5)&((df['原单价'] > 52)|(df['原单价'] < 50)),'原单价检测结果']
= '原单价异常'
```

（5）输出数据表

使用 pandas 库中的"to_excel()"输出生成的数据表"01 原单价检测结果方法一.xlsx"。

```
df.to_excel('风险应对之收入实质性程序/数据结果/01 原单价检测结果方法一.xlsx',index = False,en-
coding = 'utf-8-sig')
```

任务 1-2:原单价异常检查——销售订单原单价异常检测方法二

任务描述:

通过 python 代码,使用数据分析与处理技术检查销售订单中的原单价是否符合公司销售政策。

操作步骤:

（1）导入库

Pandas 用于数据操作。

```
import pandas as pd
```

（2）读取表

使用 pandas 库中的"read_excel()"读取表,并从《数据源 02 价格政策原单价.xlsx》表中筛选"产品名称","单价区间"字段。

```
df = pd.read_excel('风险应对之收入实质性程序/数据源/数据源 01 销售订单.xlsx')
df1 = pd.read_excel('风险应对之收入实质性程序/数据源/数据源 02 价格政策原单价.xlsx')
df1 = df1[['产品名称','单价区间']]
```

（3）根据"产品名称"合并数据

使用 pandas 库中的"merge()"合并自定义变量"df"与"df1"。其中"on"表示的是用于连接的列索引名称,"how"表示的是连接方式,有 inner、left、right、outer,此处用 left 代表左连接,左边表取全部,右边表依据"on"中的条件与之匹配,没有匹配的用 NaN 填充。

```
df = df.merge(df1, on = '产品名称', how = 'left')
```

（4）数据预处理

"split（ ）"是一个内置函数，用来对字符串进行分割，分割后的字符串以列表形式返回，设置分隔符为"-"；使用"astype（ ）"对数据类型进行转换。

```
#将"单价区间"拆分为两列
df[['单价下限', '单价上限']] = df['单价区间'].str.split('-', expand=True)

#将"原单价"、"单价下限"、"单价上限"转换为浮点数
df['原单价'] = df['原单价'].astype(float)
df['单价下限'] = df['单价下限'].astype(float)
df['单价上限'] = df['单价上限'].astype(float)
```

（5）原单价异常检测

使用"loc"函数进行行索引。

使用"|"表示"或"的意思，即满足其左右任意一个条件即可。

```
#创建"原单价检测结果"字段，并赋值为"原单价正常"
df['原单价检测结果'] = '原单价正常'

#依据价格区间，判断"原单价"是否异常
df.loc[(df['原单价'] > df['单价上限']) | (df['原单价'] <  df['单价下限']), '原单价检测结果'] = '原单价异常'
```

（6）输出数据表

使用 pandas 库中的"to_excel（ ）"输出生成的数据表"02 原单价检测结果方法二.xlsx"。

```
df.to_excel('风险应对之收入实质性程序/数据结果/02 原单价检测结果方法二.xlsx', index=False, encoding='utf-8-sig')
```

任务 2:销售折扣异常检测

任务描述：

通过 python 代码，使用数据分析与处理技术检查销售订单中的销售折扣是否符合公司销售政策。

操作步骤：

（1）导入库

Pandas 用于数据操作。

```
import pandas as pd
```

（2）读取表

使用 pandas 库中的"read_excel（ ）"读取表，并从"数据源 03 价格政策区域折扣.xlsx"表中筛选"区域"，"价格系数"字段。

```
df = pd.read_excel('风险应对之收入实质性程序/数据源/数据源 01 销售订单.xlsx')
df1 = pd.read_excel('风险应对之收入实质性程序/数据源/数据源 03 价格政策区域折扣.xlsx')
df1 = df1[['区域', '价格系数']]
```

（3）根据"区域"合并数据

使用 pandas 库中的"merge( )"合并自定义变量"df"与"df1"。其中"on"表示的是用于连接的列索引名称，"how"表示的是连接方式，有 inner、left、right、outer，此处用 left 代表左连接，左边表取全部，右边表依据"on"中的条件与之匹配，没有匹配的用 NaN 填充。

```
df = df.merge( df1 , on = ´区域´, how = ´left´)
```

（4）销售折扣异常检测

使用"loc"函数进行行索引。

```
#创建"销售折扣检测结果"字段,并赋值为"销售折扣正常"
df[ ´销售折扣检测结果´] = ´销售折扣正常´
#依据"价格系数",判断"折扣"是否异常
df.loc[ df[ ´折扣´] ! = df[ ´价格系数´], ´销售折扣检测结果´] = ´销售折扣异常´
```

（5）输出数据表

使用 pandas 库中的"to_excel( )"输出生成的数据表"03 销售折扣检测结果.xlsx"。

```
df.to_excel( ´风险应对之收入实质性程序/数据结果/03 销售折扣检测结果.xlsx´, index = False,
encoding = ´utf-8-sig´)
```

6.4.2　装运规则复核

任务 3:货物数量异常检测

任务描述:

通过 python 代码,使用数据分析与处理技术检查销售订单中的货物数量是否符合物流公司装运规则。

操作步骤:

（1）导入库

Pandas 用于数据操作。

```
import pandas as pd
```

（2）读取表

使用 pandas 库中的"read_excel( )"读取表,并从"数据源 04 货物装运规则.xlsx"表中筛选"产品名称","单件装运数量"字段。

```
df = pd.read_excel( ´风险应对之收入实质性程序/数据源/数据源 01 销售订单.xlsx´)
df1 = pd.read_excel( ´风险应对之收入实质性程序/数据源/数据源 04 货物装运规则.xlsx´)
df1 = df1[ [ ´产品名称´,´单件装运数量´] ]
```

（3）根据"产品名称"合并数据

使用 pandas 库中的"merge( )"合并自定义变量"df"与"df1"。其中"on"表示的

是用于连接的列索引名称,"how"表示的是连接方式,有 inner、left、right、outer,此处用 left 代表左连接,左边表取全部,右边表依据"on"中的条件与之匹配,没有匹配的用 NaN 填充。

```
df = df.merge(df1, on=´产品名称´, how=´left´)
```

（4）货物数量异常检测

使用"astype( )"对数据类型进行转换;使用"loc"函数进行行索引。

```
#创建"货物数量检测结果"字段,并赋值为"货物数量无误"
df[´货物数量检测结果´] = ´货物数量无误´
#将"货物件数"、"单件装运数量"转换为浮点数
df[´货物件数´] = df[´货物件数´].astype(float)
df[´单件装运数量´] = df[´单件装运数量´].astype(float)
#依据"单件装运数量"及"货物件数",判断"货物数量"是否异常
df.loc[df[´货物数量´]! =(df[´货物件数´] * df[´单件装运数量´]),´货物数量检测结果´] = ´货物数量有误´
```

（5）输出数据表

使用 pandas 库中的"to_excel( )"输出生成的数据表"04 货物数量检测结果.xlsx"。

```
df.to_excel(´风险应对之收入实质性程序/数据结果/04 货物数量检测结果.xlsx´, index = False,
encoding=´utf-8-sig´)
```

6.4.3　物流信息复核

任务 4:物流信息检查(Python)

任务 4-1:物流信息检查(Python)——物流信息 API 调用接口测试

任务描述:

在【工作应用】【API】商城中,点击【免费试用】"全国快递物流查询",在【示例说明】、【python 示例】中,获取调用物流信息的 Python 代码,并在新道代码编辑器中完成代码测试。

操作步骤:

（1）API 调用接口测试

Request 库是基于 urllib,采用 Apache2 Licensed 开源协议的 HTTP 库。它比 urllib 更加方便,可以节约我们大量的工作,完全满足 HTTP 测试需求。urllib 库用于操作网页 URL,并对网页的内容进行抓取处理。

使用"urlencode( )"将字符串以 URL 编码。

使用"requests.get( ).json( )"向服务器请求数据,确保请求的 json 格式。

在执行本任务时,要注意点击 API 页面的【免费试用】,获取课程中的"Id"和"KEY",替换示例代码中的"Id"和"KEY"。

```
import requests
from urllib.parse import urlencode

Id = ´80142114797649922´   # 修改为【免费试用】中的"secretId"
```

```
KEY = ´***´  #修改为【免费试用】中的"secretKey"
courseVersionId = Id
url_root = ´https://dapi.seentao.com/logistics/logistics.info.findByWaybillNo´
headers = {
         ´User-Agent´:´Mozilla/5.0(X11;Linux x86_64)AppleWebKit/537.11(KHTML, like
Gecko)Chrome/23.0.1271.64 Safari/537.11´}
# 查询参数
waybillNo = ´XDW202100000001´
queryParams = {
    "courseVersionId":courseVersionId,
    "waybillNo":waybillNo}
if len(queryParams.keys()) > 0:
    url = url_root + ´?´ + urlencode(queryParams)
    try:
        response = requests.get(url=url, headers=headers).json()
        print(response)
    except Exception as e:
        print(´异常:´, e)
```

任务 4-2:物流信息检查(Python)——第三方物流信息获取(API)

任务描述:

采用 API 方式,通过数据接口,获取销售订单的物流信息。

操作步骤:

(1)导入库

Pandas 用于数据操作。

```
import pandas as pd
```

(2)读取表

使用 pandas 库中的"read_excel()"读取表。

```
df_order = pd.read_excel(´风险应对之收入实质性程序/数据源/数据源 01 销售订单.x¹sx´)
```

(3)创建物流单号列表

使用 pandas 库中的"to_list()"将"物流单号"存储到列表中。

```
order_list = df_order[´物流单号´].to_list()
```

(4)API 调用物流信息

Request 库是基于 urllib,采用 Apache2 Licensed 开源协议的 HTTP 库。它比 urllib 更加方便,可以节约我们大量的工作,完全满足 HTTP 测试需求。urllib 库用于操作网页 URL,并对网页的内容进行抓取处理。

使用"urlencode()"将字符串以 URL 编码。

使用"requests.get().json()"向服务器请求数据,确保请求的 json 格式。

使用 pandas 库中的"concat()"将新生成的"df"表追加到"df_logistics"表中。

注意:在执行该任务时,用户要点击 API 页面的【免费试用】,获取课程中的"Id"和

"KEY",替换示例代码中的"Id"和"KEY"。

本任务该段代码与上一任务代码的不同处在于,本任务要查询销售订单中所有运单号的物流信息,因此,我们要首先注释掉 API 商城中示例代码的默认运单号,然后通过"for"循环查询"order_list"列表中的所有元素,当查询返回代码为 200 时表示查询成功,则将查询到的物流信息解析并存储到二维表中。另,原代码是将查询到的结果直接打印出来的,而本任务要查询上千个运单号,为提升效率,注释掉打印查询结果的代码。

```python
# API 调用接口测试
import requests
from urllib.parse import urlencode

Id = '80142114797649922'  # 修改为【免费试用】中的"secretId"
KEY = '* * *'  # 修改为【免费试用】中的"secretKey"
courseVersionId = Id
url_root = 'https://dapi.seentao.com/logistics/logistics.info.findByWaybillNo'
headers = {
        'User-Agent':'Mozilla/5.0(X11;Linux x86_64) AppleWebKit/537.11 (KHTML, like Gecko)
Chrome/23.0.1271.64 Safari/537.11'}
# 查询参数
#waybillNo = 'XDW202130000001'
df_logistics = pd.DataFrame()#创建一个空的二维表用以存储查询到的物流信息
for waybillNo in order_list:
    queryParams = {
    "courseVersionId": courseVersionId,
    "waybillNo": waybillNo}
    if len(queryParams.keys()) > 0:
        url = url_root + '?' + urlencode(queryParams)
        try:
            response = requests.get(url=url, headers=headers).json()
            #print(response)
        except Exception as e:
            print('异常:', e)
```

```python
# 如果访问返回的代码是 200,表示查询成功,解析返回的 json 串,然后提取关键信息并保存
            if response['code'] == 200:
                    data = response['data']   #获取具体的物流信息
                    df = pd.json_normalize(data)    #将物流信息转为表格
    df_logistics=pd.concat([df_logistics,df],ignore_index=True)#将循环获取的信息追加到表中
```

(5)输出物流信息

使用 pandas 库中的"to_excel()"输出生成的数据表"05 物流信息.xlsx"。

```python
df_logistics.to_excel('风险应对之收入实质性程序/数据结果/05 物流信息.xlsx',index=False,encoding
='utf-8-sig')
```

任务 4-3:物流信息检查(Python)—— *(选做)第三方物流信息获取(API)
任务描述:
采用 API 方式,通过数据接口,获取销售订单的物流信息(展开物流详细信息)。

操作步骤:

(1)导入库

Pandas 用于数据操作。

```
import pandas as pd
```

(2)读取表

使用 pandas 库中的"read_excel( )"读取表。

```
df_order = pd.read_excel('风险应对之收入实质性程序/数据源/数据源 01 销售订单.xlsx')
```

(3)创建物流单号列表

使用 pandas 库中的"to_list( )"将"物流单号"存储到列表中。

```
order_list = df_order['物流单号'].to_list( )
```

(4)API 调用物流信息

Request 库是基于 urllib,采用 Apache2 Licensed 开源协议的 HTTP 库。它比 urllib 更加方便,可以节约我们大量的工作,完全满足 HTTP 测试需求。urllib 库用于操作网页 URL,并对网页的内容进行抓取处理。

使用"urlencode( )"将字符串以 URL 编码。

使用"requests.get( ).json( )"向服务器请求数据,确保请求的 json 格式。

使用 pandas 库中的"concat( )"将新生成的"df_details"表追加到"df"表中。

注意:在执行该任务时,我们要点击 API 页面的【免费试用】,获取课程中的"Id"和"KEY",替换示例代码中的"Id"和"KEY"。

本任务该段代码与上一任务代码的不同处在于,本任务要将查询到的结果中的一个子表"details"进行展开。为了方便打印结果分析数据,我们先限定查询"order_list"列表中的一个元素。首先,使用"drop( )"函数将查询结果中的"details"列删除,然后再单独将"details"信息提取出来存储到二维表"df_details"中,打印"df_details"表,我们可以观察到"details"信息是由如图 6-10 的 4 行信息构成的,即物流信息的主表信息与分解后的子表信息是一对多的关系。通过"repeat(len( ))"函数将查询到的主表信息复制成与子表同样行数,再通过"concat( )"函数将两表合并。

图 6-10 查询信息

注意:如果要将"order_list"列表中的限定打开,即查询所运单号的详细信息时,为提升效率,要先将"print(df_details)"行代码注释掉。

API 调用接口测试

```
import requests
from urllib.parse import urlencode
Id = '80142114797649922'  # 修改为【免费试用】中的"secretId"
KEY = '* * *'  # 修改为【免费试用】中的"secretKey"
courseVersionId = Id
url_root = 'https://dapi.seentao.com/logistics/logistics.info.findByWaybillNo'
```

```
headers = {'User-Agent':'Mozilla/5.0(X11;Linux x86_64)
AppleWebKit/537.11 (KHTML, like Gecko) Chrome/23.0.1271.64 Safari/537.11'}
# 查询参数
#waybillNo = 'XDW202130000001'
df_logistics = pd.DataFrame()#创建一个空的二维表用以存储查询到的物流信息
for waybillNo in order_list[:1]:
    queryParams = {
    "courseVersionId": courseVersionId,
    "waybillNo": waybillNo}
```

```
    if len(queryParams.keys()) > 0:
        url = url_root + '?' + urlencode(queryParams)
        try:
            response = requests.get(url=url, headers=headers).json()
            #print(response)
        except Exception as e:
            print('异常:', e)
```

如果访问返回的代码是 200,表示查询成功,解析返回的 json 串,然后提取关键信息并保存。

```
        if response['code'] == 200:
            data = response['data']  #获取具体的物流信息
            df = pd.json_normalize(data)  #将物流信息转为表格
            df = df.drop('details', axis=1) #删除"details"列
                    df_details = pd.json_normalize(data['details']).reset_index
```

```
            (drop=True) #将"details"信息转换为表格
            print(df_details)

            df=df.loc[df.index.repeat(len(df_details))].reset_index(drop=True) #根据 df_details 表
格的行数,对 df 表格数据进行复制

            df_merge = pd.concat([df, df_details], axis=1) #合并表
            df_merge = df_merge.drop(["class_id","logistics_id","course_version_id",
                    "associated_waybillt","delivery_method",
                    "estimated_time","id"], axis=1) #删除不需要的字段

            df_logistics = pd.concat([df_logistics,df_merge],ignore_index=True) #将循环获取的信息
追加到表中
```

(5)输出物流信息

使用 pandas 库中的"to_excel()"输出生成的数据表"06 物流信息详细展开.xlsx"。

```
df_logistics.to_excel('风险应对之收入实质性程序/数据结果/06 物流信息详细展开.xlsx', index =
False, encoding='utf-8-sig')
```

任务4-4:物流信息检查(Python)——销售订单货物件数异常检测

任务描述:

通过 python 代码,使用数据分析与处理技术检查销售订单中的货物件数是否与外部物流信息一致。

操作步骤:

(1)导入库

Pandas 用于数据操作。

```
import pandas as pd
```

(2)读取表

使用 pandas 库中的"read_excel()"读取表,并从《05 物流信息.xlsx》表中筛选"waybill_no","goods_num"字段,再使用"rename"函数将字段重命名。

```
df = pd.read_excel('风险应对之收入实质性程序/数据源/数据源01销售订单.xlsx')
df1 = pd.read_excel('风险应对之收入实质性程序/数据结果/05物流信息.xlsx')
df1 = df1[['waybill_no','goods_num']]
df1 = df1.rename(columns={"waybill_no":"物流单号","goods_num":"物流货物件数"})
```

(3)根据"物流单号"合并数据

使用 pandas 库中的"merge()"合并自定义变量"df"与"df1"。其中"on"表示的是用于连接的列索引名称,"how"表示的是连接方式,有 inner、left、right、outer,此处用 left 代表左连接,左边表取全部,右边表依据"on"中的条件与之匹配,没有匹配的用 NaN 填充。

```
df = df.merge(df1, on="物流单号", how='left')
```

(4)货物件数异常检测

使用"loc"函数进行行索引。

```
#创建"货物件数检测结果"字段,并赋值为"货物件数无误"
df['货物件数检测结果'] = '货物件数无误'

#依据"货物物流件数",判断"货物件数"是否异常
df.loc[df['货物件数']!=df['物流货物件数'],'货物件数检测结果'] = '货物件数有误'
```

(5)输出数据表

使用 pandas 库中的"to_excel()"输出生成的数据表"07 货物件数检测结果.xlsx"。

```
df.to_excel('风险应对之收入实质性程序/数据结果/07货物件数检测结果.xlsx', index=False,
encoding='utf-8-sig')
```

任务 4-5：物流信息检查（Python）——销售订单签收状态检测

任务描述：

通过 python 代码，使用数据分析与处理技术获取销售订单的物流状态及物流日期信息，并将物流状态不是已签收，或物流日期不在 2021 年的销售订单，存储到"待确认销售收入表"中，用于进一步追踪这些订单是否已在被审计年度确认收入。

操作步骤：

（1）导入库

Pandas 用于数据操作。

```
import pandas as pd
```

（2）读取表

使用 pandas 库中的 "read_excel( )" 读取表，并从《05 物流信息.xlsx》表中筛选 "waybill_no"，"logistics_stage_date"，"logistics_status"字段，再使用 "rename" 函数将字段重命名。

```
df = pd.read_excel('风险应对之收入实质性程序/数据源/数据源 01 销售订单.x1sx')
df1 = pd.read_excel('风险应对之收入实质性程序/数据结果/05 物流信息.x¹sx')
df1 = df1[["waybill_no", 'logistics_stage_date', 'logistics_status']]
df1 = df1.rename(columns = {"waybill_no":"物流单号",
"logistics_stage_date":"物流日期", "logistics_status":"物流状态"})
```

（3）根据"物流单号"合并数据

使用 pandas 库中的 "merge( )"合并自定义变量 "df" 与 "df1"。其中 "on" 表示的是用于连接的列索引名称，"how" 表示的是连接方式，有 inner、left、right、outer，此处用 left 代表左连接，左边表取全部，右边表依据 "on" 中的条件与之匹配，没有匹配的用 NaN 填充。

```
df_merge = df.merge(df1, on="物流单号", how='left')
```

（4）筛选出"物流日期"不包含"2021"或"物流状态"不包含"已签收"的销售订单

使用 "str.contains( )"断字符串当中是否包含某字符，使用 "~"表示"取反"的意思，即不包含某字符，使用 "|"表示"或"的意思，即满足其左右任意一个条件即可。

```
contain_X = df_merge[~(df_merge["物流日期"].str.contains("2021"))|~(df_merge["物流状态"].str.contains("已签收"))]
```

（5）输出数据表

使用 pandas 库中的 "to_excel( )"输出生成的数据表 "08 待确认销售收入表.xlsx"。

```
contain_x.to_excel('风险应对之收入实质性程序/数据结果/08 待确认销售收入表.x¹sx', index = False,
encoding = 'utf-8-sig')
```

任务5:物流信息检查(RPA)

任务5-1:物流信息检查(RPA)——智多星 RPA 设计器注册

任务描述:

完成智多星 RPA 设计器用户注册。如已注册过,此步骤直接点击【完成任务】即可。

操作步骤:

(1)点击【开始任务】,打开智多星 RPA 用户注册页面,如图6-11所示。

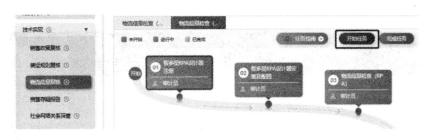

图6-11 打开 RPA 用户注册页面

(2)输入手机号、验证码、密码,勾选"已阅读并同意《用友云注册协议》及《用友云隐私协议》",点击【注册】,完成智多星 RPA 用户注册(见图6-12)。

图6-12 完成用户注册

任务 5-2:物流信息检查(RPA)——智多星 RPA 设计器安装及配置

任务描述:

完成智多星 RPA 设计器安装及初始化设置。如已安装并配置过,此步骤直接点击【完成任务】即可。

操作步骤:

(1)在【教学应用】—【资源】处下载智多星 RPA 设计器安装包,如图 6-13 和图 6-14 所示。

图 6-13　进行下载界面

图 6-14　下载安装包

(2)参照【任务指南】中操作视频及【任务指南】—【任务资料】中的操作手册,完成智多星 RPA 设计器安装,如图 6-15 和图 5-17 所示。

图 6-15　进行【任务指南】

图 6-16　查看操作视频

图 6-17　查看用户手册

（3）依据安装包中的《智多星 RPA 设计器初始化执行语句》完成初始化设置（见图 6-18）。

图 6-18　完成初始化设置

如完成【任务指南】中的相关操作后，点击【开始任务】仍遇到问题，解压下载资料中的"framework.4. 6. 1. 0. zip"后，安装该文件即可（见图 6-19）。

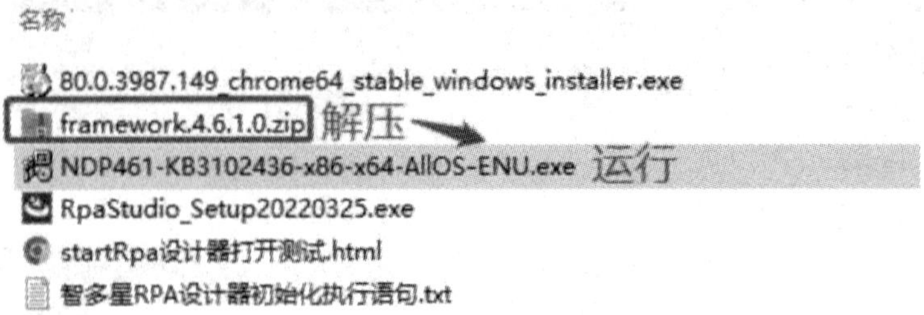

名称
80.0.3987.149_chrome64_stable_windows_installer.exe
framework.4.6.1.0.zip
解压
NDP461-KB3102436-x86-x64-AllOS-ENU.exe
运行
RpaStudio_Setup20220325.exe
startRpa设计器打开测试.html
智多星RPA设计器初始化执行语句.txt

图 6-19　解压资料并安装

任务 5-3：物流信息检查（RPA）——物流信息检查

任务描述：

采用 RPA 工具，制作机器人，自动获取销售订单的物流信息，包括"当前位置"、"物流最后日期"、"货物件数"等信息，并完成销售订单中的货物件数与实际运输的货物件数的核对。

操作步骤：

具体操作步骤，参见【知识学习】中的相关电子课件（见图 6-20）。

需求分析
方案设计
技术实现
销售政策复核
物流信息复核
知识学习
任务实战
01.4.3.2物流信息检查（RPA）

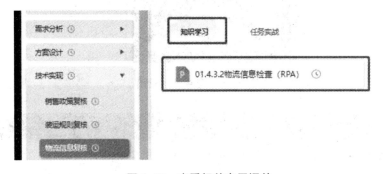

图 6-20　查看相关电子课件

（1）物流信息检查机器人

我们要先采用 RPA 工具，制作机器人，以获取销售订单的物流信息，完成销售货物件数比对。

任务分解：

①从物流网站获取运单"当前位置"信息并存储（用于判断是否已签收）；

②从物流网站获取运单"最后物流日期"信息并存储（用于判断收入所属年度）；

③从物流网站获取运单"货物件数"信息并存储（用于判断是否与订单一致）；

④比对销售订单中的"货物件数"是否与物流信息中的"货物件数"一致。

下面我们在智多星 RPA 设计器中，完成该机器人的开发，如图 6-21 所示。

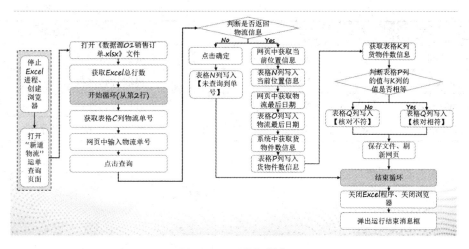

图 6-21　开发机器人

第一步,物流信息检查机器人——开发配置。

单击【开始任务】,登录智多星 RPA 设计器,然后如下图,新建一个命令——物流信息检查机器人(见图 6-22)。

图 6-22　新建命令物流信息检查机器人

第二步,创建变量。

在开始编写程序之前,用户可以将程序要使用的变量全部创建,也可以在编写的过程中,逐步添加变量。

依据物流信息检查机器人的流程设计,创建变量如表 6-4 所示,如图 6-23 所示:

表 6-4　创建变量列表

变量名	变量类型	变量说明
RowCount	Numeric	销售订单总行数
NowIndex	Numeric	当前所在行数
waybill_no	String	物流单号
logis_status	String	物流状态
logis_date	String	物流日期

表6-4(续)

变量名	变量类型	变量说明
goods_numinfo	String	货物件数信息
goods_num	Numeric	提取货物件数
goods_numexcel	Numeric	订单货物件数
IsHaveResult	Numeric	判断查找元素是否存在

属性栏　　　　　　　　变量栏

可用变量 ⑦

变量名	变量类型	变量说明
RowCount	Numeric	销售订单总行数
NowIndex	Numeric	当前所在行数
waybill_no	String	物流单号
logis_status	String	物流状态
logis_date	String	物流日期
goods_numinfo	String	货物件数信息
goods_num	Numeric	提取货物件数
goods_numexcel	Numeric	订单货物件数
IsHaveResult	Numeric	判断查找元素是...

图 6-23 创建变量结果

制作好机器人以后,我们开始完成本次任务。

(1)停止 Excel 进程,防止 excel 处于已打开的状态(见图 6-24 和图 6-25)

图 6-24 进入 Excel 进程

图 6-25　停止 Excel 进程

（2）创建浏览器，导航至指定 URL

①导航至给定 URL。

双击【导航至给定 URL】，在右侧的属性栏，"请输入 URL"处输入"新道物流"运单号查询页面网址（见图 6-26 和图 6-27）。

图 6-26　【导航至给定 URL】界面

图 6-27　查询网址

②网址获取方式详见图 6-28 和图 6-29。

图 6-28　网址获取方式

图6-29　获取网址

（3）打开 Excel 文件

双击【打开 Excel 文件】，在右侧的属性栏，"请输入 Excel 文件路径"处，单击"fx"后面的功能按钮，选择文件所在路径（见图6-30）。（Excel 文件从【任务指南】—【任务资料】处下载到本地）。

图6-30　打开 Excel 文件

（4）获取销售订单文件总行数

双击【获取总行数】，在右侧的属性栏，"赋值给变量"处，单击"fx"选择变量"RowCount"（见图6-31）。

图6-31　获取销售订单文件总行数

（5）从第2行开始循环读取每行数据（第一行为标题，不再读取）

双击【次数循环】，在右侧的属性栏，"起始值"处输入"2"，"递增值"默认为"1"，"结束值"处单击"fx"选择变量"RowCount"，"当前值至变量"处单击"fx"选择变量"NowIndex"（见图6-32）。

图 6-32　循环读取每行数据

（6）获取 Excel 中 C 列物流单号

双击【获取单元格值】，在右侧的属性栏，"请输入单元格位置"处输入"C"，再单击"fx"选择变量"NowIndex"，"赋值给变量"处单击"fx"选择变量"waybill_no"，并将该行脚本拖至次数循环的下级（见图6-33）。

图 6-33　获取 Excel 中 C 列物流单号

（7）网页中输入【物流单号】

①设置文本（输入运单号）。

双击【设置文本】，在右侧属性栏，在"元素搜索参数"处，输入网页中运单号输入框的 XPath 路径："//＊[＠id＝"root"]/section/main/div/div[1]/div[2]/span/input"（该路径的获取方式详见下页），在"文本内容"处单击"fx"选择变量"waybill_no"，并将该行脚本拖至次数循环的下级（见图6-34）。

注：XPath，全称 XML Path Language，即 XML 路径语言，它是一门在 XML 文档中查找信息的语言，同样适用于 HTML 文档的搜索。

图 6-34　输入 XPath 路径

②运单号输入框的"XPath 路径"获取。

鼠标选中网页中运单号输入框的位置,单击鼠标右键,然后选择"检查"单击鼠标左键,页面下方出现如图 6-35 所示的信息,鼠标选中 XPath 信息中的高亮行,单击鼠标右键,然后选择"Copy"-"Copy XPath"单击左键,将其粘贴到智多星 RPA 设计器中即可(见图 6-36)。

图 6-35　查询到 XPath 信息中的高亮行

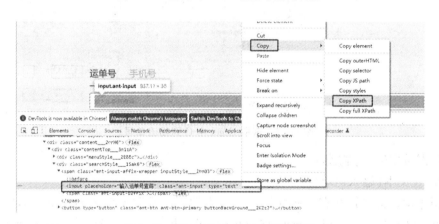

图 6-36　复制 XPath 信息中的高亮行

(8)点击【查询】

双击【元素点击】,在右侧属性栏,在"元素搜索参数"处输入"查询"按钮的 XPath 路径:"// * [@id ="root"]/section/main/div/div[1]/div[2]/button"(该路径的获取方式同上),并将该行脚本拖至次数循环的下级(见图 6-37)。

图 6-37　点击【查询】

(9)获取【当前位置】信息,检查输出该元素是否存在

获取文本(获取【当前位置】信息,并检查输出该元素是否存在),双击【获取文本】,在右侧属性栏,在"元素搜索参数"处输入"当前位置"信息的 XPath 路径:"// * [@ id = "root"]/section/main/div/div[1]/div[3]/div/div[1]/div[2]/span[2]"(该路径的获取方式同上),在【高级设置】下的"请选择元素是否存在的变量"处选择变量"IsHaveResult",并将该行脚本拖至次数循环的下级(见图6-38)。

图6-38　检查输出该元素是否存在

(10)判断是否查询到物流信息,如上一查找元素存在,则输出参数为1

双击【if 数值判断】,在右侧属性栏,在"数值1"处输入选择变量"IsHaveResult",在"数值2"处输入"1",并将该行脚本拖至次数循环的下级(见图6-39)。

图6-39　判断是否查询到物流信息

(11)获取【当前位置】信息,将元素存储至相应变量

获取文本(获取【当前位置】信息),双击【获取文本】,在右侧属性栏,在"元素搜索参数"处输入"当前位置"信息的 XPath 路径:"// * [@ id = "root"]/section/main/div/div[1]/div[3]/div/div[1]/div[2]/span[2]"(该路径的获取方式同上),在"存储至变量"处选择变量"logis_status",并将该行脚本拖至数值判断的下级(见图6-40)。

图 6-40 将元素存储至相应变量

（12）表格 N 列写入【当前位置】信息

双击【单元格赋值】，在右侧属性栏，在"请输入文本…"处选择变量"logis_status"，在"请输入单元格位置"处输入"N"，再单击"fx"选择变量"NowIndex"，并将该行脚本拖至数值判断的下级（见图 6-41）。

图 6-41 表格 N 列写入【当前位置】信息

（13）获取【物流最后日期】信息

获取文本（获取【物流最后日期】信息），双击【获取文本】，在右侧属性栏，在"元素搜索参数"处输入"物流最后日期"信息的 XPath 路径："// * [@ id = " root "]/section/main/div/div[1]/div[3]/div/div[1]/div[2]/span[3]"（该路径的获取方式同上），在"存储至变量"处选择变量"logis_date"，并将该行脚本拖至数值判断的下级（见图 6-42）。

图 6-42 获悉【物流最后日期】信息

(14)表格 O 列写入【物流最后日期】信息

双击【单元格赋值】,在右侧属性栏,在"请输入文本…"处选择变量"logis_date",在"请输入单元格位置"处输入"O",再单击"fx"选择变量"NowIndex",并将该行脚本拖至数值判断的下级(见图 6-43)。

图 6-43　表格 O 列写入【物流最后日期】信息

(15)获取【货物件数】信息

获取文本(获取【货物件数】信息),双击【获取文本】,在右侧属性栏,在"元素搜索参数"处输入"货物件数"信息的 XPath 路径:"//＊[@id="root"]/section/main/div/div[1]/div[3]/div/div[5]/div[1]/p[2]"(该路径的获取方式同上),在"存储至变量"处选择变量"goods_numinfo",并将该行脚本拖至数值判断的下级(见图 6-44)。

图 6-44　获取【货物件数】信息

(16)对获取到的信息提取数值

双击【正则匹配】,在右侧属性栏,在"请输入文本"处选择变量"goods_numinfo",在"请输入正则匹配表达式"处输入"\d+",在"请输入匹配的索引值"处输入"0",在"存储结果至变量处"选择变量"goods_num",并将该行脚本拖至数值判断的下级(见图 6-45)。

图 6-45　提取数值

（17）表格 P 列写入【货物件数】信息

双击【单元格赋值】，在右侧属性栏，在"请输入文本…"处选择变量"goods_num"，在"请输入单元格位置"处输入"P"，再单击"fx"选择变量"NowIndex"，并将该行脚本拖至数值判断的下级（见图 6-46）。

图 6-46　表格 P 列写入【货物件数】信息

（18）获取表格 K 列货物件数信息

双击【获取单元格】，在右侧属性栏，在"请输入单元格位置"处输入"K"，再单击"fx"选择变量"NowIndex"，在"赋值给变量"处选择变量"goods_numexcel"，并将该行脚本拖至数值判断的下级（见图 6-47）。

图 6-47　获取表格 K 列货物件数信息

（19）判断表格 P 列的值与 K 列的值是否相等

双击【if 数值判断】，在右侧属性栏，在"数值 1"处输入选择变量"goods_num"，在"数值 2"处输入"goods_numexcel"，并将该行脚本拖至上一数值判断的下级（见图 6-48）。

图 6-48　判断表格 P 列的值与 K 列的值是否相等

①若相等,Q 列写入【核对相符】。

双击【单元格赋值】,在右侧属性栏,在"请输入文本…"处输入"核对相符",在"请输入单元格位置"处输入"Q",再单击"fx"选择变量"NowIndex",并将该行脚本拖至第二个数值判断的下级(图 6-49)。

图 6-49　Q 列写入【核对相符】

②若不相等,Q 列写入【核对不符】。双击【否则】,并将该行脚本拖至"与第二个数值判断平级"(见图 6-50)。

图 6-50　将脚本拖至"与第二数值判断平级"

双击【单元格赋值】,在右侧属性栏,在"请输入文本…"处输入"核对不符",在"请输入单元格位置"处输入"Q",再单击"fx"选择变量"NowIndex",并将该行脚本拖至否则的下级(见图 6-51)。

图 6-51

③不存在物流信息。双击【否则】,并将该行脚本拖至"与第一个数值判断平级"(见图 6-52)。

图 6-52　将脚本拖至"与第一个数值判断平级"

(20)点击【确定】

双击【元素点击】,在右侧属性栏,在"元素搜索参数"处输入"确定"按钮的 XPath 路径:"/html/body/div[3]/div/div[2]/div/div[2]/div[3]/button/span"(该路径的获取方式同上,该路径为动态的,以自己操作获取的路径为准即可),并将该行脚本拖至否则的下级(见图 6-53)。

图 6-53　点击【确定】

(21)表格 N 列写入【未查询到单号】

双击【单元格赋值】,在右侧属性栏,在"请输入文本…"处输入"未查询到单号",在"请输入单元格位置"处输入"N",再单击"fx"选择变量"NowIndex",并将该行脚本拖至否则的下级(见图 6-54)。

图 6-54　表格 N 列写入【未查询到单号】

（22）保存 Excel 文件

双击【Excel】下的【保存】，并将该行脚本拖至次数循环的下级，即下一次查询前先保存已添加记录的 Excel 文件（见图 6-55）。

图 6-55　保存 Excel 文件

（23）刷新网页

双击【Chrome】下的【刷新】，并将该行脚本拖至次数循环的下级，即下一次查询前先刷新网页（见图 6-56）。

图 6-56　刷新网页

（24）关闭 Excel 程序

双击【关闭 Excel 程序】，在右侧属性栏，"是否先保存打开的文件"处选择"是"。此行代码为循环结束后运行，故与次数循环同级（见图 6-57）。

图 6-57　关闭 Excel

（25）关闭浏览器

双击【Chrome】下的【关闭浏览器】，将浏览器关闭（见图 6-58）。

图 6-58　关闭浏览器

（26）弹出运行结束消息框

双击【弹出消息框】，在右侧属性栏，"请输入要显示的内容"处输入"程序运行结束"（见图 6-59）。

图 6-59　输入"程序运行结束"

依次单击【保存】【运行】，即可看到机器人自动打开网页，并循环录入查询单号，点击"查询"后，获取相关物流信息，循环结束后弹出信息框，点击【确定】（见图 6-60）和（图 6-61）。用户可以打开本地的 Excel 文件查看运行结果（见图 6-62）。

图 6-60　录入查询单号

图 6-61　运行结束

图 6-62　查看运行结果

　　单击【文件】—【另存为】,输入文件名"物流信息检查机器人",单击【保存】,如图 6-63 和图 6-64 所示。

图 6-63　点击【另存为】

图 6-64　存储文件"物流信息检查机器人"

6.4.4　销售存疑报告

任务 6：编制销售收入存疑表

任务描述：

将包含如下信息的销售订单存储到"销售收入存疑表"中：

①销售订单中原单价与公司销售政策不一致的订单；

②销售订单中销售折扣与公司销售政策不一致的订单；

③销售订单中货物数量与物流公司装运规则不一致的订单；

④销售订单中货物件数与外部物流信息不一致的订单。

操作步骤：

（1）导入库

Pandas 用于数据操作。

```
import pandas as pd
```

（2）读取销售订单表

使用 pandas 库中的"read_excel( )"读取表。

```
df = pd.read_excel('风险应对之收入实质性程序/数据源/数据源01 销售订单.xlsx')
```

（3）读取原单价检测结果表关键信息

```
df1 = pd.read_excel('风险应对之收入实质性程序/数据结果/02 原单价检测结果方法二.xlsx')
df1 = df1[['订单号','单价区间','原单价检测结果']]
```

（4）读取销售折扣检测结果关键信息

```
df2 = pd.read_excel('风险应对之收入实质性程序/数据结果/03 销售折扣检测结果.xlsx')
df2 = df2[['订单号','价格系数','销售折扣检测结果']]
```

（5）读取货物数量检测结果关键信息

```
df3 = pd.read_excel('风险应对之收入实质性程序/数据结果/04 货物数量检测结果.xlsx')
df3 = df3[['订单号','单件装运数量','货物数量检测结果']]
```

（6）读取货物件数检测结果关键信息

```
df4 = pd.read_excel('风险应对之收入实质性程序/数据结果/07 货物件数检测结果.xlsx')
df4 = df4[['订单号','物流货物件数','货物件数检测结果']]
```

（7）合并数据表

使用 pandas 库中的"merge( )"合并自定义变量"df"与"df1"、"df2"、"df3"、"df4"，依次合并到"df_merge"中。其中"on"表示的是用于连接的列索引名称，"how"表示的是连接方式，有 inner、left、right、outer，此处用 left 代表左连接，左边表取全部，右边表依据"on"中的条件与之匹配，没有匹配的用 NaN 填充。

```
df_merge = pd.merge(df, df1, on='订单号', how='left')
df_merge = df_merge.merge(df2, on='订单号', how='left')
df_merge = df_merge.merge(df3, on='订单号', how='left')
df_merge = df_merge.merge(df4, on='订单号', how='left')
```

（8）筛选出包含"异常"或"有误"的销售订单

使用"str.contains( )"断字符串当中是否包含某字符，使用"|"表示"或"的意思，即满足其左右任意一个条件即可。

```
contain_X = df_merge[df_merge["原单价检测结果"].str.contains("异常") | df_merge["销售折扣检
测结果"].str.contains("异常")
                    | df_merge["货物数量检测结果"].str.contains("有误") | df_merge["货物件
数检测结果"].str.contains("有误")]
```

（9）输出数据表

使用 pandas 库中的"to_excel( )"输出生成的数据表"09 销售收入存疑表.xlsx"。

```
contain_X.to_excel('风险应对之收入实质性程序/数据结果/09 销售收入存疑表.xlsx', index=False,
encoding='utf-8-sig')
```

6.4.5 社会网络关系筛查

任务 7：客户 1 关联关系筛查

说明：

从任务 7 开始，到任务 11，是对"销售收入存疑表"中的客户逐一追查其与被审计单位的关联关系。被审计单位全称为"河北明康生物制药股份有限公司"，"销售收入存疑表"中涉及 7 家客户，其中"贝通健医药有限公司"、"崇文润伊药业有限公司"两家客户（见图 6-65 和图 6-66），在【查企业】平台中可查询到其与被审计单位无关联关系，同学们可自行进行查询体验。（在实务工作中，针对这两家客户的原单价异常原因要进一步

向被审计单位进行询问并记录）

图 6-65　贝通健医药有限公司与被审计单位无关联关系

图 6-66　崇文润伊药业有限公司与被审计单元关联关系

剩余五家客户"北京天诚药业有限公司""东生药材有限公司""江西广药健康药业有限公司""西城天天药业有限公司""延庆世达药业有限责任公司"，需要同学们依次进行关联关系筛查、梳理及可视化呈现，即任务 7 至任务 11。

任务 7-1：客户 1 关联关系筛查——收入存疑客户 1 关联关系可视化

任务描述：

点击【开始任务】进入【查企业】平台（单击【工作应用】—【查企业】也可以进入），查询"销售收入存疑表"中，客户 1 与被审计单位之间的关联关系，并对关联关系进行梳理。

操作步骤：

①点击【开始任务】，打开【查企业】平台【关系筛查】页面（见图 6-67 和图 6-68）。

图 6-67　点击【开始任务】

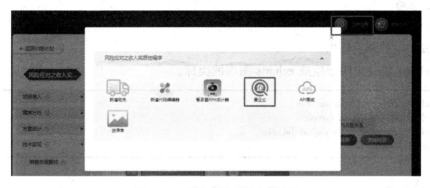

图 6-68　进入【关系筛查】页面

②"目标主体1"处输入被审计单位名称,"目标主体2"处输入"销售收入存疑表"中存疑客户1的名称,单击【开始分析】(见图6-69)。

图 6-69　单击【开始分析】

③点击【任务指南】—【任务资料】,下载关联关系表模板(见图6-70)。

图 6-70　下载关联关系表模板

④观察【查企业】平台查询到的关联关系图,梳理被审计单位与存疑客户 1 之间的关联关系,并将其填写到已下载的关联关系表模板中。

用户通过滚动鼠标可以缩放图片的大小,鼠标左键点击空白处可以拖动整图位置,鼠标左键点击任意节点,可以拖动节点的位置。

任务 7-2:客户 1 关联关系筛查——收入存疑客户 1 关联关系可视化

任务描述:

从【工作应用】—【资源中心】中,查看已经梳理好的"数据源 05 收入存疑客户 1 关联关系表",通过 Python 实现可视化呈现。

操作步骤:

(1)导入库

Pandas 用于数据操作。

Pyecharts 是一个用于生成 echarts 图表的类库。

```python
from pyecharts import options as opts
from pyecharts.charts import Graph
from pyecharts.commons.utils import JsCode
import pandas as pd
```

(2)读取表

使用 pandas 库中的"read_excel()"读取表。

```python
df = pd.read_excel("风险应对之收入实质性程序/数据源/数据源 05 收入存疑客户 1 关联关系表.xlsx")
```

(3)配置网络节点

使用 pandas 库中的"to_list()"将"投资单位"及"被投资单位"存储到列表中。

使用"list(set())"对原列表去重并按从小到大排序。

使用"append()"向列表中添加对象。

```python
#创建公司名称列表
company_list = df['投资单位'].to_list() + df['被投资单位'].to_list()
company_list = list(set(company_list)) #列表去重

# 被审计单位和可疑客户的节点背景色设置为红色,其余节点背景设置为绿色。
node_list = [] #新建列表用于存储网络节点的配置信息
for company_name in company_list:
    if company_name == '河北明康生物制药股份有限公司' or company_name == '北京天诚药业有限公司':
        color = 'red'
    else:
        color = 'green'

    # 配置网络节点信息
    node_set = {"name":company_name,#节点名称
        "symbolSize":30, #节点大小
        "itemStyle":{"normal":{"color":color}}} #节点式样
    node_list.append(node_set) #存储配置信息
```

(4)配置网络的边

使用 Pyecharts 库中的"LineStyleOpts( )"、"LabelOpts( )"配置网络图的边及其标签。

```
# 构造边的关系
source_list = df['投资单位'].to_list( )
target_list = df['被投资单位'].to_list( )
edge_label_list = df['投资比例'].to_list( )

link_list =[ ] #新建列表用于存储网络节点关系的配置信息
for i in range(len(source_list)): # len(source_list:获取信息条数,
range(len(source_list)):根据信息条数建立索引
link_list.append({"source":source_list[i],"target":target_list[i],"symbol":
["","arrow"],"value":edge_label_list[i],},)
#symbol":["","arrow"]:前端无箭头,后端有箭头

#设置线的样式
linestyle_opts = opts.LineStyleOpts(
        width=1,#宽度
        opacity=0.9,#透明度
        curve=0.1,#弧度
        type_="dashed" # 虚线,实线用"solid")
#设置线标签
edge_label = opts.Labelopts(
is_show=True,#显示标签
position="middle",#显示位置
color="blue",#显示颜色
formatter=JsCode(" function(params){return params.value}")#显示标签值)
```

(5)绘制网络图

使用" Graph( )"创建一个关系图对象。

使用"render( )"自动生成可通过浏览器查看的 html 格式的图像。

```
c = (
     Graph(init_opts=opts.InitOpts(width="100%", height="800px")) #设置图形大小
.add( "", node_list, link_list, repulsion=8000, # repulsion 节点之间的斥力因子
        is_draggable=True, #节点可拖动
        edge_label=edge_label, linestyle_opts=linestyle_opts,
        )
        .set_global_opts(title_opts=opts.TitleOpts(title="存疑客户 1 关联关系可视化")) #设置图
标题
     .render("社会网络分析在审计中的应用/数据结果/10 存疑客户 1 关联关系可视化.html")
)
```

任务 8:客户 2 关联关系筛查

任务 8-1:客户 2 关联关系筛查——收入存疑客户 2 关联关系可视化

任务描述:

点击【开始任务】进入【查企业】平台(单击【工作应用】—【查企业】也可以进入),查询"销售收入存疑表"中,客户 2 与被审计单位之间的关联关系,并对关联关系进行梳理。

操作步骤：

①点击【开始任务】，打开【查企业】平台【关系筛查】页面；

②"目标主体 1"处输入被审计单位名称，"目标主体 2"处输入"销售收入存疑表"中存疑客户 2 的名称，单击【开始分析】；

③点击【任务指南】—【任务资料】，下载关联关系表模板；

④观察【查企业】平台查询到的关联关系图，梳理被审计单位与存疑客户 2 之间的关联关系，并将其填写到已下载的关联关系表模板中。

用户通过滚动鼠标可以缩放图片的大小，鼠标左键点击空白处可以拖动整图位置，鼠标左键点击任意节点，可以拖动节点的位置。

任务 8-2：客户 2 关联关系筛查——收入存疑客户 2 关联关系可视化

任务描述：

从【工作应用】—【资源库】中，查看已经梳理好的"数据源 05 收入存疑客户 2 关联关系表"，通过 Python 实现可视化呈现。

操作步骤：

（1）导入库

Pandas 用于数据操作。

Pyecharts 是一个用于生成 echarts 图表的类库。

```
from pyecharts import options as opts
from pyecharts.charts import Graph
from pyecharts.commons.utils import JsCode
import pandas as pd
```

（2）读取表

使用 pandas 库中的"read_excel( )"读取表。

```
df = pd.read_excel("风险应对之收入实质性程序/数据源/数据源 05 收入存疑客户 2 关联关系表.xlsx")
```

（3）配置网络节点

使用 pandas 库中的"to_list( )"将"投资单位"及"被投资单位"存储到列表中。

使用"list(set( ))"对原列表去重并按从小到大排序。

使用"append( )"向列表中添加对象。

```
#创建公司名称列表
company_list = df['投资单位'].to_list( ) + df['被投资单位'].to_list( )
company_list = list(set(company_list)) #列表去重

# 被审计单位和可疑客户的节点背景色设置为红色，其余节点背景设置为绿色。
node_list = [ ]    #新建列表用于存储网络节点的配置信息
for company_name in company_list:
    if company_name == '河北明康生物制药股份有限公司' or company_name == '东生药材有限公司':
        color = 'red'
    else:
        color = 'green'
```

```
# 配置网络节点信息
    node_set = {"name":company_name,#节点名称
        "symbolSize":30,#节点大小
        "itemStyle":{"normal":{"color":color}}}#节点式样
    node_list.append( node_set )#存储配置信息
```

(4)配置网络的边

使用 Pyecharts 库中的"LineStyleOpts( )"、"LabelOpts( )"配置网络图的边及其标签。# 构造边的关系
```
    source_list = df['投资单位'].to_list( )
    target_list = df['被投资单位'].to_list( )
    edge_label_list = df['投资比例'].to_list( )
    link_list =[ ]#新建列表用于存储网络节点关系的配置信息
```

```
for i in range(len(source_list)): # len(source_list:获取信息条数,
range(len(source_list)):根据信息条数建立索引
link_list.append({"source":source_list[i],"target":target_list[i],"symbol":
[""," arrow"]," value":edge_label_list[i],},)
#symbol":[""," arrow"]:前端无箭头,后端有箭头

#设置线的样式
linestyle_opts = opts.LineStyleOpts(
    width=1,#宽度
    opacity=0.9,#透明度
    curve=0.1,#弧度
    type_="dashed" # 虚线,实线用"solid"
```

```
#设置线标签
edge_labe¹ = opts.Labelopts(
is_show=True,#显示标签
position="middle",#显示位置
color="blue",#显示颜色
formatter=JsCode(" function(params){return params.value}")#显示标签值)
```

(5)绘制网络图

使用"Graph( )"创建一个关系图对象。

使用"render( )"自动生成可通过浏览器查看的 html 格式的图像。

```
c = (
    Graph(init_opts=opts.InitOpts(width="100%", height="800px"))#设置图形大小
.add( "", node_list, link_list, repulsion=8000, # repulsion 节点之间的斥力因子
        is_draggable=True, #节点可拖动
        edge_label=edge_label, linestyle_opts=linestyle_opts,
            )

        .set_global_opts(title_opts=opts.TitleOpts(title="存疑客户 2 关联关系可视化"))#设置图
标题

        .render("风险应对之收入实质性程序/数据结果/11 存疑客户 2 关联关系可视化.html")
```

任务 9:客户 3 关联关系筛查

任务 9-1:客户 3 关联关系筛查——收入存疑客户 3 关联关系可视化

任务描述:

点击【开始任务】进入【查企业】平台(单击【工作应用】—【查企业】也可以进入),查询"销售收入存疑表"中,客户 3 与被审计单位之间的关联关系,并对关联关系进行梳理。

操作步骤:

①点击【开始任务】,打开【查企业】平台【关系筛查】页面;

②"目标主体 1"处输入被审计单位名称,"目标主体 2"处输入"销售收入存疑表"中存疑客户 3 的名称,单击【开始分析】;

③点击【任务指南】—【任务资料】,下载关联关系表模板;

④观察【查企业】平台查询到的关联关系图,梳理被审计单位与存疑客户 3 之间的关联关系,并将其填写到已下载的关联关系表模板中。

用户通过滚动鼠标可以缩放图片的大小,鼠标左键点击空白处可以拖动整图位置,鼠标左键点击任意节点,可以拖动节点的位置。

任务 9-2:客户 3 关联关系筛查——收入存疑客户 3 关联关系可视化

任务描述:

从【工作应用】—【资源库】中,查看已经梳理好的"数据源 05 收入存疑客户 3 关联关系表",通过 Python 实现可视化呈现。

操作步骤:

(1)导入库

Pandas 用于数据操作。

Pyecharts 是一个用于生成 echarts 图表的类库。

```
from pyecharts import options as opts
from pyecharts.charts import Graph
from pyecharts.commons.utils import JsCode
import pandas as pd
```

(2)读取表

使用 pandas 库中的"read_excel( )"读取表。

```
df = pd.read_excel("风险应对之收入实质性程序/数据源/数据源 05 收入存疑客户 3 关联关系表.
xlsx")
```

(3)配置网络节点

使用 pandas 库中的"to_list( )"将"投资单位"及"被投资单位"存储到列表中,

使用"list(set( ))"对原列表去重并按从小到大排序,

使用"append( )"向列表中添加对象。

```
#创建公司名称列表
company_list = df['投资单位'].to_list( ) + df['被投资单位'].to_list( )
company_list = list(set(company_list)) #列表去重
```

```
# 被审计单位和可疑客户的节点背景色设置为红色,其余节点背景设置为绿色。
node_list = [ ]    #新建列表用于存储网络节点的配置信息
for company_name in company_list:
    if company_name == ′河北明康生物制药股份有限公司′ or company_name == ′江西广药健康药业
有限公司′:
        color = ′red′
    else:
        color = ′green′

# 配置网络节点信息
    node_set = {"name":company_name,#节点名称
        "symbolSize":30, #节点大小
        "itemStyle":{"normal":{"color":color}}} #节点式样
    node_list.append( node_set ) #存储配置信息
```

(4)配置网络的边

```
使用 Pyecharts 库中的"LineStyleOpts( )"、"LabelOpts( )"配置网络图的边及其标签。
# 构造边的关系
source_list = df[′投资单位′].to_list( )
target_list = df[′被投资单位′].to_list( )
edge_label_list = df[′投资比例′].to_list( )

link_list =[ ]#新建列表用于存储网络节点关系的配置信息
```

```
for i in range( len( source_list ) ) : # len( source_list:获取信息条数,
range( len( source_list ) ) :根据信息条数建立索引
link_list.append( {"source":source_list[ i ],"target":target_list[ i ],"symbol":
[ "" ,"arrow" ],"value":edge_label_list[ i ],} , )
#symbol":[ "" ,"arrow" ]:前端无箭头,后端有箭头

#设置线的样式
linestyle_opts = opts.LineStyleOpts(
    width=1,#宽度
    opacity=0.9,#透明度
    curve=0.1,#弧度
    type_="dashed" # 虚线,实线用"solid"

)
#设置线标签
edge_label = opts.Labelopts(
is_show=True,#显示标签
position="middle",#显示位置
color="blue",#显示颜色
formatter=JsCode(" function( params ){return params.value}" )#显示标签值
)
```

(5)绘制网络图

使用" Graph( )"创建一个关系图对象。

使用"render( )"自动生成可通过浏览器查看的 html 格式的图像。

```
c = (
    Graph(init_opts=opts.InitOpts(width="100%", height="800px"))  #设置图形大小
    .add("", node_list, link_list, repulsion=8000,  # repulsion 节点之间的斥力因子
        is_draggable=True,  #节点可拖动
        edge_label=edge_label, linestyle_opts=linestyle_opts,
        )
    .set_global_opts(title_opts=opts.TitleOpts(title="存疑客户3关联关系可视化"))  #设置图标题
    .render("风险应对之收入实质性程序/数据结果/12 存疑客户3关联关系可视化.html")
```

任务10:客户4关联关系筛查

任务10-1:客户4关联关系筛查——收入存疑客户4关联关系可视化

任务描述:

点击【开始任务】进入【查企业】平台(单击【工作应用】—【查企业】也可以进入),查询"销售收入存疑表"中,客户4与被审计单位之间的关联关系,并对关联关系进行梳理。

操作步骤:

①点击【开始任务】,打开【查企业】平台【关系筛查】页面;

②"目标主体1"处输入被审计单位名称,"目标主体2"处输入"销售收入存疑表"中存疑客户4的名称,单击【开始分析】;

③点击【任务指南】—【任务资料】,下载关联关系表模板;

④观察【查企业】平台查询到的关联关系图,梳理被审计单位与存疑客户4之间的关联关系,并将其填写到已下载的关联关系表模板中。

用户通过滚动鼠标可以缩放图片的大小,鼠标左键点击空白处可以拖动整图位置,鼠标左键点击任意节点,可以拖动节点的位置。

任务10-2:客户4关联关系筛查——收入存疑客户4关联关系可视化

任务描述:

从【工作应用】—【资源库】中,查看已经梳理好的"数据源05收入存疑客户4关联关系表",通过Python实现可视化呈现。

操作步骤:

(1)导入库

Pandas用于数据操作。

Pyecharts是一个用于生成echarts图表的类库。

```
from pyecharts import options as opts
from pyecharts.charts import Graph
from pyecharts.commons.utils import JsCode
import pandas as pd
```

(2)读取表

使用pandas库中的"read_excel()"读取表。

```
df = pd.read_excel("风险应对之收入实质性程序/数据源/数据源05 收入存疑客户4关联关系表.xlsx")
```

(3)配置网络节点

使用 pandas 库中的"to_list( )"将"投资单位"及"被投资单位"存储到列表中。

使用"list(set( ))"对原列表去重并按从小到大排序。

使用"append( )"向列表中添加对象。

```
#创建公司名称列表
company_list = df〔´投资单位´〕.to_list( ) + df〔´被投资单位´〕.to_list( )
company_list = list(set(company_list)) #列表去重
```

```
# 被审计单位和可疑客户的节点背景色设置为红色,其余节点背景设置为绿色。
node_list = 〔 〕   #新建列表用于存储网络节点的配置信息
for company_name in company_list:
        if company_name == ´河北明康生物制药股份有限公司´ or company_name == ´西城天天药业有限
公司´:
                color = ´red´
        else:
                color = ´green´

# 配置网络节点信息
        node_set = |"name":company_name,#节点名称
                "symbolSize":30, #节点大小
                "itemStyle":|"normal":|"color":color|||  #节点式样
        node_list.append( node_set ) #存储配置信息
```

(4)配置网络的边

使用 Pyecharts 库中的" LineStyleOpts( )"、"LabelOpts( )"配置网络图的边及其标签。

```
# 构造边的关系
source_list = df〔´投资单位´〕.to_list( )
target_list = df〔´被投资单位´〕.to_list( )
edge_label_list = df〔´投资比例´〕.to_list( )

link_list =〔〕 #新建列表用于存储网络节点关系的配置信息
for i in range(len(source_list)): # len(source_list:获取信息条数,range(len(source_list)):根据信息条
数建立索引
```

```
link_list.append( |"source":source_list〔i〕,"target":target_list〔i〕,"symbol":

〔"","arrow"〕,"value":edge_label_list〔i〕,|,)
#symbol":〔"","arrow"〕:前端无箭头,后端有箭头
#设置线的样式
linestyle_opts = opts.LineStyleOpts(
        width=1,#宽度
        opacity=0.9,#透明度
        curve=0.1,#弧度
        type_="dashed" # 虚线,实线用"solid"

)
#设置线标签
edge_label = opts.Labelopts(
is_show=True,#显示标签
```

```
position = "middle", #显示位置
color = "blue", #显示颜色
formatter = JsCode(" function(params)|return params.value|")#显示标签值
)
```

(5)绘制网络图

使用"Graph()"创建一个关系图对象。

使用"render()"自动生成可通过浏览器查看的 html 格式的图像。

```
c = (
    Graph(init_opts = opts.InitOpts(width = "100%", height = "800px"))#设置图形大小
    .add("", node_list, link_list, repulsion = 8000, # repulsion 节点之间的斥力因子
        is_draggable = True, #节点可拖动
        edge_label = edge_label, linestyle_opts = linestyle_opts,
            )

        .set_global_opts(title_opts = opts.TitleOpts(title = "存疑客户 4 关联关系可视化"))#设置图
标题

        .render("风险应对之收入实质性程序/数据结果/13 存疑客户 4 关联关系可视化.html")
```

任务 11:客户 5 关联关系筛查

任务 11-1:客户 5 关联关系筛查——收入存疑客户 5 关联关系可视化

任务描述:

点击【开始任务】进入【查企业】平台(单击【工作应用】—【查企业】也可以进入),查询"销售收入存疑表"中,客户 5 与被审计单位之间的关联关系,并对关联关系进行梳理。

操作步骤:

①点击【开始任务】,打开【查企业】平台【关系筛查】页面;

②"目标主体 1"处输入被审计单位名称,"目标主体 2"处输入"销售收入存疑表"中存疑客户 5 的名称,单击【开始分析】;

③点击【任务指南】—【任务资料】,下载关联关系表模板;

④观察【查企业】平台查询到的关联关系图,梳理被审计单位与存疑客户 5 之间的关联关系,并将其填写到已下载的关联关系表模板中。

用户通过滚动鼠标可以缩放图片的大小,鼠标左键点击空白处可以拖动整图位置,鼠标左键点击任意节点,可以拖动节点的位置。

任务 11-2:客户 5 关联关系筛查——收入存疑客户 5 关联关系可视化

任务描述:

从【工作应用】—【资源库】中,查看已经梳理好的"数据源 05 收入存疑客户 5 关联关系表",通过 Python 实现可视化呈现。

操作步骤:

(1)导入库

Pandas 用于数据操作。

Pyecharts 是一个用于生成 echarts 图表的类库。

```
from pyecharts import options as opts
from pyecharts.charts import Graph
from pyecharts.commons.utils import JsCode
import pandas as pd
```

（2）读取表

使用 pandas 库中的"read_excel()"读取表。

```
df = pd.read_excel("风险应对之收入实质性程序/数据源/数据源 05 收入存疑客户 5 关联关系表.
xlsx")
```

（3）配置网络节点

使用 pandas 库中的"to_list()"将"投资单位"及"被投资单位"存储到列表中。

使用"list(set())"对原列表去重并按从小到大排序。

使用"append()"向列表中添加对象。

```
#创建公司名称列表
company_list = df['投资单位'].to_list() + df['被投资单位'].to_list()
company_list = list(set(company_list)) #列表去重

# 被审计单位和可疑客户的节点背景色设置为红色,其余节点背景设置为绿色。
node_list = []    #新建列表用于存储网络节点的配置信息
for company_name in company_list:
        if company_name=='河北明康生物制药股份有限公司' or company_name=='延庆世达药业有限
责任公司':
                color = 'red'
        else:
                color = 'green'


# 配置网络节点信息
        node_set = {"name":company_name,#节点名称
            "symbolSize":30, #节点大小
            "itemStyle":{"normal": {"color":color}}} #节点式样
        node_list.append(node_set) #存储配置信息
```

（4）配置网络的边

使用 Pyecharts 库中的"LineStyleOpts()"、"LabelOpts()"配置网络图的边及其标签。

```
source_list = df['投资单位'].to_list()
target_list = df['被投资单位'].to_list()
edge_label_list = df['投资比例'].to_list()



link_list =[] #新建列表用于存储网络节点关系的配置信息
for i in range(len(source_list)): # len(source_list:获取信息条数,
range(len(source_list)):根据信息条数建立索引
link_list.append({"source":source_list[i],"target":target_list[i],"symbol":
["","arrow"],"value":edge_label_list[i],},)
#symbol":["","arrow"]:前端无箭头,后端有箭头
```

```
#设置线的样式
linestyle_opts = opts.LineStyleOpts(
    width = 1,#宽度
    opacity = 0.9,#透明度
    curve = 0.1,#弧度
    type_ = "dashed" # 虚线,实线用"solid"

)
#设置线标签
edge_labe¹ = opts.Labelopts(
is_show = True,#显示标签
position = "middle",#显示位置
color = "blue",#显示颜色
formatter = JsCode(" function(params){return params.value}")#显示标签值
)
```

（5）绘制网络图

使用"Graph()"创建一个关系图对象。

使用"render()"自动生成可通过浏览器查看的 html 格式的图像。

```
c = (
    Graph(init_opts = opts.InitOpts(width = "100%", height = "800px"))#设置图形大小
.add("", node_list, link_list, repulsion = 8000, # repulsion 节点之间的斥力因子
        is_draggable = True, #节点可拖动
        edge_label = edge_label, linestyle_opts = linestyle_opts,
        )

        .set_global_opts(title_opts = opts.TitleOpts(title = "存疑客户 5 关联关系可视化"))#设置图
标题

        .render("风险应对之收入实质性程序/数据结果/14 存疑客户 5 关联关系可视化.html")
```

第 7 章

智能内控审查

本章学习目标

■ 了解存货初始确认、发出计量、期末计量和计提跌价准备的方法对财务报告的影响;

■ 了解通过 Python 实现图像识别技术所需应用的库;

■ 了解 GPS 定位技术以及读取照片中 GPS 信息所应用的库;

■ 了解实现办公自动化技术所应用的库;

■ 掌握图像识别技术概念及应用领域;

■ 掌握图片信息提取及照片信息提取技术;

■ 能够应用图像识别技术,对多张图片进行图像识别和信息读取;

■ 能够应用自动化技术对文本信息进行批量对比。

在目前大数据、人工智能风起云涌的时代,智能内控审查已经逐步替代传统的内部审计流程。我国银行、保险企业及大型国企央企已经开始在进行智能内控审查的实践,而智能识图技术已经广泛运用到组织内部审计(内审)的过程中。本章以明康集团内部审计部门对子公司的存货盘点项目为例,基于存货审计相关知识背景,在了解相关技术的基础上,通过图像技术识别及自动化技术对存货相关资料进行审查,从而达到内审目标,提高内审效率。

7.1 项目导入

7.1.1 项目引例

猹子岛公司在 2014 年、2015 年已经连续两年亏损的情况下,利用海底库存及采捕情况难发现、难调查、难核实的特点,不以实际采捕海域为依据进行成本结转,导致财务报告严重失真,2016 年通过少记录成本、营业外支出的方法,将利润由亏损披露为盈利,2017 年将以前年度已采捕海域列入核销海域或减值海域,夸大亏损幅度。此外,公司还涉及"年终盘点报告"和"核销公告"披露不真实、不及时披露业绩变化情况等多项违法事实,违法情节特别严重,严重扰乱证券市场秩序,严重损害投资者利益,社会影响极其恶劣。

证监会借助卫星定位数据,对公司 27 条采捕船只数百万条海上航行定位数据进行分析,委托两家第三方专业机构运用计算机技术还原了采捕船只的真实航行轨迹,复原了公司最近两年真实的采捕海域,进而确定实际采捕面积,并据此认定獐子岛公司成本、营业外支出、利润等存在虚假情况。獐子岛公司 2014—2019 年净利润走势图见图 7-1。

2020 年 6 月 24 日,证监会依法对獐子岛公司信息披露违法违规案作出行政处罚及市场禁入决定,对獐子岛公司给予警告,并处以 60 万元罚款,对 15 名责任人员处以 3 万元至 30 万元不等罚款,对 4 名主要责任人采取 5 年终身市场禁入。

2014 年 10 月,獐子岛公告,因北黄海遭遇几十年一遇的异常冷水团,公司在 2011 年和部分 2012 年播撒的 100 多万亩即将进入收获期的虾夷扇贝绝收。

2018 年 2 月,獐子岛 2017 年度业绩快报中提示,发现部分海域的底播虾夷扇贝存货异常,并解释是海洋灾害导致扇贝饿死。

2019 年 11 月 11 日,獐子岛公告称,底播虾夷扇贝近期出现大比例死亡,公司初步判断已构成重大底播虾夷扇贝存货减值风险。

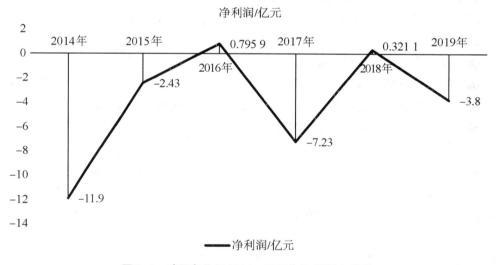

图 7-1　獐子岛公司 2014—2019 年净利润走势图

【思考】

2014 年,獐子岛冷水团事件时,证监会组织了专项核查组到现场进行调查,但由于海底虾夷扇贝盘点困难,最终并没有调查出结果。之后数年,獐子岛利用这一漏洞,多次操控利润。

【讨论】

(1)管理层操控利润对企业和投资者会产生怎样的影响?

(2)生物资产盘点困难,对资本市场会产生哪些影响?

(3)如何解决这些问题?

7.1.2 存货

（1）存货的定义

存货是指企业在日常活动中持有以备出售的产成品或商品、处在生产过程中的在产品、在生产过程或提供劳务过程中耗用的材料、物料等。存货的种类包括：

①原材料：企业在生产过程中经加工改变其形态或性质并构成产品主要实体的各种原料、材料、备件、燃料等。

②半成品：经过一定生产过程并已检验合格交付半成品仓库保管，仍需进一步加工的中间产品。

③在产品：企业正在制造尚未完工的产品，包括正在各个生产工序加工的产品和已加工完毕但尚未检验或未办理入库手续的产品。

④产成品：企业已经完成全部生产过程并验收入库，可以按照合同规定的条件送交订货单位，或者可以作为商品对外销售的产品。

⑤商品：商品流通企业外购或委托加工完成验收入库用于销售的各种商品。

⑥周转材料：企业能够多次使用，但不符合固定资产定义的材料，如各种包装物、工具等低值易耗品。

（2）存货对财务报告的影响与审计应对

①存货的初始计量。

企业取得存货应当按照成本进行计量。存货的成本包括采购成本、加工成本、存货达到目前场所和状态所发生的其他成本三个组成部分。存货作为流动资产项目，初始确认出错会影响资产负债表项目以及与资产负债表相关的指标计算。例如错误地将采购中发生的不相关费用计入存货成本，将导致虚增资产，少记费用，高估利润。

审计师需要通过检查原始采购凭证、货运凭证，确认存货真实存在，初始入账金额计价准确。

②存货的发出计量。

企业应当根据各类存货的实物流转方式、企业管理的要求、存货的性质等情况，合理地选择发出存货成本的计算方法，以合理确定当期发出存货的实际成本。企业销售存货，应当将已销售存货的成本结转为当期损益，计入营业成本。存货计量方法会影响资产负债表及利润表相关项目，例如先进先出法下，当物价持续上升时，期末存货成本接近市价，而发出成本偏低，会高估企业当期利润和存货价值。

审计师在审计中应了解企业存货计量方式，如果本期发生变更，需评估变更的合理性。企业可能存在确认收入但未结转成本的情况，审计师要通过收入成本配比分析、存货监盘等方式确认存货真实存在。

（3）存货的后续计量

资产负债表日，存货应当按照成本与可变现净值孰低计量。当存货成本低于可变现净值时，存货按成本计量；当存货成本高于可变现净值时，存货按可变现净值计量，同时差额计提存货跌价准备，计入当期损益。成本与可变现净值孰低计量的理论基础主要是使存货符合资产的定义，且符合谨慎性原则的要求。例如当存货已经发霉腐坏无法销售时，其可变现净值较低，此时的存货不能为企业带来经济利益的流入，如果按照成本金额展现在资产项目中,会影响投资者对企业真实情况的判断。

审计师应当了解存货状态和市场情况,估计存货的可变现净值,判断企业的期末计量是否准确。

(4)存货跌价准备

在采用计算机系统进行会计处理的情况下,企业可以做到按照单个存货项目计提存货跌价准备。当以前减记存货价值的影响因素已经消失时,企业可以转回计提的存货跌价准备。存货跌价准备作为资产负债表中资产的备抵科目,计提时计入利润表中的资产减值损失,降低企业利润;而转回时会调减损失,增加企业利润。

审计师应关注企业对存货跌价准备的记录和计算情况,防止企业通过该项目进行盈余管理,调控利润。

7.1.3　图像识别技术

(1)图像识别技术原理及其发展

图像识别技术是人工智能的一个重要领域,它是指对图像进行对象识别,以识别各种不同模式的目标和对象的技术。图像识别的发展经历了三个阶段:文字识别、数字图像处理与识别、物体识别。

文字识别的研究是从 1950 年开始的,一般是识别字母、数字和符号,从印刷文字识别到手写文字识别,应用非常广泛。对数字图像处理和识别的研究至今也有近 50 年历史。数字图像与模拟图像相比具有存储传输方便、可压缩、传输过程中不易失真、处理方便等巨大优势,这些都为图像识别技术的发展提供了强大的动力。物体识别主要指的是对三维世界的客体及环境的感知和认识,属于高级的计算机视觉范畴。它是以数字图像处理与识别为基础的结合人工智能、系统学等学科的研究方向,其研究成果被广泛应用在各种工业及探测机器人上。

图像识别问题的数学本质属于模式空间到类别空间的映射问题。目前,在图像识别的发展中,主要有三种识别方法:统计模式识别、结构模式识别、模糊模式识别。图像分割是图像处理中的一项关键技术,从 20 世纪 70 年代起,其研究已经有几十年的历史,一直都受到人们的高度重视,人们至今借助于各种理论提出了数以千计的分割算法,而且这方面的研究仍然在积极地进行着。

(2)图像识别技术的应用领域

图像识别技术是立体视觉、运动分析、数据融合等实用技术的基础,在导航、地图与地形配准、自然资源分析、天气预报、环境监测、生理病变研究等许多领域可广泛应用。

遥感图像识别:航空遥感和卫星遥感图像通常用图像识别技术进行加工以便提取有用的信息。该技术目前主要用于地形地质探查,森林、水利、海洋、农业等资源调查,灾害预测,环境污染监测,气象卫星云图处理以及地面军事目标识别等。

军事刑侦:图像识别技术在军事、公安刑侦方面的应用很广泛,例如军事目标的侦察、制导和警戒系统;自动灭火器的控制及反伪装;公安部门的现场照片、指纹、手迹、印章、人像等的处理和辨识;历史文字和图片档案的修复和管理;等等。

生物医学:图像识别在现代医学中的应用非常广泛,它具有直观、无创伤、安全方便等特点。人们在临床诊断和病理研究中广泛借助图像识别技术,例如 CT 技术等。

机器视觉:作为智能机器人的重要感觉器官,机器视觉主要进行 3D 图像的理解和识别,该技术也是目前研究的热门课题之一。例如用于军事侦察、危险环境的自主机器人,用于邮政、医院和家庭服务的智能机器人。此外,机器视觉还可用于工业生产中的工件识别和定位,太空机器人的自动操作等。

7.2 需求分析

7.2.1 业务需求分析

明康集团总部于 2022 年 2 月下发通知,要求各子公司提交 2021 年年终盘点计划扫描件,以及按照盘点计划进行盘点时的现场照片。现已收到 20 家子公司的盘点计划及盘点照片,你需要基于以上资料,核实 20 家子公司盘点计划执行情况。明康集团子公司盘点计划扫描件见图 7-2,盘点现场照片见图 7-3。

上海明康检验有限公司

财字【2021】013 号

存货盘点计划

一、盘点目的

为加强存货管理,保障存货的完整性、准确性,真实地反映存货的结

存及利用状况,特制定本次盘点计划。

二、盘点时间、地点、人员安排

盘点日期	负责人	参与人员	盘点地点
2021 年 12 月 31 日	刘维	金进、王娜娜	上海市浦东新区富特中路 298 号

盘点人员包括采购储运部、预算财务部。请各部门组织相关人员配合

盘点。

三、盘点范围

对各仓库所有存货,包括原材料,半成品,产成品实行全面盘点。

对需要报废的存货,经质检人员检查后单独存放,待报废处理审批手

续办妥后进行处理。

四、盘点程序

盘点前:

1. 由盘点工作组制定存货盘点计划:包括盘点的时间、参与人员、范

围、程序。

2. 存货盘点前的准备工作

图 7-2 明康集团子公司盘点计划扫描件

图 7-3　明康集团子公司盘点现场照片

【任务分解】

①存货盘点计划扫描件:读取盘点时间信息、读取盘点位置信息。

②盘点现场照片:读取盘点时间信息、读取盘点位置信息。

③对比两方信息:时间差异、位置差异。

④得出结论:时间不符的公司、位置不符的公司。

7.2.2　技术需求分析

(1)应用技术分析

根据任务资料,本项目的完成将运用以下技术:

①识别图中文字的技术——OCR:通过 OCR 技术,识别各子公司盘点计划中制定的盘点时间、盘点位置信息。

②识别照片地理位置的技术——GPS:通过 GPS 技术,识别各子公司盘点照片的拍摄位置和拍摄时间。

③文件自动化读写技术:通过自动化办公技术,将双来源信息进行自动对比,找出异常公司。

(2)OCR 技术简介

OCR (optical character recognition),即光学字符识别,能够将文本文档的扫描件或智能手机拍照的文本图像转换为可编辑文本文件。它通过检测暗、亮的模式确定图片内容的形状,然后用字符识别方法将形状翻译成计算机文字,通俗的讲就是将图片转文本,可用于扫描文件的文字识别、卡证的文字识别、车牌识别、票据识别等。OCR 具体原理运用步骤如图 7-4 所示。

图像输入	二值化	去噪声	识别字符	版面恢复
•使用扫描仪将纸质资料扫描成图像文件,手机拍照也能达到同样效果,将图像文件传入OCR系统进行处理。	•将彩色图像转为黑白图像(黑色文字、白色背景)。	•去除图像中的噪声(噪点,污染),类似于美化图片时用的"降噪"、"模糊"一类的操作,让图像中的文字更突出。	•通过分析文本段落,切割字符,识别字符。	•将识别的字符,重新排版,生成文本文件。 •较为高级的OCR系统,带有AI语法分析,能够实现拼写检查,语法校对等。

图 7-4　OCR 技术原理

（3）Tesseract 库简介

Tesseract 的 OCR 引擎最先由 HP 实验室于 1985 年开始研发,至 1995 年时已经成为 OCR 业内最准确的三款识别引擎之一。然而由于业务发展,HP 不久便决定放弃 OCR 业务,Tesseract 也从此尘封。数年后,HP 意识到与其将 Tesseract 束之高阁,不如贡献给开源软件业让其重焕新生,2005 年,Tesseract 被美国内华达州信息技术研究所获得,并由 Google 对 Tesseract 进行改进和优化。

Tesseract 库具有以下几点优势:第一,Tesseract 可以识别超过 100 种语言,也可以用来识别其他的语言;第二,Tesseract 支持多种输出格式,如普通文本、html、pdf 等;第三,免费、开源库。

（4）OpenCV 库简介

OpenCV 是一个计算机视觉库,可以实现图像处理和计算机视觉方面的很多通用算法。在计算机视觉项目的开发中,OpenCV 作为较大众的开源库,拥有丰富的常用图像处理函数库,采用 C/C++语言编写,可以运行在 Linux/Windows/Mac 等操作系统上,能够快速完成一些图像处理和识别的任务。

OpenCV 运用领域:OpenCV 提供 Java、python 等的使用接口、机器学习的基础算法调用,使图像处理和图像分析变得更加易于上手。目前 OpenCV 已运用到人机互动、物体识别、图像分割、人脸识别、动作识别、运动跟踪、机器人、运动分析、机器视觉、结构分析、汽车安全驾驶等领域。

（5）GPS 技术简介

GPS 系统是一个高精度、全天候和全球性的无线电导航、定位和定时的多功能系统。GPS 技术已经发展成为多领域、多模式、多用途、多机型的国际性高新技术产业。

①GPS 系统的构成:GPS 系统由空间控制、地面控制和用户装置三部分组成。

第一,空间控制部分。

GPS 卫星原计划是将 24 颗卫星均匀分布在 6 个不同的轨道平面上,而发展到今天,在轨道上运行的卫星数量已经达到 27 颗。每个轨道平面与赤道平面的倾角大约为 55

度。在地球上任何地点任何时刻都能观测到 5~8 颗卫星。

每颗卫星都利用两个 L 载频传送信号，即 L1(1 575.42 MHz)和 L2(1 227.26 MHz)。每颗卫星都在完全相同的频率上传送信号，但每颗卫星的信号在到达用户之前都经过了多普勒频移。

L1 承载精密(P)码和粗/捕获(C/A)码，L2 仅承载 P 码。导航的数据报文叠加在这些码上，两个载频上承载着相同的导航数据报文。P 码通常是加密的，只有 C/A 码可供民用。

第二，地面控制部分。

GPS 的地面控制部分主要由主控站、地面天线、监测站和通讯辅助系统构成。主控站主要负责管理、协调整个地面控制系统的工作；地面天线在主控站的控制下，向卫星注入寻电文；监测站是数据自动收集中心；通讯辅助系统负责数据的传输。

第三，用户装置部分

GPS 接收机根据型号分为测地型、全站型、定时型、手持型、集成型；根据用途分为车载式、船载式、机载式、星载式、弹载式。

②全球四大定位系统。

第一，美国全球定位系统。

美国全球定位系统由 24 颗卫星组成，分布在 6 条交点互隔 60 度的轨道面上，精度约为 10 米，军民两用，正在试验第二代卫星系统。

第二，欧洲伽利略 GALILEO 系统。

欧洲伽利略系统由 30 颗卫星组成，定位误差不超过 1 米，主要为民用。

第三，俄罗斯格洛纳 GLONASS 系统

俄罗斯格洛纳系统由 24 颗卫星组成，精度在 10 米左右，军民两用，2009 年年底服务范围拓展到全球。

第四，中国北斗系统。

北斗卫星导航系统是中国着眼于国家安全和经济社会发展需要，自主建设运行的全球卫星导航系统，是为全球用户提供全天候、全天时、高精度的定位、导航和授时服务的国家重要时空基础设施。

(6)中国北斗卫星导航系统简介

①发展历程。

20 世纪后期，中国开始探索适合中国国情的卫星导航系统发展道路，逐步形成了三步走发展战略(见图 7-5)：

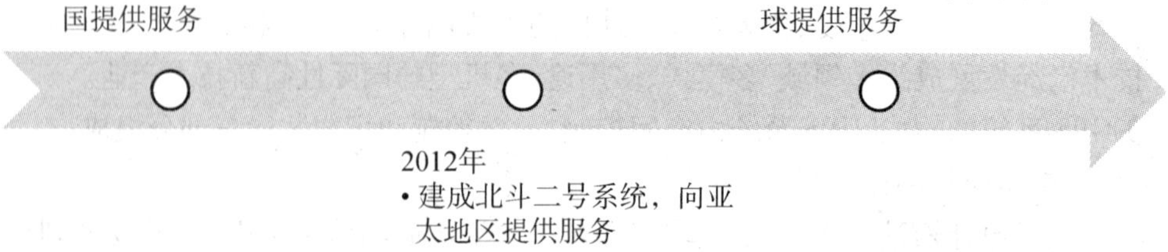

2002年
• 建成北斗一号系统，向中国提供服务

2020年
• 建成北斗三号系统，向全球提供服务

2012年
• 建成北斗二号系统，向亚太地区提供服务

图 7-5 中国北斗卫星发展战略

②发展目标。

我国北斗卫星导航系统的发展目标是建设世界一流的卫星导航系统,满足国家安全与经济社会发展需求,为全球用户提供连续、稳定、可靠的服务;发展北斗产业,服务经济社会发展和民生改善;深化国际合作,共享卫星导航发展成果,提高全球卫星导航系统的综合应用效益。

③建设原则。

中国北斗卫星导航系统的建设始终坚持自主、开放、兼容、渐进原则。

自主原则:坚持自主建设、发展和运行北斗系统,具备向全球用户独立提供卫星导航服务的能力。

开放原则:免费提供公开的卫星导航服务,鼓励开展全方位、多层次、高水平的国际合作与交流。

兼容原则:提倡与其他卫星导航系统开展兼容与互操作,鼓励国际合作与交流,致力于为用户提供更好的服务。

渐进原则:分步骤推进北斗系统建设发展,持续提升北斗系统服务性能,不断推动卫星导航产业全面、协调和可持续发展。

④基本组成。

第一,空间段。北斗系统空间段由若干地球静止轨道卫星、倾斜地球同步轨道卫星和中圆地球轨道卫星等组成。

第二,地面段。北斗系统地面段包括主控站、时间同步/注入站和监测站等若干地面站,以及星间链路运行管理设施。

第三,用户段。北斗系统用户段包括北斗兼容其他卫星导航系统的芯片、模块、天线等基础产品,以及终端产品、应用系统与应用服务等。

⑤发展特色。

北斗系统空间段采用三种轨道卫星组成的混合星座,与其他卫星导航系统相比,高轨卫星更多,抗遮挡能力强,尤其在低纬度地区性能优势更为明显。北斗系统提供多个频点的导航信号,能够通过多频信号组合使用等方式提高服务精度。北斗系统创新融合了导航与通信能力,具备定位导航授时、星基增强、地基增强、精密单点定位、短报文通信和国际搜救等多种服务能力。

(7)JPEG 和 EXIF 简介

PEG 格式实际上是指 JPEG/EXIF 文件格式,其应用了两种数据处理标准:JPEG 和 EXIF。该标准是日本电子工业发展协会发布的,主要用于摄像设备。人们通常将 EXIF 作为摄像行业的源数据交换格式。

JPEG 是联合图像专家小组(Joint Photographic Expert Group)的英文缩写,是国际标准化组织(ISO)和国际电报电话咨询委员会(CCITT)联合制定的静态图像的压缩编码标准。

由于 JPEG 对数字图像有非常高的压缩比,且能最大限度保存图片的细节,因此在互联网时代,采用 JPEG 对图像进行压缩存储成为常见的选择。久而久之,JPEG 就成了一类图像存储格式的代名词,我们常见的.jpg 格式图片就是该 JPEG 格式图片。

可交换图像文件格式(Exchangeable Image File Format,EXIF)是专门为数码相机的照片设定的,可以记录数码照片的属性信息和拍摄数据,如光圈、快门、拍摄时间、原始分辨率、GPS信息。EXIF可以附加于JPEG、TIFF、RIFF、RAW等文件之中,为其增加有关数码相机拍摄信息的内容和索引图像处理软件的版本信息。

Windows7及以上操作系统都具备对EXIF的原生查看支持。用户点击图片"属性",选择"详细信息"选项卡,可以直接查看EXIF信息。

(8)照片信息读取工具简介

在智能内控审查系统中,常用的照片信息读取工具包括EXIFREAD、URLLIB和地图API。EXIFREAD主要用于读取照片中的EXIF信息。URLLIB作为爬虫应用时常用的库,用于操作网页URL,并对网页的内容进行抓取处理。大多数地图软件供应商都提供通过API接口访问地图信息的服务。例如,百度提供免费的地点检索功能(https://lbsyun.baidu.com/),每个接口提供每日免费调用量。

(9)办公自动化工具简介

常用的办公自动化工具包括:

①OS库:提供基本的操作系统交互功能,是Python标准库,包含几百个函数,包括常用路径操作、进程管理、环境参数等与操作系统相关的操作。

②RE库:用于需要正则表达式的场景。正则表达式,又称规则表达式,通常被用来检索、替换符合某个模式(规则)的文本。

③Pandas库:可以对数据进行导入、清洗、处理、统计和输出。

④FuzzyWuzzy库:是一个简单易用的模糊字符串匹配工具包。

7.2.3 准备任务

运用上一节知识背景中所学习的技术,根据操作步骤完成以下四个准备任务,为完成明康集团智能内控审查项目做准备。

准备任务1:图片练习——读取文字

任务描述:读取图片"练习图"(见图7-6)中的文字信息

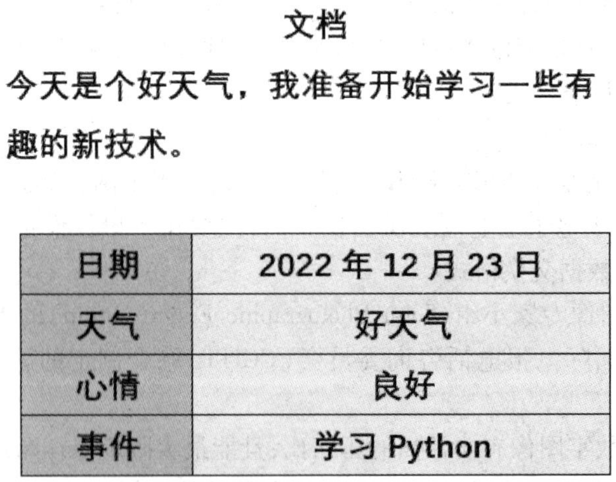

文档

今天是个好天气,我准备开始学习一些有
趣的新技术。

日期	2022 年 12 月 23 日
天气	好天气
心情	良好
事件	学习 Python

图7-6 练习图

操作步骤:

开始:新建脚本。

(1)引入所需库

代码详解:CV2用于读取和处理图片;pytesseract用于图片转文字(OCR库);Re用于剔除转换后文字中的乱码;Numpy、pandas用于数据操作。

代码展示:

```
import cv2
import pytesseract
import re
import numpy as np
import pandas as pd
```

(2)输入图片路径,配置pytesseract库

自定义的变量名称:pic＝练习图,path＝tesseract(图片识别引擎)安装的路径,text1＝中文字符识别。

代码详解:使用CV2库中的"imdecode()",输入自定义变量pic。使用"imdecode"函数可以从指定的内存缓存中读取数据,并把数据转换(解码)成图像格式;主要用于从网络传输数据中恢复出图像。如果图片路径或名称中带有中文,需要通过(dtype＝np.uint8)来解释。使用pytesseract库中的"image_to_string()",对pic转换文字符号,文字符号读取设定为"简体中文"。使用re库中的"findall()",对文字中的乱码进行替换。使用"join()",将文字拼接回句子。

代码展示:

```
pic = ´智能内控审查/练习用图片/练习图.png´
pic = cv2.imdecode(np.fromfile(pic,dtype＝np.uint8),1)
path = r"/usr/bin/tesseract"  # 配置安装路径
pytesseract.pytesseract.tesseract_cmd = path
text1 = pytesseract.image_to_string(pic,lang＝"chi_sim")
text1 = re.findall(r´[^ * "/;? \\|<>"´ || \s ⟨\n´,text1,re.S)
text1 = "".join(text1)问题:表外文字可以顺利读取,但表内文字无法正确识别。
```

（3）打印查看结果（见图 7-7）

代码展示：

```
print(text1)
```

```
▶ 运行    ■ 终止    ○ 重置    ✎ 清空    🖫 保存    ☑ 提交    ⬇ 下载

 1  #1. 引入所需库。
 2  import cv2
 3  import pytesseract
 4  import re
 5  import numpy as np
 6  import pandas as pd
 7  #2. 输入图片路径，配置pytesseract库。
 8  pic = '智能内控审查/练习用图片/练习图.png'
 9  pic = cv2.imdecode(np.fromfile(pic,dtype=np.uint8), 1 )
10  path = r"/usr/bin/tesseract"  # 配置安装路径
11  pytesseract.pytesseract.tesseract_cmd = path
12
13  text1 = pytesseract.image_to_string(pic, lang="chi_sim")
14  text1 = re.findall(r'[^\'"/:?\|<>*]\s（\n]', text1, re.S)
15  text1 = "".join(text1)
16  #3. 打印查看结果
17  print(text1)
```

```
python 技术练习1.py
文档今天是个好天气，我准备开始学习一些有趣的新技术。

运行结束！
```

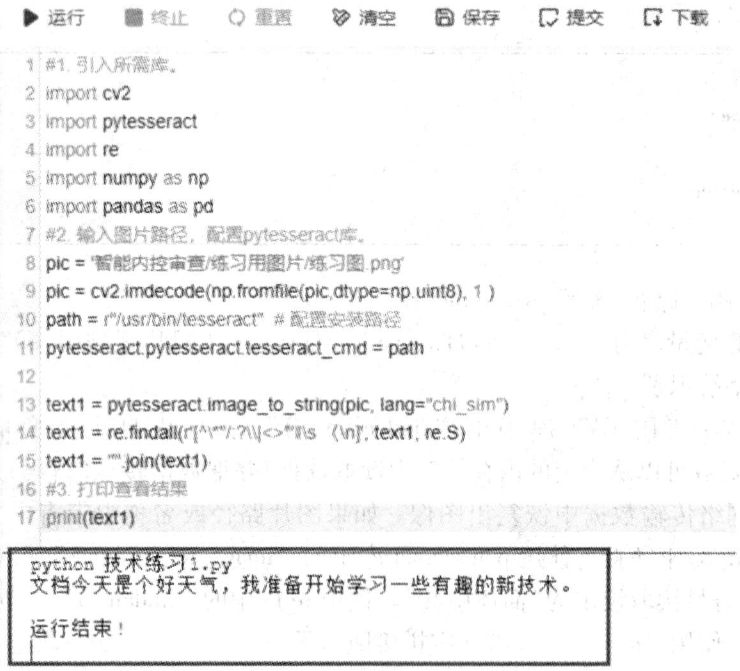

图 7-7　准备任务 1 实现效果展示

准备任务 2：图片练习——读取表格内文字

对图 7-7：练习图.jpg 中的表格内容进行文本提取。准备任务 2 可分解为表 7-1 的操作步骤（见表 7-1）。

表 7-1　准备任务 2 任务分解

任务 2.1 处理图片	任务 2.2 定位表格中的横线	任务 2.3 定位表格中的纵线	任务 2.4 定位表格位置	任务 2.5 对表格运用文本转换技术
通过灰度化、二值化图片，使图片中的表格线更加显著，便于定位提取	将图片转换为像素点，寻找连续点，确定横线位置	与横线处理方式相同，确定纵线位置	通过横线与总线的交点，确定表格位置	将表格拆分为独立方框后，对每个方框运用一次任务 1.1 的文本转换技术

任务 2.1：读取表格内文字——对图片进行灰度化和二值化处理

任务描述：对图片"练习图.jpg"进行灰度化和二值化处理，分别保存为"gray.jpg""binary.jpg"。通过灰度化、二值化图片，使图片中的表格线更加显著，便于定位提取。

操作步骤：

开始：新建脚本。

引入所需库、输入图片路径、配置 pytesseract 库。

代码展示：

```
import cv2
import pytesseract
import re
import numpy as np
import pandas as pd
pic = ´智能内控审查/练习用图片/练习图.png´
pic = cv2.imdecode(np.fromfile(pic,dtype=np.uint8),1)
path = r"/usr/bin/tesseract"  # 配置安装路径
pytesseract.pytesseract.tesseract_cmd = path
```

（1）灰度化

自定义的变量名称：g =灰度化后的结果。

使用 CV2 库中的"cvtColor( )"，输入自定义变量"pic"。

使用 CV2 库中的"imwrite( )"，输出自定义变量"g"，生成任务要求图片"gray.jpg"。

代码展示：

```
g = cv2.cvtColor(pic, cv2.COLOR_BGR2GRAY)
    cv2.imwrite(´gray.jpg´, g)
```

（2）二值化

自定义的变量名称：b =二值化后的结果。

使用 CV2 库中的"adaptiveThreshold( )"，输入自定义变量 g。

使用 CV2 库中的"imwrite( )"，输出自定义变量 b，生成任务要求图片"binary.jpg"。

代码展示：

```
b = cv2.adaptiveThreshold (~ g, 255, cv2.ADAPTIVE_THRESH_GAUSSIAN_C, cv2.THRESH_
BINARY, 35, -5)
cv2.imwrite(´binary.jpg´, b)
```

任务 2.1 实现效果见图 7-8。

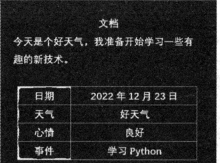

灰度化图-gray.jpg　　　　　　　二值化图-binary.jpg

图 7-8　任务 2.1 实现效果

任务 2.2:读取表格内文字-识别图片中的横线

任务描述:将图片转换为像素点,寻找连续点,确定横线位置。

操作步骤:

开始:复制上一任务代码,或在上一任务脚本中继续编写

(1)查看矩阵大小

自定义的变量名称:x ,y =x 行 y 列的矩阵

使用 numpy 库中的 shape 函数,它的功能是查看矩阵或者数组的维数,输入二值化结果 b。

查看图片二值化后形成矩阵的大小。查看矩阵大小代码见图 7-9。

代码展示:

```
x, y = b.shape
print (x, y)
```

图 7-9　查看矩阵大小代码展示

(2)定义获取区域的形状和尺寸(方形区域)

自定义的变量名称: scale =用于缩放的比例, x_zip =x 行缩放后的结果。

使用 CV2 库中的"getStructuringElement( )" ,输入 x//scale 得到对 x 缩放后方形结构元素。"getStructuringElement"函数的功能是返回指定形状和尺寸的结构元素,它的第一个参数表示内核的形状,有三种形状可以选择:矩形:MORPH_RECT;交叉形:MORPH_CROSS;椭圆形:MORPH_ELLIPSE。

第二和第三个参数分别是内核的尺寸以及锚点的位置。一般在调用 erode 以及dilate 函数之前,先定义一个 Mat 类型的变量来获得 getStructuringElement 函数的返回值:对于锚点的位置,有默认值 Point(-1,-1),表示锚点位于中心点。element 形状唯一依赖锚点位置,其他情况下,锚点只是影响了形态学运算结果的偏移。

这里我们定义描点为:(x//scale, 1)。

代码展示:

```
scale = 10
x_zip = cv2. getStructuringElement(cv2. MORPH_RECT, (x//scale, 1)
```

(3)通过侵蚀得到横线,使用 imwrite 函数保存图片

自定义的变量名称:erode_x =侵蚀后的结果。

使用 CV2 库中的 erode( ) ,输入自定义变量 b、x_zip。

通过"erode( )"侵蚀函数,可以消除原黑白图片中的毛刺等不平滑线条。

其中 iterations 表示的是侵蚀强度,值越高,侵蚀强度越高,只能为整数。

使用 CV2 库中的"imwrite( )",输出自定义变量 erode_x,生成图片 erode_x.png。

代码展示:

```
erode_x = cv2.erode(b, x_zip, iterations = 1)
cv2.imwrite('erode_x.png', erode_x)
```

(4)通过膨胀,对横线进行加粗加长,使用 imwrite 函数保存图片

自定义的变量名称:dilate_x = 膨胀后的结果。

使用 CV2 库中的"dilate( )",输入自定义变量 erode_x 、x_zip。

通过"dilate( )"膨胀函数,可以强化加粗加长黑白图片中的线条。

其中"iterations"表示的是膨胀强度,值越高,膨胀强度越高,只能为整数。

使用 CV2 库中的"imwrite( )",输出自定义变量"dilate_x",生成图片"dilate_x.png"。

代码展示:

```
dilate_x = cv2.dilate(erode_x, x_zip, iterations = 1)
cv2.imwrite('dilate_x.png', dilate_x)
```

识别横线效果图见图 7-10。

侵蚀后效果:erode_x.jpg   膨胀后效果:dilate_x.jpg

图 7-10　识别横线效果图

准备任务 2.3:读取表格内文字——识别图片中的纵线

任务描述:与横线处理方式相同,寻找连续点,确定纵线位置。

操作步骤:

开始:复制上一任务代码,或在上一任务脚本中继续编写

（1）定义获取区域的形状和尺寸（方形区域）

自定义的变量名称：scale =用于缩放的比例，y_zip =y 列缩放后的结果。

代码展示：

```
scale = 10
y_zip = cv2. getStructuringElement( cv2. MORPH_RECT, （1 ,y//scale） )
```

（2）通过侵蚀得到纵线

自定义的变量名称：erode_y = 侵蚀后的结果。

通过"erode( )"侵蚀函数,可以消除原黑白图片中的毛刺等不平滑线条。

使用 CV2 库中的"imwrite( )" ,输出自定义变量 erode_y ,生成图片 erode_y.png

代码展示：

```
erode_y = cv2. erode( b, y_zip, iterations = 1 )
cv2. imwrite( ´erode_y.png´,  erode_y)
```

（3）通过膨胀,对纵线进行加粗加长

自定义的变量名称：dilate_y = 膨胀后的结果。

通过"dilate( )"膨胀函数,可以强化加粗加长黑白图片中的线条。

使用 CV2 库中的"imwrite( )" ,输出自定义变量"dilate_y" ,生成图片"dilate_y. png"。

代码展示：

```
dilate_y = cv2. dilate （ erode_y , y_zip ,  iterations = 1 )
cv2. imwrite( ´dilate_y.png´, dilate_y)
```

识别纵线效果图见图 7-11。

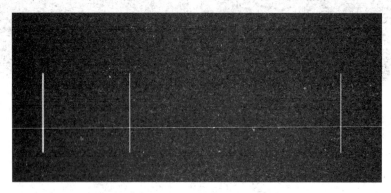

（a）侵蚀后效果:erode_y.jpg

（b）膨胀后效果：dilate_y.jpg

图 7-11　识别纵线效果图

准备任务 2.4：读取表格内文字——定位图片中表格的位置

任务描述：通过横线与总线的交点，确定表格位置。

操作步骤

开始：复制上一任务代码，或在上一任务脚本中继续编写。

（1）合并横纵线条

自定义的变量名称：bitwise_and ＝合并后的结果

使用 CV2 库中的 bitwise_and ，输入自定义变量 dilate_x、dilate_y，即输入膨胀后的结果。

使用 CV2 库中的"imwrite()" ，输出自定义变量 bitwise_and ，生成图片 合并.png。

代码展示：

```
bitwise_and = cv2.bitwise_and(dilate_x, dilate_y)
cv2.imwrite('合并.png', bitwise_and)
```

（2）尝试将已完成代码中的规模（scale）分别更改为 2/5/20/50，查看更改后合并效果（代码略）

合并横纵线条实现效果图见图 7-12。

图 7-12　合并横纵线条实现效果

准备任务 2.5:读取表格内文字——提取信息

任务描述:对表格运用文本转换技术将表格拆分为独立方框后,对每个方框运用一次任务 1 的文本转换技术。

(1)拆分:

将整张图转化为直角坐标系中的像素点;

通过任务 2.4,确定表格中每个单元格四个角的坐标;

按照此坐标,将单元格进行切分;

将每个小单元格图片切割保存,可用于查看单元格划分是否正确。

代码展示:

```
ys, xs = np.where(bitwise_and > 0)
y_point = []        #纵坐标
x_point = []        #横坐标
i = 0
sort_x_point = np.sort(xs)
for i in range(len(sort_x_point) - 1):
    if sort_x_point[i + 1] - sort_x_point[i] > 10:
        x_point.append(sort_x_point[i])
        i = i + 1
x_point.append(sort_x_point[i])
i = 0
sort_y_point = np.sort(ys)
for i in range(len(sort_y_point) - 1):
    if (sort_y_point[i + 1] - sort_y_point[i] > 10):
        y_point.append(sort_y_point[i])
        i = i + 1
```

```
y_point.append(sort_y_point[i])
data = [[] for i in range(len(y_point))]
for i in range(len(y_point) - 1):
    for j in range(len(x_point) - 1):
        cell = pic[y_point[i]:y_point[i + 1], x_point[j]:x_point[j + 1]]
        cv2.imwrite("sub_pic" + str(i) + str(j)+".png", cell)
```

提取图片内信息实现效果图见图 7-13。

图 7-13　提取图片内信息实现效果

（2）文本转换

自定义的变量名称：text1＝中文字符识别。

使用任务 1 中的文本转换方式，将每条读取文字存储于 data 中。

代码展示：

```
text1 = pytesseract.image_to_string(cell, lang="chi_sim")
    text1 = re.findall(r'[^\*"/:? \\|<>"' || \s<\n]', text1, re.S)
    text1 = "".join(text1)
    data[i].append(text1)
```

（3）保存

代码展示：

```
df = pd.DataFrame(data)
df = df.dropna(how='all')
print(df)
df.to_excel("输出.xlsx", encoding='utf-8-sig')
```

准备任务 3：照片练习——读取照片日期

任务描述：读取图片练习照片.jpg 中的拍摄日期。

操作步骤：

开始：新建脚本。

（1）引入所需库

exifread 用于读取和处理图片库用于读取照片 exif 信息。

Re 用于剔除文字中的乱码。

Urllib、requests 和库用于获取网页信息。

代码展示：

```
import exifread
import re
from urllib import parse
import requests
```

（2）导入照片

自定义的变量名称：photo_path：=练习照片.jpg 的路径，f=读取的 练习照片.jpg。

使用 open（）函数，打开 photo_path，即打开该路径下的文件。

open（）函数是 Python 内置函数，用于打开文件的操作。

rb 代表以二进制格式打开一个文件用于只读，默认模式为文件指针将会放在文件的开头，一般用于非文本文件如图片等。

代码展示：

```
photo_path = '图像技术在审计中的应用/练习用图片/练习照片.jpg'
f=open(photo_path, 'rb')
```

（3）提取日期信息

使用 exifread 读取照片 f 的 exif 信息。

提取"拍摄时间"信息

提取日期信息效果图见图 7-14。

图 7-14　提取日期信息实现效果

自定义的变量名称：tags=读取照片中的信息列表，photo_time=时间信息。

使用 exifread 库中的 process_file（）函数，读取 f 的 EXIF 信息。

stop_tag　代表停止读取的项目

代码展示:

```
tags = exifread.process_file( f, details＝False, stop_tag＝′GPS′)
photo_time = tags［ ′EXIF DateTimeDigitized′ ］
```

（4）打印查看结果（见图 7-15）

代码展示:

```
print（ ′拍摄时间:′, photo_time）
```

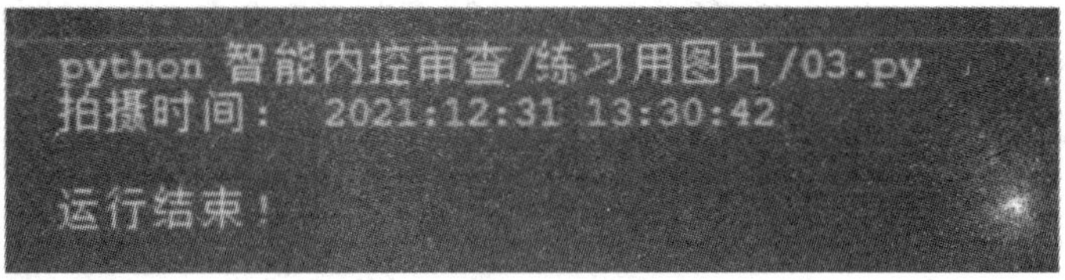

图 7-15　打印查看结果实现效果

准备任务 4:照片任务——读取照片地理位置

准备任务 4.1:读取经纬度信息

任务描述:通过 exifread 库读取照片经纬度信息。

操作步骤:

开始:复制上一任务代码,或在上一任务脚本中继续编写。

（1）读取经纬度信息

自定义的变量名称:Lat＝读取照片中 GPS 信息里的纬度信息,Lng＝读取照片中 GPS 信息里的经度信息。

代码展示:

```
Lat = tags［ ′GPS GPSLatitude′ ］
Lng = tags［ ′GPS GPSLongitude′ ］
```

（2）打印查看结果（见图 7-16）

代码展示:

```
print （ ′纬度:′,Lat ）
print （ ′经度:′, Lng）
```

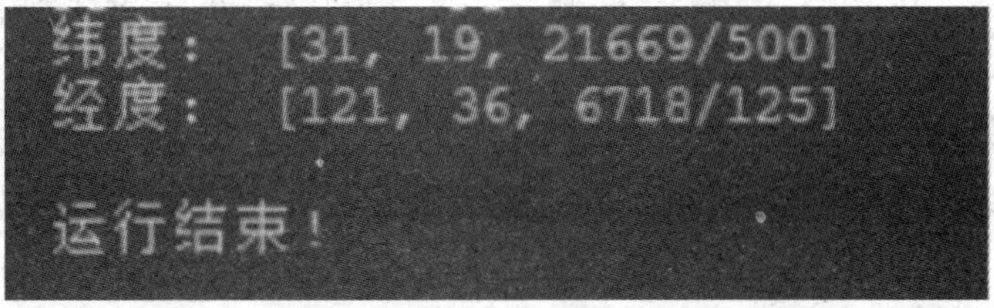

图 7-16　准备任务 4.1 打印查看结果实现效果

准备任务 4.2:转换经纬度信息

任务描述:将读取的"度、分、秒"格式经纬度数据转换为小数形式。

操作步骤:

开始:复制上一任务代码,或在上一任务脚本中继续编写

(1)转换纬度信息

自定义的变量名称:Lat2=从时分秒转换为小数形式后的纬度信息。

代码展示:

```
Lat = str( Lat ).replace( '[' , '' ).replace( ']' , '' )   # 转换格式
Lat2 = '%0.8f' % ( float( Lat.split( ',' )[ 0 ] )
                              + float( Lat.split( ',' )[ 1 ] ) / 60.00
                              + ( float( Lat.split( ',' )[ 2 ].split( '/' )[ 0 ] ) / float( Lat.split( ',' )[ 2 ].split
( '/' )[ 1 ] ) ) / 3600.00 )
print ( '纬度:' , Lat2 )
```

转换纬度信息效果图见图 7-17。

图 7-17 转换纬度信息实现效果

(2)转换经度信息

自定义的变量名称:Lng2=从时分秒转换为小数形式后的经度信息

代码展示:

```
Lng = str( Lng ).replace( '[' , '' ).replace( ']' , '' )   # 转换格式
Lng2 = '%0.8f' % ( float( Lng.split( ',' )[ 0 ] )
                              + float( Lng.split( ',' )[ 1 ] ) / 60.00
                              + ( float( Lng.split( ',' )[ 2 ].split( '/' )[ 0 ] ) / float( Lng.split( ',' )[ 2 ].
split( '/' )[ 1 ] ) ) / 3600.00 )
print( '经度:' , Lng2 )
```

转换经度信息实现效果图见图 7-18。

图 7-18 转换经度信息实现效果

准备任务 4.3：调用地图 API

任务描述：调用地图 API，获取地址文本数据。

【操作步骤】

开始：复制上一任务代码，或在上一任务脚本中继续编写。

（1）输入转换后的经纬度数据，调用地图 API

多数地图软件都提供通过经纬度查询地址的服务人们只要将需查询的经纬度输入地图 API，其就能返还该经纬度所对应的地理位置查询网页，这里以百度地图 API 为例。

注意：从地图软件获取的经纬度信息已经过处理，会与真实地址存在 1~2 千米的偏差。

自定义的变量名称：url＝百度 API 地址。

代码展示：

```
url = 'http://api.map.baidu.com/geocoder? location=%s,%s&output=html&src=webapp.baidu.openAPI-demo' % (Lat2, Lng2)
print('图片拍摄地址访问网址：', url)
```

调用地图 API 的效果图见图 7-19。

图 7-19　调用地图 API 实现效果图

（2）获取地址信息

自定义的变量名称：photo_location＝返回的查询地址（字符串形式）。

使用 requests 库中 get() 函数，获取网页内容。

最通常的方法是通过 request.get(url) 构造一个向服务器请求资源的 url 对象参数解释：

url：需要爬取的网站地址。

params：url 中的额外参数，字典或者字节流格式，非必填参数。

控制访问的参数，是非必填参数。allow_redirects 属于控制访问参数，作用设置是否重定向，在发出请求后，服务器会下发一个新的请求链接，如果接收新连接，则这里选择 True。

Python 中常用使用 quote() 进行编码，unquote() 进行解码，这里使用 unquote() 对获取的网址进行解码。

搜索网页中 title＝的内容（因为地图 API 位置信息位于 title 后）。

打印查看结果（见图 7-20）。

代码展示：

```
url = parse.unquote(requests.get(url, allow_redirects=True).url)
photo_location = re.search(r'title=(.*?)&', url).group(1)
print('照片地址：', photo_location)
```

图 7-20　获取地址信息实现效果图

7.3　方案设计

任务描述：

根据 7.2 的需求分析，设计案例 7.2 明康集团 2021 年存货盘点项目需求的流程。

操作步骤：

①点击【开始任务】，进入【流程画布】；

②在画布左上方的名称输入框中输入画布名称；

③在流程图绘制区域下方的【输入】框中输入整个流程的原始输入信息；

④在流程图绘制区域下方的【输出】框中输入整个流程最终的输出成果信息；

⑤在流程图绘制区域完成流程图绘制；

⑥点击画布左上方的【保存流程图数据】，保存绘制的流程图信息；

⑦点击画布右上方的【保存画布】，保存整个画布，点击【导出画布】，将画布以图片的形式下载，用于后续项目报告。

参考流程图见图 7-21。

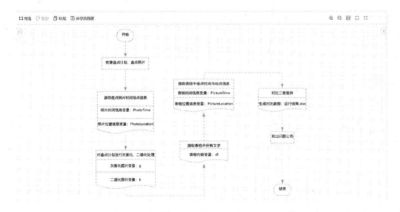

图 7-21　明康集团存货盘点项目流程图

7.4　技术实现

根据 7.3 方案设计的流程，将案例 7.2 明康集团存货盘点案例分解成以下四个任务，如图 7-22 所示。

图 7-22 案例任务分解

7.4.1 任务 1:建立照片读取函数

任务描述:

根据案例资料,建立读取盘点照片中时间、地点信息的函数。

【操作步骤】

开始:新建脚本。

(1)引入所需库

exifread 用于读取和处理图片库用于读取照片 exif 信息。

Re 用于剔除文字中的乱码。

Urllib、requests 和库用于获取网页信息。

代码展示:

```
import exifread
import re
from urllib import parse
import requests
```

(2)定义函数

自定义的变量名称:photo_path=照片所存储的路径,s1=输出的结果数据。

自定义的函数名称:PhotoLocationTime:读取照片中的地址和时间信息的函数

代码详解:

通过定义 def …()函数的方式,将练习任务中读取照片 EXIF 信息的整段代码转换为函数 PhotoLocationTime()。

只有照片本身包含 EXIF 信息,相关应用才可以通过代码取得时间和地理位置信息,因此我们通过 with as:、try:、except 来进行判定。

如果不包含该信息,则返回"ERROR:请确保照片包含经纬度等 EXIF 信息。

如果包含时间和地理位置信息,则通过 return 返回 photo_time,photo_location 的值。

将准备任务中 f=open(photo_path, ´rb´)更改为 with open(photo_path, ´rb´) as f:。

将准备任务中的 print()注释或删除。

代码展示:

```
def PhotoLocationTime(photo_path):
    with open(photo_path, ´rb´) as f:
        tags = exifread.process_file(f, details =False, stop_tag = "GPS")
    try:
#读取时间
        photo_time = tags[´EXIF DateTimeDigitized´]
    #    print(´图片拍摄时间´, photo_time)
#读取 GPS
        Lat = tags[´GPS GPSLatitude´]
```

```
            Lng = tags[ ´GPS GPSLongitude´ ]
#转换 GPS
            Lat = str( Lat ).replace( ´[´, ´´).replace( ´]´, ´´)    # 转换格式
            Lat2 = ´%0. 8f´ % ( float( Lat.split( ´,´)[ 0])
                                   + float( Lat.split( ´,´)[ 1]) / 60. 00
                                     + ( float( Lat.split( ´,´)[ 2].split( ´/´)[ 0]) / float( Lat.split( ´,´)
[ 2].split( ´/´)[ 1])) / 3600. 00)
            Lng = str( Lng ).replace( ´[´, ´´).replace( ´]´, ´´)    # 转换格式
            Lng2 = ´%0. 8f´ % ( float( Lng.split( ´,´)[ 0])
                                   + float( Lng.split( ´,´)[ 1]) / 60. 00
                                     + ( float( Lng.split( ´,´)[ 2].split( ´/´)[ 0]) / float( Lng.split( ´,´)
[ 2].split( ´/´)[ 1])) / 3600. 00)



#调用 API
            url = ´http://api. map. baidu. com/geocoder? location =% s,% s&output = html&src = webapp.
baidu.openAPIdemo´ % ( Lat2, Lng2)

            url = parse.unquote( requests.get( url, allow_redirects =True).url)
            photo_location = re.search( r´title =(. * ?)&´, url).group( 1)
#      print( ´照片地址:´, photo_location)
            return   photo_time, photo_location
      except KeyError:
            print( "ERROR:请确保照片包含经纬度等 EXIF 信息。")
```

(3)测试函数效果

python 文件通常有两种使用方法,第一种是作为脚本直接执行,之前练习的是直接执行脚本;而第二种是通过 import 到其他的 python 脚本中被调用执行,之前的练习中我们调用了很多开源通用的脚本(库、包、模块、类、函数)。此任务中编写的函数脚本将在之后的任务中进行调用从而完成批量处理的工作。

而 if name == ´main´:的作用就是控制这两种情况执行代码的过程,在 if name == ´main´:下的代码只有在第一种情况下(直接执行脚本时)才会被执行,而 import 到其他脚本中是不会被执行的。因此我们将需要测试的图片路径录入在 if name == ´main´:后,运行脚本查看代码效果,效果满意后再在其他脚本中调用。测试函数实现效果图见图 7-23。

代码展示:

```
if __name__ == ´__main__´:
        photo_path =´图像技术在审计中的应用/案例用图片/1/001. jpg´   # 图片位置
        s1 = PhotoLocationTime( photo_path)
    print( s1)
```

图 7-23   测试函数实现效果图

(4)修改脚本名称

将脚本名称更改为 PhotoLocationTime,以便后续任务调用。

7.4.2　任务2:建立图片读取函数

任务描述:

根据案例资料,建立读取盘点计划表格中时间、地点信息的函数。明康集团子公司盘点计划扫描件见图7-24。

上海明康检验有限公司

财字【2021】013号

存货盘点计划

一、盘点目的

为加强存货管理,保障存货的完整性、准确性,真实地反映存货的结存及利用状况,特制定本次盘点计划。

二、盘点时间、地点、人员安排

盘点日期	负责人	参与人员	盘点地点
2021年12月31日	刘维	金进、王娜娜	上海市浦东新区富特中路298号

盘点人员包括采购储运部、预算财务部。请各部门组织相关人员配合盘点。

三、盘点范围

对各仓库所有存货,包括原材料,半成品,产成品实行全面盘点。对需要报废的存货,经质检人员检查后单独存放,待报废处理审批手续办妥后进行处理。

四、盘点程序

盘点前:

1. 由盘点工作组制定存货盘点计划:包括盘点的时间、参与人员、范围、程序。

2. 存货盘点前的准备工作

图7-24　明康集团子公司盘点计划扫描件

【操作步骤】

开始:新建脚本

(1)引入所需库

CV2用于读取和处理图片。

pytesseract用于图片转文字(OCR库)。

Re用于剔除转换后文字中的乱码。

Numpy、pandas 用于数据操作。

代码展示：

```
import cv2
import pytesseract
import re
import numpy as np
import pandas as pd
```

（2）定义函数

自定义的变量名称：picture_path＝图片所存储的路径，data：输出的结果数据。

自定义的函数名称：

PictureLocationTime：读取图片中的地址和时间信息的函数。

代码详解：

通过定义 def …( )函数的方式，将练习任务中读取表格内文字信息的整段代码转换为函数 PictureLocationTime( )；将准备任务中的 print( )、cv2. imwrite( )注释或删除。

注意：练习任务中多步骤代码包含生成图片的语句 cv2. imwrite( )，该语句是为了方便查看代码效果，在批量使用自定义函数时应删除此语句，否则将产生数千张图片，导致电脑崩溃。例如：分割读取中包含 cv2. imwrite(" sub_pic" + str(i) + str(j) +". png"，cell)，我们应将该行代码注释或删除掉。

代码展示：

```
def PictureLocationTime( picture_path) :
# 读图和配置环境
        pic = cv2. imdecode( np.fromfile( picture_path,dtype＝np.uint8) , 1 )
        path = r"/usr/bin/tesseract"   # 配置安装路径
        pytesseract.pytesseract.tesseract_cmd = path

# 灰度和二值化
        g = cv2. cvtColor( pic, cv2. COLOR_BGR2GRAY )
          B = cv2. adaptiveThreshold ( ~ g, 255, cv2. ADAPTIVE _ THRESH _ GAUSSIAN _ C,
cv2. THRESH_BINARY, 35, -5)

        x, y = b.shape
  #      print (x, y)
# 横线
        scale＝10
        x_zip = cv2. getStructuringElement( cv2. MORPH_RECT, (x//scale, 1))
        erode_x = cv2. erode( b, x_zip, iterations＝1)
        dilate_x = cv2. dilate( erode_x,x_zip, iterations＝1)
# 纵线
        scale＝10
        y_zip = cv2. getStructuringElement( cv2. MORPH_RECT, (1 ,y//scale))
        erode_y = cv2. erode( b, y_zip, iterations＝1)
        dilate_y = cv2, dilate ( erode_y , y_zip ,   iterations＝1)
        bitwise_and = cv2. bitwise_and( dilate_x, dilate_y)
        ys, xs = np.where( bitwise_and > 0)
# 分割读取
        y_point = [ ]     # 纵坐标
        x_point = [ ]     # 横坐标
        i = 0
```

```python
        sort_x_point = np.sort(xs)
        for i in range(len(sort_x_point) - 1):
            if sort_x_point[i + 1] - sort_x_point[i] >10:
                x_point.append(sort_x_point[i])
                i = i + 1
        x_point.append(sort_x_point[i])
        i = 0
        sort_y_point = np.sort(ys)
        for i in range(len(sort_y_point) - 1):
            if (sort_y_point[i + 1] - sort_y_point[i] > 10):
                y_point.append(sort_y_point[i])
                i = i + 1
        y_point.append(sort_y_point[i])
        data = [[] for i in range(len(y_point))]
        for i in range(len(y_point) - 1):
            for j in range(len(x_point) - 1):
                cell = pic[y_point[i]:y_point[i + 1], x_point[j]:x_point[j + 1]]
                text1 = pytesseract.image_to_string(cell, lang="chi_sim")
                text1 = re.findall(r'[^\*"/:? \\|<>"' || \s<\n]', text1, re.S)
                text1 = "".join(text1)
                data[i].append(text1)
# 存储
        df = pd.DataFrame(data)
        df = df.dropna(how='all')
#       print(df)
        return  df
```

(3)测试函数效果(见图7-25)

```python
if __name__ == '__main__':
    picture_path = '图像技术在审计中的应用/案例用图片/1/1_01.jpg'
    data = PictureLocationTime(picture_path)
print(data)
```

图 7-25　任务 2 实现效果图

(4)修改脚本名称

将脚本名称更改(见图7-26)为PictureLocationTime,以便后续任务调用。

图 7-26　修改脚本名称效果图

7.4.3　任务 3：单图信息比对

任务描述：

对比案例文件 1（图 7-3 和 7-4）中的照片与图片。

①对案例照片使用读取照片时间、地理位置的函数。

②对案例图片使用读取图片时间、地理位置的函数。

③对比图片时间、位置信息与照片内存信息的差异。

【操作步骤】

开始：新建脚本。

（1）引入所需库

fuzzywuzzy 用于进行模糊匹配。

PictureLocationTime 前任务建立。

PhotoLocationTime 前任务建立。

datetime 用于更改时间格式。

代码展示：

```
from fuzzywuzzy import fuzz
from PictureLocationTime import PictureLocationTime
from PhotoLocationTime import PhotoLocationTime
from datetime import datetime
```

（2）调用读取照片时间、地点的函数

已知 PhotoLocationTime 输入为照片路径，输出为时间、地理位置。

自定义的变量名称：photo_time＝存储函数输出的时间信息，photo_location＝存储函数输出的位置信息，PhotoTime＝经过调整后输出的照片时间，PhotoLocation＝经过调整后输出的照片地址。

代码详解：

由于 EXIF 中时间信息为年、月、日、时、分、秒，而盘点文档中时间信息仅包含年、月、日，因此照片 EXIF 中的时间信息调整为年、月、日格式。通过 datetime 中定义 strptime( ) 函数，将照片时间调整为年、月、日格式。

为了保证时间和地址信息中不包含"空格"，对 PhotoTime、photo_location 使用 strptime( )函数。

代码展示：

```
# 照片路径
photo_path = ´图像技术在审计中的应用/案例用图片/1/001.jpg´  # 拍摄照片位置
# 调用函数
photo_time , photo_location = PhotoLocationTime( photo_path)
# 调整数据格式
PhotoTime = datetime.strptime( str( photo_time) , ´%Y:%m:%d %H:%M:%S´)
PhotoTime = str( PhotoTime.year) +´年´+str( PhotoTime.month) +´月´ +str( PhotoTime.day) +´日´
PhotoTime = PhotoTime.strip( )
PhotoLocation=photo_location.strip( )
# 打印查看调用结果
print( ´照片信息´,PhotoTime , PhotoLocation)
```

照片信息实现效果图见图 7-27。

图 7-27　照片信息实现效果图

（3）调用读取图片时间、地点的函数（见图 7-28）

自定义的变量名称：PictureDataFrame＝存储函数输出的表格，PictureTime＝表格中时间信息，PictureLocation＝表格中位置信息。

代码详解：

图 7-28　调用读取图片时间地点实现效果图

找到表格中时间信息（第 1 行，第 0 列），地理位置信息（第 1 行，第 3 列）。

通过 iloc 进行截取，分别保存于 PictureTime、PictureLocation 中。

为了保证时间和地址信息中不包含"空格"，对 PictureTime、PictureLocation 使用 strptime( )函数。

代码展示：

```
# 图片路径
picture_path = '图像技术在审计中的应用/案例用图片/1/1_01. jpg'
# 调用函数
PictureDataFrame = PictureLocationTime( picture_path)
# 调整数据格式
PictureTime = PictureDataFrame.iloc[1, 0]
PictureTime = PictureTime.strip( )
PictureLocation = PictureDataFrame.iloc[1, 3]
PictureLocation = PictureLocation.strip( )
# 打印查看调用结果
print('图片信息', PictureTime, PictureLocation)
```

照片及图片调用实现效果图见图 7-29。

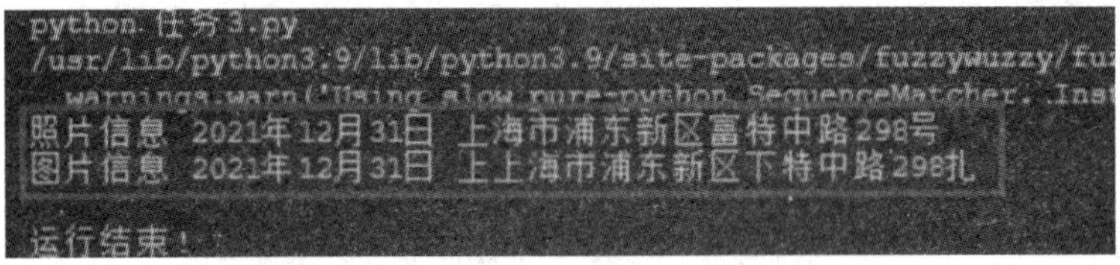

图 7-29　照片及图片调用实现效果图

（4）使用 fuzzywuzzy 库进行模糊匹配

自定义的变量名称：time_match = 时间模糊匹配得分，location_match = 地理位置模糊匹配得分。

代码详解：

fuzz 中的 ratio(x, y)函数用于直接计算 x 和 y 之间的相似度，返回值为 0~100，100 表示完全相同。

对 PhotoTime 和 PictureTime、PhotoLocation 和 PictureLocation 使用该函数，获得匹配度得分。

通过 if/else 对打分进行判断。

由于使用的图像识别引擎对于数字的识别准确性较强，因此仅当匹配得分为 100 分时，才认为匹配合格，其他则不合格。

由于使用的图像识别引擎对于中文的识别准确性较弱，且经纬度复原位置信息存在指定偏差，因此将匹配得分定为 60 分，即相似度高于 60 分为合格，其余为不合格。

代码展示：

```
# 日期的比对
time_match = fuzz.ratio( PhotoTime, PictureTime)
print('日期匹配得分', time_match)
if time_match == 100:
    print('日期匹配合格')
else:
    print('日期匹配不合格')
# 位置的比对
location_match = fuzz.ratio( PhotoLocation, PictureLocation)
print('地址匹配得分', location_match)
```

```
if location_match>=60:
    print('地址匹配合格')
else:
print('地址匹配不合格')
```

模糊匹配实现效果图见图 7-30。

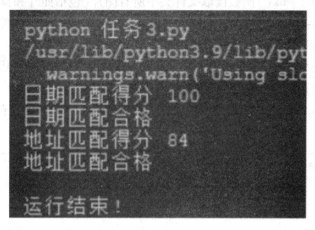

图 7-30　模糊匹配实现效果图

7.4.4　任务 4:多图信息比对

任务描述:

引用函数,将结果进行对比。

①对案例照片批量使用读取照片时间、地理位置的函数。

②对案例图片批量使用读取图片表格内时间、地理位置的函数。

③对比图片表格内时间、位置信息与照片内存信息的差异。

操作步骤:

开始:新建脚本。

(1)引入所需库

fuzzywuzzy 用于进行模糊匹配。

PictureLocationTime 前任务建立。

PhotoLocationTime 前任务建立。

datetime 用于更改时间格式。

OS 用于处理文件夹。

pandas 用于处理数据。

代码详解:

```
from fuzzywuzzy import fuzz
from PictureLocationTime import PictureLocationTime
from PhotoLocationTime import PhotoLocationTime
from datetime import datetime
import os
import pandas as pd
```

(2)提取文件内每张照片的时间、地址信息

自定义的变量名称：file_list = 文件名列表，res_list = 最终形成的数据表，files = 文件名，save_list = 每次循环的数据。

代码详解：

通过 OS 库中的 walk( )函数读取文件夹中所有图片(包括照片和盘点计划)。

使用 for…in 循环，对"案例用图片"文件夹下的所有文件进行同样的处理。

使用 sorted( )对文件夹内文件名进行排序。

对每个文件夹中第一个(files[0])文件(即该公司盘点现场照片)进行信息提取。

照片信息提取过程已于前任务练习。

将文件名 files[0]、通过函数提取的 PhotoTime、PhotoLocation 信息存储于 save_list。

代码展示：

```
file_list = os.walk('图像技术在审计中的应用/案例用图片')
res_list = [ ]
for root, dirs, files in file_list:
    if files:
        save_list = [ ]
        files = sorted(files)
        photo_path = root + '/' + files[0]    # 照片的路径
        # 通过函数取得地址和时间信息
        photo_time , photo_location = PhotoLocationTime(photo_path)
        PhotoTime = datetime.strptime(str(photo_time) , '%Y:%m:%d %H:%M:%S')
        PhotoTime = str(PhotoTime.year)+'年' +str(PhotoTime.month)+'月'  +str(PhotoTime.day)+'日'
        PhotoTime = PhotoTime.strip( )
        PhotoLocation=photo_location.strip( )
        save_list.append(files[0])
        save_list.append(PhotoTime)
        save_list.append(PhotoLocation)
```

(3)提取文件内每张图片的表格内时间、地点信息

图片表格信息提取过程已于前任务练习。

对每个文件夹中第二个(files[1])文件(该公司盘点计划的第一页)进行信息提取。

将通过函数提取的 PictureTime、PictureLocation 信息存储于 save_list。

代码展示：

```
        picture_path = root + '/' + files[1]    # 图片的路径
        # 通过函数取得地址和时间信息
        PictureDataFrame= PictureLocationTime(picture_path)
        PictureTime = PictureDataFrame.iloc[1, 0]
        PictureTime = PictureTime.strip( )
        PictureLocation = PictureDataFrame.iloc[1, 3]
        PictureLocation = PictureLocation.strip( )
        save_list.append(PictureTime)
        save_list.append(PictureLocation)
```

(4)进行信息匹配

使用 fuzz 中的 ratio( )分别对 PhotoTime 和 PictureTime、PhotoLocation 和 PictureLocation

进行打分,该过程已在前面任务中练习。

将打分结果(合格、不合格)存储于 save_list ,将包含多条数据的 save_list 存储为 res _list 。

每次循环将获得【文件夹名、照片拍摄日期、照片拍摄地点、盘点日期、盘点地址、日期匹配度、日期判断结果、文本匹配度、文本判断结果】这样一条列表数据(存储于 save_ list)。

res_list 存储了 20 条 save_list 数据。

由于多图识别耗时较长,通过 print('文本匹配得分')的方式,打印显示进程,区分系统是否正常运行。

代码展示:

```
# 时间匹配,如果相似度为 100,则合格,否则不合格。
    time_match = fuzz.ratio(PhotoTime,PictureTime)
    save_list.append(time_match)
    if time_match == 100:
save_list.append('合格')
    else:
        save_list.append('不合格')
# 地理位置匹配,如果相似度大于 60,则合格,否则不合格。
    location_match = fuzz.ratio(PhotoLocation,PictureLocation)
    save_list.append(location_match)
    print('文本匹配得分',location_match)
    if location_match>=60:
        save_list.append('合格')
    else:
        save_list.append('不合格')
    # 一套图读取内容传入 res_list 中
    res_list.append(save_list)
```

(5)综合判断并保存

将 res_list 构建为数据表;列名分别为'公司序号','照片拍摄日期','照片拍摄地点','盘点日期','盘点地址','日期匹配度','日期判断结果','文本匹配度','文本判断结果'。

进行综合判断:当日期判断结果和文本判断结果都为合格时,综合判断为合格;其余情况综合判断都将为不合格。

将结果保存为 Excel 文件。

代码展示:

```
df = pd.DataFrame(res_list)
df.columns = ['公司序号','照片拍摄日期','照片拍摄地点','盘点日期','盘点地址','日期匹配度',
'日期判断结果','文本匹配度','文本判断结果']
# 只有日期合格 地址合格 最终结果才会合格
df['综合判定结果'] = df.apply(lambda x:'合格' if x['日期判断结果']=='合格' and x['文本判断结果']=='合格' else '不合格', axis=1)
df.to_excel('运行结果.xlsx', index=False, encoding='utf-8-sig')
```

文本匹配实现效果图见图 7-31,文本匹配 Excel 实现效果图见图 7-32。

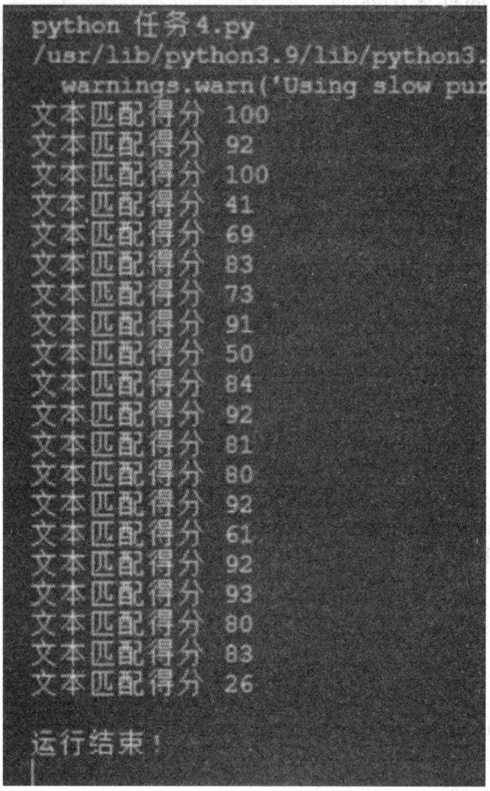

图 7-31　文本匹配实现效果图

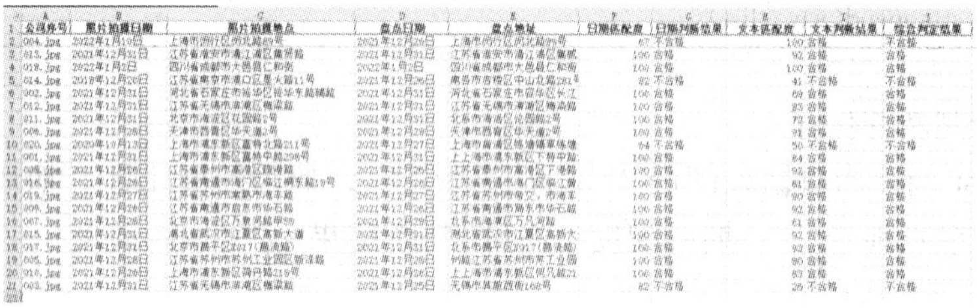

公司序号	照片拍摄日期	照片拍摄地点	盘点日期	盘点地址	日期匹配度	日期判断结果	文本匹配度	文本判断结果	综合判定结果
004.jpg	2022年1月10日	上海市闵行区虹北路69号	2021年12月26日	上海市闵行区虹北路69号	67	不合格	100	合格	不合格
013.jpg	2021年12月31日	江苏省淮安市清江浦区淮海路	2021年12月31日	江苏省淮安市清江浦区淮威	100	合格	92	合格	合格
018.jpg	2022年1月2日	四川省成都市大邑县仁和街	2022年1月2日	四川省成都市大邑县仁和街	100	合格	100	合格	合格
014.jpg	2019年12月20日	江苏省南京市浦口区星火路11号	2021年12月26日	南昌市青梅区中山北路281号	82	不合格	41	不合格	不合格
002.jpg	2021年12月31日	河北省石家庄市裕华区裕华东路辅路	2021年12月31日	河北省石家庄市裕华区长江	100	合格	69	合格	合格
012.jpg	2021年12月31日	江苏省无锡市滨湖区梅梁路	2021年12月31日	江苏省无锡市滨湖区梅梁路	100	合格	83	合格	合格
011.jpg	2021年12月31日	北京市海淀区花园路2号	2021年12月31日	北京市海淀区花园路2号	100	合格	73	合格	合格
006.jpg	2021年12月28日	天津市西青区华天道2号	2021年12月28日	天津市西青区华天道2号	100	合格	91	合格	合格
020.jpg	2020年10月13日	上海市浦东新区高特北路211号	2021年12月27日	上海市青浦区练塘镇章练塘	64	不合格	50	不合格	不合格
001.jpg	2021年12月31日	上海市浦东新区高特中路298号	2021年12月31日	上上海市浦东新区下特中路	100	合格	84	合格	合格
008.jpg	2021年12月26日	江苏省泰州市高港区路港路	2021年12月26日	江苏省泰州市高港区丁港路	100	合格	92	合格	合格
016.jpg	2021年12月26日	江苏省南通市海门区临江镇东路19号	2021年12月26日	江苏省南通市海门区临江镇	100	合格	81	合格	合格
019.jpg	2021年12月27日	江苏省苏州市常熟市海事路	2021年12月27日	江苏省苏州市常熟，市海事	100	合格	80	合格	合格
009.jpg	2021年12月26日	江苏省南通市启东市华石路	2021年12月26日	江苏省南通市启东市华石路	100	合格	92	合格	合格
007.jpg	2021年12月28日	北京市海淀区万泉河路甲55	2021年12月28日	北京市海淀区万泉河路	100	合格	61	合格	合格
015.jpg	2021年12月31日	湖北省武汉市江夏区高新大道	2021年12月31日	湖北省武汉市江夏区高新大	100	合格	92	合格	合格
017.jpg	2021年12月31日	北京市昌平区2017(燕清路)	2021年12月31日	北京市昌平区2017(燕清路)	100	合格	93	合格	合格
005.jpg	2021年12月28日	江苏省苏州市苏州工业园区星湖路	2021年12月28日	州路江苏省苏州市苏工业园	100	合格	80	合格	合格
010.jpg	2021年12月26日	上海市浦东新区祥科路215号	2021年12月26日	上上海市浦东新区祥凡路21	100	合格	83	合格	合格
003.jpg	2021年12月31日	江苏省无锡市滨湖区梅梁路	2021年12月25日	无锡市其他西街168号	82	不合格	26	不合格	不合格

图 7-32　文本匹配 Excel 实现效果图

第 8 章

员工舞弊识别

本章学习目标

■了解舞弊对企业的危害及反舞弊的重要性,区分主要的反舞弊手段及控制效果,了解国内大型企业的反舞弊现状;

■了解实训项目的任务背景及内容,分析项目任务并对项目任务进行分解,规划项目进程,分析实现项目的主要途径及完成项目任务所需的技术和工具;

■掌握舞弊及员工舞弊的内涵,了解常见的员工舞弊类型,掌握舞弊产生的要素;

■掌握 Python 中的 PyOD 库、KNN 算法等技术和工具;

■通过实训项目,掌握如何使用大数据相关技术和工具进行员工舞弊的识别,并最终得出相应结论,达到审计目标。

近年来,国内外舞弊事件频频发生,全流程、全链条式的造假成为趋势。员工舞弊是财务舞弊的类型之一,也反映了企业内部控制的缺陷。本章将以新道集团内部审计部门识别员工舞弊项目为案例,基于相关知识背景,运用相关大数据技术与工具对员工舞弊的迹象进行识别,以达到企业内部审计目标。

8.1 项目导入

8.1.1 项目引例

案例一:2022 年 ACFE 全球舞弊调查报告

舞弊是企业内部治理的顽疾,已成为全球性的焦点问题。据美国注册舞弊审查师协会(ACFE)发布的《2022 年 ACFE 全球舞弊调查报告》(以下简称《报告》),舞弊给包括政府和企业在内的各类组织带来的经济损失约为其全年总收入的 5%,这一数据与 2020 年数据持平,每起案件的平均损失为 1 783 000 美元,这一数据与 2020 年相比有 18% 的上升,说明舞弊损失的影响有一定扩大。舞弊不仅使企业蒙受直接损失与处罚损失,还导致严重的声誉损失,对企业的资本市场与产品市场均造成不利影响,严重损害企业价值、阻碍企业发展。

（1）反舞弊控制手段

《报告》指出,81% 的受害组织在发现舞弊之后调整了反舞弊手段。其中:75% 的组织增加管理层审核的流程;64% 的组织增加主动的数据监测与分析;54% 的组织增加突击审计;48% 的组织增加内审部门;42% 的组织增加反舞弊培训。

（2）控制效果

据统计,最高效的舞弊行为控制手段是"主动的数据监测与分析",其可缩短 56% 的时间快速发现舞弊行为;其次是突击审计和轮岗,可缩短 50% 的时间。轮岗可有效减少 54% 的舞弊损失,举报热线和突击审计可有效减少 50% 的损失,主动的数据监测与分析可有效减少 47% 的损失。

随着反舞弊风暴席卷全世界,人们对舞弊愈发重视,对其危害的认识也逐渐深入。以 TCL、腾讯等为代表的多家知名公司积极进行反舞弊建设,相继发布《反舞弊通报》,公布各自对公司内舞弊行为的查处情况,对舞弊人员的处理结果,具体包括被解聘并永不录用处理、移送公安机关处理、依法追究刑事责任等。

案例二:TCL 集团触犯"红线"案件

2021 年 12 月 30 日,TCL 发布《2021 年反舞弊通报》。2021 年,TCL(集团)共查处触犯"红线"案件 30 宗,其中 38 人被开除,8 人因涉嫌违法犯罪被移送司法机关,2 人已被判刑。TCL 历来要求员工重信守诺、求真务实、廉洁自律。TCL 对于违法乱纪、触犯"红线"、损害公司利益的行为,秉持"零容忍"态度,坚持依法依纪、实事求是,坚决重拳打击。

案例三:腾讯高压线

2022 年 1 月,腾讯集团发布反舞弊通报。通报称,2021 年全年,腾讯反舞弊调查部共发现并查处触犯"腾讯高压线"案件 50 余起,近 70 人因触犯"腾讯高压线"被辞退,10 余人因涉嫌犯罪被移送公安机关处理。

腾讯表示,员工行为一旦触犯"腾讯高压线",一律解聘处理,永不录用。涉案的外部公司,也会被列入公司黑名单,永不合作。一旦发现涉嫌违法犯罪的,公司必将其移送司法机关追究法律责任,同时也会密切配合警方,抓捕涉案的外部人员。

案例四:小米集团制定"制度红线"

2022 年 2 月,小米在其官方公众号"阳光小米"上发布年度违规违纪案件通报。通报显示,2021 年全年,小米安全监察部共查处 139 起违规违纪案件,其中移送司法机关处理 8 起 31 人,辞退员工 19 人,劝退员工 9 人,警告处分 69 人。上述违规问题主要集中在非国家工作人员受贿、职务侵占等方面。

集团安全监察部将按照国家法律、公司规章制度,不断加强反贪腐、查舞弊的工作,对举报、发现的线索一个也不放过,核实一个就坚决查处一个,以"零容忍"态度对待舞弊腐败行为。

8.1.2 员工舞弊

（1）舞弊的内涵

根据注册舞弊审查师协会（ACFE）的定义，广义的会计舞弊行为分为三大类别：腐败、挪用资产和财务报表舞弊。美国《国家审计准则第82号通知》对舞弊的定义是：为了得到他人的信任，故意歪曲事实真相，并且明知其行为是违法的或者错误的，舞弊者因此行为获得利益，同时第三者因此行为造成损失。我国审计准则《财务报表审计中对舞弊的考虑》对舞弊的界定：舞弊是指被审计单位的管理层、治理层、员工或第三方使用欺骗手段获取不正当或非法利益的故意行为。

（2）员工舞弊

员工舞弊是指公司内部的雇员，以欺骗性的手段不正当地获取组织的钱财或其他财产的行为，如贪污，受贿，以权谋私，挪用资金等行为。员工舞弊又称非管理层舞弊，舞弊者为公司员工，而公司为受害者。员工舞弊又区别于管理层舞弊。管理层舞弊是指管理当局故意通过具有严重误导性质的财务报表损害投资者和债权人的行为，也称为财务报告舞弊。

①常见的员工舞弊类型。

常见的员工舞弊类型包括挪用、浪费公司资金和财务；行贿、受贿、索贿；发展裙带关系、利益集团；私占公司资金收入；违规报销费用；虚构交易，套取资金；干预工程、采购等工作；安插空饷人员等。具体见表8-1。

表8-1　常见员工舞弊类型

类型	表现
挪用、浪费公司资金、财物	盗窃、挪用公司的资金、物资，并通过资产丢失、损坏、自然灾害等名义加以掩饰；或故意不合理使用资金、物资，浪费公司资源
行贿、受贿、索贿	以各种方式方法直接、间接、变相地行贿、受贿、索贿，为个人牟取利益，干扰公司经济业务的正常运行
发展裙带关系、利益集团	利用职务之便，在组织内安插自己的亲戚、朋友，在组织外设置上下游公司，形成利益集团，转移公司利润，或侵占公司的市场和业务，为自己的利益集团牟利
私占公司资金收入	利用职务之便，将公司的收入不上交或少交，据为己有；或与组织内部员工相互串通，私自设立小金库，侵占公司财产
违规报销费用	违反相关制度规定，弄虚作假、替票，违规报销不合理的费用，如违规报销招待费、餐饮费、差旅费、采购费、租赁费、维修费、加油费、个人生活用品费等相关费用
虚构交易，套取资金	内外部相互串通勾结，以签订虚假合同、虚开发票、虚假单据、虚假流程等虚构业务事项，套取公司资金
干预工程、采购等工作	违反相关制度规定，干预公司工程、采购招标，与承包商、供应商相互串通勾结，虚假招标、比价，不严格验收等，牟取不当利益
安插空饷人员	办理虚假入职、离职手续，制定虚假员工档案，故意虚报入职时间或离职时间，私自安插空饷人员吃空饷，贪污空饷工资

②舞弊产生的要素。

关于企业舞弊行为的成因,理论界提出了企业舞弊形成的三角理论(见图 8-1)、GONE 理论和企业舞弊风险因子理论等许多著名的理论。舞弊形成的三角理论在解释舞弊成因方面具有较大的权威性,其是由 ACFE 的创始人 Albrecht 博士提出。他认为,企业舞弊的产生是由压力(Pressure)、机会(Opportunity)和自我合理化(Rationalization)三要素组成。中国财政部 2006 年颁布的《中国注册会计师审计准则第 1141 号——财务报表审计中对舞弊的考虑》第十二条,指出,舞弊的发生通常涉及下列因素:(一)动机或压力;(二)机会;(三)借口。

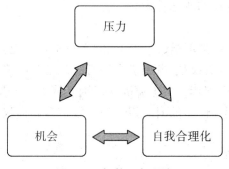

图 8-1　舞弊三角理论

压力:压力要素是企业舞弊者的行为动机。刺激个人为其自身利益而进行企业舞弊的压力大体上可分为四类:经济压力,恶癖的压力,与工作相关的压力和其他压力。

机会:机会要素是指可进行企业舞弊而又能掩盖起来不被发现或能逃避惩罚的时机,主要有六种情况:缺乏发现企业舞弊行为的内部控制,无法判断工作的质量,缺乏惩罚措施,信息不对称,能力不足和审计制度不健全。

借口:在面临压力、获得机会后,真正形成企业舞弊还有最后一个要素——借口(自我合理化),即企业舞弊者必须找到某个理由,使企业舞弊行为与其本人的道德观念、行为准则相吻合,无论这一解释本身是否真正合理。企业舞弊者常用的理由有:这是公司欠我的,我只是暂时借用这笔资金、肯定会归还的,我的目的是善意的,用途是正当的,等等。

8.2　需求分析

8.2.1　业务需求分析

(1)项目任务

新道物流集团总部 2021 年度内部审计案例

新道物流集团总部内部审计部,正在对集团各子公司进行 2021 年度财务审计。在进行总体分析时,审计部发现,河北分公司物流成本中的油料费占总成本比及占收入比均明显高于集团平均水平,故决定对河北分公司该项成本费用进行进一步调查分析。作为该项目的负责人,部门经理指派你制订调查分析计划,查明原因,识别确认是否存在员工舞弊情况。

你需要根据上述案例相关资料,对任务进行分析,制订调查分析计划,查明新道集团河北分公司物流成本异常的原因,确认是否存在员工舞弊情况。审计流程见图8-2。

```
制订调查分析计划 > 进行调查分析,查明原因 > 识别确认是否存在员工舞弊情况
```

图 8-2　新道集团物流成本内部审计调查流程

(2)任务分析

根据案例资料,本项目的审计目标是查明 2021 年新道集团河北分公司"物流成本——油料费"高的原因,识别河北分公司是否存在员工舞弊。对项目任务的具体分解如图 8-3 所示:第一,应明确审计客体及对象;第二,制订调查分析计划,明确应收集的资料、分析角度以及输出成果;第三,执行调查分析,在此步骤中应明确在执行过程中的技术需求;最终,得出审计结论。

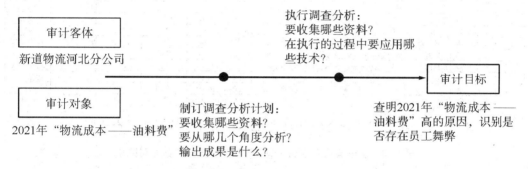

图 8-3　新道集团物流成本内部审计任务分解

(3)调查分析计划

在制订调查分析计划时,新道集团内部审计部门的主要任务为针对审计对象收集相关审计资料,包括政策信息、相关油料费及车辆详细数据等;确定项目分析的角度,如加油交易的频次、加油量、加注油品等;最终运用大数据相关技术输出成果,如日加油次数预警表、超容积加油预警表、加注其他油品预警表、异常加油检测报告(见表8-2)。

表 8-2　调查分析计划

收集资料	分析角度	输出成果
政策信息:集团实行"一车一卡"政策,以子公司为单位开设一张主卡、每辆车一个副卡。每月由财务部向主卡"充值",油卡保管员从主卡额度账户向副卡备付金账户分配金额,使用时由驾驶员持卡加油; 车辆的详细数据:"车辆信息表";油料费的详细数据:"加油交易信息表"。	加油交易的频次是否异常? 日加油次数是否合理? 次加油量是否合理? 加注油品是否正常	日加油次数预警表; 超容积加油预警表; 加注其他油品预警表; 异常加油检测报告

第8章　员工舞弊识别

（1）已收集资料

政策信息：集团实行"一车一卡"政策，以子公司为单位开设一张主卡、每辆车一个副卡。每月由财务部向主卡"充值"，油卡保管员从主卡额度账户向副卡备付金账户分配金额，使用时由驾驶员持卡加油。

车辆信息：新道集团河北分公司车辆信息如表8-3所示。

表8-3 新道集团河北分公司车辆信息

序号	车辆类别	车辆品牌	车牌号	卡号	装备日期	加油种类	车辆油箱容积(L)	保管人	备注
1	运输车辆	雷诺	冀C.		2017-07-27	汽油	70		运输一队
2	运输车辆	东风	冀C.		2017-01-12	汽油	100		运输一队
3	运输车辆	斯泰尔王	冀C.		2019-03-26	汽油	70		运输一队
4	运输车辆	豪沃	冀C.		2017-09-06	汽油	100		运输一队
5	运输车辆	豪沃	冀C.		2018-11-26	汽油	60		运输一队
6	运输车辆	优迪狮	冀C.		2017-12-14	柴油	70		运输一队
7	运输车辆	五十铃	冀C.		2017-07-01	汽油	70		运输一队
8	运输车辆	豪沃	冀C.		2019-08-13	汽油	60		运输一队
9	运输车辆	五十铃	冀C.		2017-11-03	汽油	100		运输二队
10	运输车辆	东风牌	冀C.		2017-09-06	汽油	70		运输二队
11	运输车辆	银河牌	冀C.		2020-06-08	柴油	170		运输二队
12	运输车辆	福特全顺	冀C.		2020-06-08	汽油	80		运输二队
13	运输车辆	东风牌	冀A.		2017-09-12	柴油	70		运输二队
14	运输车辆	东风牌	冀A.		2017-11-15	柴油	70		运输二队
15	运输车辆	豪沃	冀A.		2018-09-20	柴油	60		运输二队
16	行政车辆	上汽大通	冀A.		2018-09-19	汽油	60		行政
17	行政车辆	田野牌	冀A.		2017-08-01	汽油	60		行政

加油信息：新道集团河北分公司2021年度油料费详细数据如表8-4所示。

表8-4 新道集团河北分公司2021年度油料费台账对账单

中国石化加油IC卡台账对账单

客户名称：新道物流股份有限公司河北分公司　　　　　客户编码370200170268
网点名称：　　　　　　　　　　　　　　　　　账单类型 卡账
起止时间：2021-01-01----2021-12-31　　　　　　应用类型 电子油票
操作员：尚俊　　　　　　　　　　　　　　　打印日期 2022-3-31

卡号	时间	业务类型	品种	数量	单价	金额	奖励分值	优惠价	余额	地点	操作员	备注
	2021-1-18 17:08	加油	95号车用汽油Ⅵ	28.17	7.1	200.0	0.0	7.1	2495.95	石家庄42站		
	2021-1-21 16:33	加油	95号车用汽油Ⅵ	63.36	7.63	483.44	0.0	7.63	2012.51	石家庄42站		
	2021-1-24 16:27	加油	95号车用汽油Ⅵ	19.8	7.17	141.97	0.0	7.17	1870.54	石家庄06站		
	2021-1-27 16:01	加油	95号车用汽油Ⅵ	35.35	7.68	271.49	0.0	7.68	1599.05	石家庄42站		
	2021-1-30 16:40	加油	95号车用汽油Ⅵ	53.92	7.89	425.43	0.0	7.89	1173.62	石家庄06站		
	2021-2-3 13:34	加油	95号车用汽油Ⅵ	56.72	7.6	431.07	0.0	7.6	742.55	石家庄42站		

（2）技术实现

为确定河北分公司在油料费中是否存在员工舞弊情况，新道集团内部审计部门运用PyOD库、KNN算法等数据挖掘技术对输入数据进行处理，并最终生成不同的预警表及检测报告，如图8-4所示。

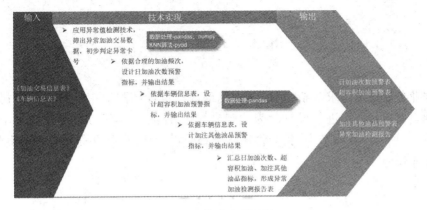

图 8-4　技术实现过程

（3）PyOD库简介

PyOD库是一个异常点检测算法工具库。异常检测（又称outlier detection、anomaly detection，离群值检测）是一种重要的数据挖掘方法，可以找到与"主要数据分布"不同的异常值（deviant from the general data distribution），比如从信用卡交易中找出诈骗案例，从正常的网络数据流中找出入侵者，有非常广泛的商业应用价值。同时它可以被用于机器学习任务中的预处理（preprocessing），防止因为少量异常点存在而导致的训练或预测失败。

PyOD库的优势：包括近20种常见的异常检测算法以及最新的深度学习，如对抗生成模型和集成异常检测；支持不同版本的Python（2.7和3.5+），支持多种操作系统（windows，macOS和Linux）；简单易用，只需要几行代码就可以完成异常检测；使用JIT和并行化进行优化，加速算法运行及扩展性，可以处理大量数据。

（4）KNN算法简介

KNN（K-NearestNeighbor）算法，即邻近算法，或者说K最邻近分类算法，是数据挖掘分类技术中最简单的方法之一。所谓K最近邻，就是K个最近的邻居的意思，说的是每个样本都可以用它最接近的K个邻近值来代表。近邻算法就是将数据集合中每一个记录进行分类的方法。

算法流程：准备数据，对数据进行预处理；计算测试样本点（也就是待分类点）到其他每个样本点的距离；对每个距离进行排序，然后选择出距离最小的K个点；对K个点所属的类别进行比较，根据少数服从多数的原则，将测试样本点归入在K个点中占比最高的那一类。

KNN方法思路简单，易于理解，易于实现，无需估计参数。该算法在分类时有个主要的不足是，当样本不平衡时，如一个类的样本容量很大，而其他类样本容量很小时，有可能导致当输入一个新样本时，该样本的K个邻居中大容量类的样本占多数。该方法的另一个不足之处是计算量较大，因为对每一个待分类的文本都要计算它到全体已知样本的距离，才能求得它的K个最近邻点。

8.3 方案设计

根据业务及技术需求分析,新道集团总部内部审计部门对审计河北分公司物流成本——油料费项目方案进行设计。为达到最终审计目标,其将方案分解成五个具体任务,如图8-5所示。在本节中,我们将根据调查分析计划,对调查资料进行观察与思考,并完成相应作业。

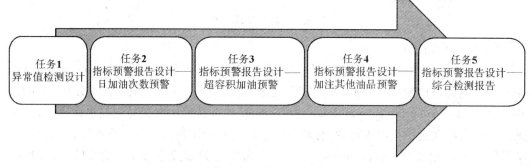

图 8-5　调查方案设计

8.3.1 任务1 异常值检测设计

【调查分析计划】

首先从加油交易的频次是否异常的角度,对加油交易数据进行分析;应用异常值检测技术,筛出异常加油交易数据,初步判定异常卡号。

【观察】

表8-5"新道集团河北分公司2021年度油料费台账对账单"是按照加油卡号列示详细交易的,有每张卡每一次加油的详细时间及其加油数量、金额等信息。

【思考】

依据每张卡的加油时间,可以计算最近两次加油之间的时间间隔。假设大部分卡号的加油时间间隔是正常的,那么是否可以对加油时间间隔进行异常值检测呢?还有哪些交易的重要影响因素呢?假设时间间隔小的,单次加油金额就应该小,时间间隔大的,单次加油金额就应该大,那么是否可以结合时间间隔和交易金额两个因素,进行异常值检测呢?检测出异常交易,又如何判定异常卡号呢?

8.3.2 任务2 指标预警报告设计——日加油次数

【调查分析计划】

从日加油次数的角度,分析各个卡号是否存在异常交易;依据合理的加油频次,设计日加油次数预警指标,并输出结果。

【观察】

对在异常值检测时,对初步判定的异常卡号的交易数据进行进一步分析,发现这类卡号都存在同一天多次加油的情况。

【思考】

依据每张卡的加油日期,可以统计每张卡的日加油次数。假设正常的日加油次数是一到两次,那么日加油次数三次及以上的则为异常交易,为反应异常交易的频繁程度,我们可对日加油次数大于等于3的天数进行统计,再划分等级进行风险评价。

【作业】

(1)请同学们依据日加油次数大于等于3的天数,设计划分风险等级的标准。

(2)请同学们设计日加油次数预警指标报告表(提示:除了"日加油次数大于等3的天数",还可以在报告中丰富预警指标,比如"日均加油次数""日最大加油次数"等)。

8.3.3　任务3 指标预警报告设计-超容积加油

【调查分析计划】

从单次加油量的角度,分析各个卡号是否存在异常交易;依据车辆信息表,设计超容积加油预警指标,并输出结果。

【观察】

在车辆信息表中,有各个卡号对应车辆的油箱容积;在交易明细表中有各个卡号单次加油的数量。

【思考】

单次加油超过油箱容积的为异常交易,为反应超容积加油的频繁程度,可对超容积加油次数进行统计,再划分等级评价违规程度。另外也可通过超容积加油的比值,反应超容积加油的严重程度。

【作业】

(1)请同学们设计超容积加油次数违规等级的划分标准。

(2)请同学们设计超容积加油预警指标报告表(提示:除了"超容积加油次数",还可以在报告中丰富预警指标,比如"超容积加油最大比值"等)。

8.3.4　任务4 指标预警报告设计-加注其他油品

【调查分析计划】

从加注油品是否正常的角度,分析各个卡号是否存在异常交易;依据车辆信息表,设计加注其他油品预警指标,并输出结果。

【观察】

在车辆信息表中,有各个卡号对应车辆的加油种类;在交易明细表中有各个卡号每次加油的品种。

【思考】

应该加汽油的车辆加了柴油,或应该加柴油的车辆加了汽油均为异常交易,为反应加注其他油品的频繁程度,可对加注其他油品的次数进行统计,再划分等级评价违规程度。另外,加注其他油品的数量及金额,也可以反应加注其他油品的严重程度。

8.3.5 任务5 指标预警报告设计-综合检测报告

【调查分析计划】

汇总日加油次数、超容积加油、加注其他油品指标,形成异常加油检测报告表。

【思考】

前面已经分别设计了日加油次数预警表、超容积加油预警表、加注其他油品预警表,我们是否可以把这些预警指标及指标评价结果汇总到一张表中呢? 这样可以更清楚地看到每一张卡的违规情况。有了卡号及其预警指标信息,为明确审计结果,落实员工责任,这张表是否可以再完善一下呢?

【作业】

请同学们结合日加油次数预警表、超容积加油预警表、加注其他油品预警表信息,设计综合性异常加油检测报告表;

提示:为明确审计结果,落实员工责任,可以加入车辆信息表中有价值的信息。

8.4 技术实现

根据上节方案设计,本节将进行任务实战,将对如何在用友系统中实现进行详细讲解,具体任务分解见图8-6。

任务1异常值检测	任务2日加油次数预警表	任务3超容积加油预警表	任务4加注其他油品预警表	任务5综合检测报告
•任务1-1:计算时间间隔 •任务1-2:异常值检测 •任务1-3:标记异常卡号	•任务2-1:统计日加油次数 •任务2-2:日加油次数指标计算 •任务2-3:日加油次数评价	•任务3-1:计算加油数量占油箱容积比值 •任务3-2:超容积加油指标计算 •任务3-3:超容积加油评价	•任务4-1:加注其他油品指标计算 •任务4-2:加注其他油品评价	•任务5-1:生成综合检测报告

图8-6 项目任务分解

8.4.1 任务1 异常值检测

任务1-1:异常值检测:计算时间间隔

任务描述:计算同一卡号下相邻交易的时间间隔。

操作步骤:

(1)导入库、读取表、数据预处理

Numpy、pandas 用于数据操作。

使用 pandas 库中的"read_excel()"读取表,其中的参数 header=5 指定第6行为标题行,dtype=str 将所有字段转换为字符串格式。

"dropna()"删除空缺值,其中参数 axis=0 为按行删除,axis=1 为按列删除,how='any'指清除存在缺失值的所有行/列,how='all'指清除一整行/列都是缺失值的行/列。

"to_datetime()"将给定的数据转换成时间格式。

代码展示:

```
import pandas as pd
import numpy as np
df = pd.read_excel('员工舞弊识别/数据源 02 加油交易信息表.xlsx', header=5, dtype=str)#读取表
df = df.dropna(axis=1, how='all')#去除空列
# 将"时间"类型转为 datetime
df['时间'] = pd.to_datetime(df['时间'])
```

(2)计算每个卡号下的交易时间间隔

使用 pandas 库中的"groupby()"进行数据的分组。

使用"sort_values()"对数据进行排序。

使用"diff()"计算一列中某元素与该列中前一个元素的差值。

使用"timedelta64()"设置时间单位数,参数(1, 'h')代表时间单位为 1 个小时。

使用"to_list()"将索引转换为列表,使用"loc"函数进行行索引。

代码展示:

```
# 先给"时间间隔"都赋值为 0
df['时间间隔'] = 0
# 根据卡号进行分组
df_groups = df.groupby('卡号')
for key, df_group in df_groups:
    # 对时间进行排序
    df_group_sort = df_group.sort_values('时间')
    # 计算两条数据时间间隔
    df_group_sort['时间间隔'] = df_group_sort["时间"].diff()
    # 时间间隔转为小时制
    df_group_sort['时间间隔'] = df_group_sort['时间间隔']/np.timedelta64(1, 'h')
    #根据行索引,重新修改"时间间隔"
    index_list = df_group_sort.index.to_list()
    df.loc[index_list, '时间间隔'] = df_group_sort['时间间隔']
```

(3)输出表

使用 pandas 库中的"dropna()"删除空缺值,其中的 subset=['时间间隔']为删除"时间间隔"列中存在空值的行。

使用"to_excel()"输出生成的数据表"交易时间间隔表.xlsx"。

代码展示:

```
# 删除空值
df = df.dropna(subset=['时间间隔'])
df.to_excel('员工舞弊识别/数据结果/交易时间间隔表.xlsx', index=False, encoding='utf-8-sig')
```

任务 1-2:异常值检测

任务描述:对所有交易的时间间隔及交易金额进行异常值检测,标记异常交易。

操作步骤：

（1）导入库、读取表

Numpy、pandas 用于数据操作。

Sklearn 是机器学习库，"MinMaxScaler( )"是 sklearn.preprocessing 数据预处理中的最大最小值标准化函数。

Pyod 是异常检测工具库。KNN 对于特征空间中的一个样本，如果与之最相似的（即特征空间中距离最近的）k 个样本中的大多数都属于某一类别，则该样本的分类结果也是这个类别。

使用 pandas 库中的"read_excel( )"读取表。

代码展示：

```
import pandas as pd #用于数据表处理
import numpy as np #用于数据统计
from sklearn.preprocessing import MinMaxScaler #用于归一化处理
from pyod.models.knn import KNN #用于异常值检测
df = pd.read_excel('员工舞弊识别/数据结果/交易时间间隔表.xlsx') #读取表
```

（2）对时间间隔和金额进行归一化处理

"MinMaxScaler( )"是最大最小值标准化函数。

使用"fit_transform( )"进行数据归一化。

使用"reshape(行数，列数)"来更改数据的行列数目，reshape(-1, 1)中的"-1"代表不确定行数，后面的"1"为指定 1 列。

代码展示：

```
#由于时间和金额量纲差异较大,需作归一化处理
scaler = MinMaxScaler() #初始化一个 MinMaxScale 对象
#对时间间隔和金额做归一化处理
#scaler.fit_transform()对数据进行归一化转换
#.values 转化为视图对象
#.reshape(-1, 1)将视图转化为 N 行 1 列
df['时间归一化'] = scaler.fit_transform(df['时间间隔'].values.reshape(-1, 1))
df['金额归一化'] = scaler.fit_transform(df['金额'].values.reshape(-1, 1))
```

（3）将归一化后的时间间隔和金额创建 X 视图

使用"values( )"返回所有值。

代码展示：

```
X = df[['时间归一化', '金额归一化']].values #创建 X 视图
```

（4）用 KNN 算法进行异常值检测

KNN(contamination,n_neighbors)中 contamination 代表污染度，即数据集中异常值的比例，在拟合时用于定义决策函数的阈值；n_neighbors 是选取相邻点数量。

使用"fit( )"进行模型训练，"predict( )"进行预测。

代码展示:

```
# 使用 KNN 算法检测异常值
# contamination=0.05 异常点的比例,检测 5%与其他数据相异的样本点
# n_neighbors=5 计算样本点到其他每个样本点的距离,选择距离最小的 5 个点
# 依据这个 5 个点中多数所属的类别,确定样本点所属的类别;
clf = KNN(contamination=0.05, n_neighbors=5)
# 用 X 数据训练模型
clf.fit(X)
# 预测是否异常值:0:正常    1:异常
y_pred = clf.predict(X)
```

(5)存储检测结果

代码展示:

```
#存储检测结果
df['检测结果'] = y_pred
```

(6)计算正常值、异常值的数量

使用 numpy 库中的"count_nonzero()"来统计数组中非零元素的个数。

代码展示:

```
# 计算正常值、异常值的数量
n_outliers = np.count_nonzero(y_pred==1)
n_inliers = len(y_pred) - n_outliers
print('正常值: ', n_inliers)
print('异常值: ', n_outliers)
```

(7)输出表

使用 numpy 库中的"astype()"对数据类型进行转换,使用 pandas 库中的"to_excel()"输出生成的数据表"交易异常值检测.xlsx"。

代码展示:

```
#输出异常交易检测表
df['卡号'] = df['卡号'].astype(str)#将卡号转换为字符串格式
df.to_excel('员工舞弊识别/数据结果/交易异常值检测.xlsx', index=False, encoding='utf-8-sig')
```

任务 1-3:异常值检测——标记异常卡号

任务描述:统计各卡号的异常交易次数,对异常交易次数大于等于 5 次的卡号标记异常

操作步骤:

(1)导入库、读取表

Pandas 用于数据操作,使用库中的"read_excel()"读取表。

代码展示:

```
import pandas as pd
df = pd.read_excel('员工舞弊识别/数据结果/交易异常值检测.xlsx')
```

（2）统计异常交易数量

使用 pandas 库中的"groupby（）"进行数据的分组，"reset_index（）"用于重置索引，"rename（）"用于重命名，"sum（）"进行求和 。

代码展示：

```
#统计各个卡号检测结果中,异常交易的数量
data = df.groupby（'卡号'）['检测结果'].sum（）.reset_index（）.rename（columns = {'检测结果':'检测结果统计'}）
```

（3）标记卡号状态

使用"loc"函数进行行索引。

代码展示：

```
# 先给所有卡号赋值"正常"
data['异常检测'] = '正常'
# 将累计异常交易记录次数大于等于5的卡号标记为异常
data.loc[data['检测结果统计']>=5,'异常检测'] = '异常'
```

（4）输出表

使用"astype（）"对数据类型进行转换，使用 pandas 库中的"to_excel（）"输出生成的数据表"卡号异常值检测表.xlsx"。

代码展示：

```
#输出表
data['卡号'] = data['卡号'].astype（str)#将卡号转换为字符串格式
print（data)
data.to_excel（'员工舞弊识别/数据结果/卡号异常值检测表.xlsx', index = False, encoding = 'utf-8-sig'）
```

8.4.2　任务2 日加油次数预警表

任务 2-1：日加油次数预警表——统计日加油次数

任务描述：计算同一卡号下同一日期加油的次数。

操作步骤：

（1）导入库、读取表

Pandas 用于数据操作，使用库中的"read_excel（）"读取表。

代码展示：

```
import pandas as pd
df = pd.read_excel（'异常值检测在审计中的应用/数据源02加油交易信息表.xlsx',header = 5, dtype = str)# 读取加油信息表
```

（2）数据预处理

使用 pandas 库中的"dropna（）"删除空缺值，其中参数 axis = 0 为按行删除，axis = 1 为按列删除，how = 'any'指清除存在缺失值的所有行/列，how = 'all'指清除一整行/列都

是缺失值的行/列。

使用 pandas 库中的"to_datetime()"将数据转换成时间格式,"dt.strftime('%Y-%m-%d')"将时间数据转换为"年-月-日"格式的字符串。

此处可以先只输入前三行脚本,并将"#print(df['时间'])"脚本的注释解除,运行后看打印效果,然后再输入最后一行脚本,并将"print(df['时间'])"移至最后,再看一下打印效果,再注释掉该行脚本,继续下面的操作。

代码展示:

```
df = df.dropna(axis=1, how='all')#去除空值
df['时间'] = pd.to_datetime(df['时间'])# 将时间类型转为 datetime
#print(df['时间'])
df['时间'] = df['时间'].dt.strftime('%Y-%m-%d')# 将时间类型转为只有年月日的 str
```

(3)数据统计

使用 pandas 库中的"groupby()"进行数据的分组,使用"append()"向列表中添加对象。

代码展示:

```
number_list = [] # 建立卡号列表
time_list = [] #建立加油时间列表
count_list = [] #建立日加油次数列表
# 根据卡号、时间分组统计加油次数
df_groups = df.groupby(['卡号', '时间'])
for key, df_group in df_groups:
    #print(df_group)
    number_list.append(key[0])
    time_list.append(key[1])
    # 统计日加油次数
    count_sum = len(df_group)
    count_list.append(count_sum)
```

(4)输出表

使用"DataFrame()"构造一个表格型的数据结构,使用 pandas 库中的"to_excel()"输出生成的数据表"日加油次数统计表.xlsx"。

代码展示:

```
#创建并输出数据表
pd_data = pd.DataFrame(number_list, columns=['卡号'])
pd_data['加油时间'] = time_list
pd_data['日加油次数'] = count_list
pd_data.to_excel('异常值检测在审计中的应用/数据结果/日加油次数统计表.xlsx', index=False, en-
coding='utf-8-sig')
```

任务 2-2:日加油次数预警表——日加油次数指标计算

任务描述:统计各个卡号下,日加油次数大于等于 3 的天数、日均加油次数及日最大加油次数。

操作步骤：

（1）导入库、读取表

Pandas 用于数据操作，使用库中的"read_excel( )"读取表，使用"astype( )"对数据类型进行转换。

代码展示：

```
import pandas as pd
# 读取日加油次数统计表
df = pd.read_excel('异常值检测在审计中的应用/数据结果/日加油次数统计表.xlsx')
df['卡号'] = df['卡号'].astype(str)
```

（2）指标计算

使用 pandas 库中的"groupby( )"进行数据的分组，"count( )"用于统计字符串里某个字符或子字符串出现的次数，"reset_index( )"用于重置索引，"mean( )"用于求平均值，"max( )"用于求最大值。

代码展示：

```
# 统计日加油次数大于等于 3 的数据
df_number = df[df['日加油次数'] >= 3].groupby('卡号')['加油时间'].count().reset_index(name='日加油次数≥3 次的天数')
# 根据卡号进行分组，统计日均加油次数及日最大加油次数
df_mean = df.groupby('卡号')['日加油次数'].mean().round(2).reset_index(name='日均加油次数')
df_max = df.groupby('卡号')['日加油次数'].max().reset_index(name='日最大加油次数')
```

（3）合并数据表

使用 pandas 库中的"merge( )"合并自定义变量"df_mean"与"df_max"，其中"on"表示的是用于连接的列索引名称，"how"表示的是连接方式，有 inner、left、right、outer，此处用 inner 代表内连接，即取两个表的交集。然后再将合并后的自定义变量"df_merge"与"df_number"数据合并，此处用 left 代表左连接，即左边表取全部，右边表依据"on"中的条件与之匹配，没有匹配的用 NaN 填充。

代码展示：

```
# 根据卡号合并日均加油次数、日最大加油次数两个表格数据 内连接（取两表的交集）
df_merge = pd.merge(df_mean, df_max, on='卡号', how='inner')
# 根据卡号将上面合并的数据再与日加油次数≥3 次的天数合并-左连接（以左表为基准）
df_merge = pd.merge(df_merge, df_number, on='卡号', how='left')
```

（4）输出表

使用"sort_values( )"对数据进行排序，使用"fillna( )"替换缺失值，使用"to_excel( )"输出生成的数据表"日加油次数指标表.xlsx"。

代码展示：

```
# 按照 '日加油次数≥3 次的天数'，'日最大加油次数'，'日均加油次数降序排序
df_merge = df_merge.sort_values(by=['日加油次数≥3 次的天数','日最大加油次数','日均加油次数'], ascending=False)
df_merge['日加油次数≥3 次的天数']=df_merge['日加油次数≥3 次的天数'].fillna(0)#空值赋 0
#输出数据表
```

```
print(df_merge)
df_merge.to_excel('异常值检测在审计中的应用/数据结果/日加油次数指标表.xlsx', index = False,
encoding = 'utf-8-sig')
```

任务 2-3:日加油次数预警表——日加油次数评价

任务描述:依据各卡号日加油次数大于等于 3 的天数,判定卡号所属的风险等级,输出日加油次数预警表。

操作步骤:

(1)导入库、读取表

Pandas 用于数据操作,使用库中的"read_excel( )"读取表,使用"astype( )"对数据类型进行转换。

代码展示:

```
import pandas as pd
# 读取日加油次数指标表
df = pd.read_excel('异常值检测在审计中的应用/数据结果/日加油次数指标表.xlsx')
df['卡号'] = df['卡号'].astype(str)
```

(2)指标评价

使用"loc"函数进行行索引。

使用"|"表示"或"的意思,即满足其左右任意一个条件即可。

代码展示:

```
# 先给每个卡号赋值正常,再依据标准进行评价
df['日加油次数评价'] = '正常'
df.loc[df['日加油次数≥3 次的天数']>=4, '日加油次数评价'] = '高'
df.loc[(df['日加油次数≥3 次的天数']==2) | (df['日加油次数≥3 次的天数']==3), '日加油次数评价'] = '中'
df.loc[df['日加油次数≥3 次的天数']==1, '日加油次数评价'] = '低'
```

(3)输出表

使用 pandas 库中的"to_excel( )"输出生成的数据表"日加油次数预警表.xlsx"。

代码展示:

```
print(df)
df.to_excel('异常值检测在审计中的应用/数据结果/日加油次数预警表.xlsx', index = False, encoding
= 'utf-8-sig')
```

8.4.3 任务 3 超容积加油预警表

任务 3-1:超容积加油预警表——计算加油数量占油箱容积比值

任务描述:计算所有交易加油数量占其卡号对应车辆的油箱容积的比值。

操作步骤:

(1)导入库

Pandas 用于数据操作。

代码展示：

```
import pandas as pd
```

（2）读取交易表

使用 pandas 库中的"read_excel( )"读取表,其中的参数 header=5 指定第 6 行为标题行,dtype=str 将所有字段转换为字符串格式。

使用"dropna( )"删除空缺值,其中参数 axis=0 为按行删除,axis=1 为按列删除,how='any'指清除存在缺失值的所有行/列,how='all'指清除一整行/列都是缺失值的行/列。

代码展示：

```
df = pd.read_excel('异常值检测在审计中的应用/数据源 02 加油交易信息表.xlsx',header=5, dtype=
str)# 读取加油信息表
df = df.dropna(axis=1, how='all')#去除空值
```

（3）读取车辆信息表

使用 pandas 库中的"read_excel( )"读取表,其中 dtype=str 将所有字段转换为字符串格式,并从《数据源 01 车辆信息表.xlsx》表中筛选"卡号","车辆油箱容积(L)"字段。

代码展示：

```
# 读取车辆信息表
df2 = pd.read_excel('异常值检测在审计中的应用/数据源 01 车辆信息表.xlsx', dtype=str)
df2 = df2[['卡号','车辆油箱容积(L)']]
```

（4）合并数据

使用 pandas 库中的"merge( )"进行合并自定义变量"df"与"df2"。df.merge( )即在 df 的基础上合并其他表,其中"on"表示的是用于连接的列索引名称,"how"表示的是连接方式,有 inner、left、right、outer,此处用 left 代表左连接,即左边表取全部,右边表依据"on"中的条件与之匹配,没有匹配的用 NaN 填充。

代码展示：

```
# 根据卡号合并数据
df = df.merge(df2, on='卡号', how='left')
```

（5）数据计算

使用"astype( )"对数据类型进行转换。

代码展示：

```
df['数量'] = df['数量'].astype(float)
df['车辆油箱容积(L)'] = df['车辆油箱容积(L)'].astype(int)
df['加油数量占容积比'] = df['数量']/df['车辆油箱容积(L)']
```

（6）输出表

使用pandas库中的"to_excel( )"输出生成的数据表"加油数量占容积比计算表.xlsx"。

代码展示：

```
df.to_excel('异常值检测在审计中的应用/数据结果/加油数量占容积比计算表.xlsx', index = False,
encoding = 'utf-8-sig')
```

任务3-2：超容积加油预警表-超容积加油指标计算

任务描述：统计每个卡号超容积加油的次数及超容积加油最大比值。

操作步骤：

（1）导入库、读取表

Pandas用于数据操作，使用库中的"read_excel( )"读取表，使用"astype( )"对数据类型进行转换。

代码展示：

```
import pandas as pd
# 读取加油数量占容积比计算表
df = pd.read_excel('异常值检测在审计中的应用/数据结果/加油数量占容积比计算表.xlsx')
df['卡号'] = df['卡号'].astype(str)
```

（2）指标计算

使用pandas库中的"groupby( )"进行数据的分组，使用"append( )"向列表中添加对象，使用"round( )"方法返回浮点数四舍五入的值，"max( )"用于求最大值。

代码展示：

```
# 统计超容积加油次数
df_groups = df.groupby('卡号')
number_list = [] # 存储卡号
count_list = [] #存储每个卡号超容积加油次数
max_ratio_list = [] #存储每个卡号超容积加油最大比值(%)
for key, df_group in df_groups:
    # 保存卡号
    number_list.append(key)
    #找到每个卡号加油的最大值，保留2位有效数字
    max_ratio = round(df_group['加油数量占容积比'].max(),2)
    max_ratio_list.append(max_ratio)
    count_num = len(df_group[df_group['加油数量占容积比']>1])
    count_list.append(count_num)
```

（3）输出表

使用"DataFrame( )"构造一个表格型的数据结构，使用"sort_values( )"对数据进行排序，使用pandas库中的"to_excel( )"输出生成的数据表"超容积加油指标表.xlsx"。

代码展示：

```
pd_data = pd.DataFrame(number_list, columns=['卡号'])
pd_data['超容积加油最大比值'] = max_ratio_list
pd_data['超容积加油次数'] = count_list
pd_data = pd_data.sort_values(by=['超容积加油次数','超容积加油最大比值'], ascending=False)
```

```
print( pd_data)
pd_data.to_excel('异常值检测在审计中的应用/数据结果/超容积加油指标表.xlsx', index=False, en-
coding='utf-8-sig')
```

任务 3-3:超容积加油预警表-超容积加油评价

任务描述:依据各卡号超容积加油次数,判定卡号所属的违规等级,输出超容积加油预警表。

操作步骤:

(1)导入库、读取表

Pandas 用于数据操作,使用库中的"read_excel( )"读取表,使用"astype( )"对数据类型进行转换。

代码展示:

```
import pandas as pd
# 读取超容积加油指标表
df = pd.read_excel('异常值检测在审计中的应用/数据结果/超容积加油指标表.xlsx')
df['卡号'] = df['卡号'].astype(str)
```

(2)指标评价

使用"loc"函数进行行索引。

使用"|"表示"或"的意思,即满足其左右任意一个条件即可。

代码展示:

```
# 先给每个卡号赋值正常,再依据标准进行评价
df['超容积加油评价'] = '正常'
df.loc[df['超容积加油次数']>=4, '超容积加油评价'] = '严重违规'
df.loc[(df['超容积加油次数']==2) | (df['超容积加油次数']==3), '超容积加油评价'] = '多次违规'
df.loc[df['超容积加油次数']==1, '超容积加油评价'] = '违规'
```

(3)输出表

使用 pandas 库中的"to_excel( )"输出生成的数据表"超容积加油预警表.xlsx"。

代码展示:

```
print( df)
df.to_excel('异常值检测在审计中的应用/数据结果/超容积加油预警表.xlsx', index=False, encoding
='utf-8-sig')
```

8.4.4　任务 4 加注其他油品预警表

任务 4-1:加注其他油品预警表-加注其他油品指标计算

任务描述:比对所有交易加注的油品与其卡号对应车辆的加油种类是否匹配,统计每个卡号加注油品与其卡号对应车辆加油种类不一致的交易次数、加注其他油品总数量、总金额。

操作步骤:

（1）导入库

Pandas 用于数据操作。

代码展示：

```
import pandas as pd
```

（2）读取交易表

使用库中的"read_excel( )"读取表，其中的参数 header＝5 指定第 6 行为标题行，dtype＝str 将所有字段转换为字符串格式。

使用"dropna( )"删除空缺值，其中参数 axis＝ 0 为按行删除，axis＝1 为按列删除，how＝'any'指清除存在缺失值的所有行/列，how＝'all'指清除一整行/列都是缺失值的行/列。

使用"astype( )"对数据类型进行转换。

代码展示：

```
df = pd.read_excel('异常值检测在审计中的应用/数据源 02 加油交易信息表.xlsx', header＝5, dtype＝
str)# 读取加油信息表
df = df.dropna(axis＝1, how＝'all')#去除空值
df['卡号'] = df['卡号'].astype(str)
df['数量'] = df['数量'].astype(float)
df['金额'] = df['金额'].astype(float)
```

（3）读取车辆信息表

使用库中的"read_excel( )"读取表，其中 dtype＝str 将所有字段转换为字符串格式，并从"数据源 01 车辆信息表.xlsx"表中筛选"卡号"，"加油种类"字段。

代码展示：

```
# 读取车辆信息表
df2 = pd.read_excel('异常值检测在审计中的应用/数据源 01 车辆信息表.xlsx', dtype＝str)
df2 = df2[['卡号','加油种类']]
```

（4）合并数据

使用 pandas 库中的"merge( )"合并自定义变量"df"与"df2"。df.merge( )即在 df 的基础上合并其他表，其中"on"表示的是用于连接的列索引名称，"how"表示的是连接方式，有 inner、left、right、outer，此处用 left 代表左连接，即左边表取全部，右边表依据"on"中的条件与之匹配，没有匹配的用 NaN 填充。

代码展示：

```
# 根据卡号合并数据
df = df.merge(df2, on＝'卡号', how＝'left')
```

（5）数据比对

使用 pandas 库中的"groupby( )"进行数据的分组。

"apply( )"用于对 DataFrame 数据进行按行或按列操作。其中的参数 axis＝0 是对

指定行的所有列操作,axis=1 是对指定列的所有行操作,前面的 lambda x:x[´加油种类´] in x[´品种´]为功能参数,即要实现的操作功能。lambda x:x[´加油种类´] in x[´品种´]是判断每一行"加油种类"的值是否包含在"品种"的值中,返回的结果是"True"或"False",如果包含则返回"True",不包含则返回"False"。"lambda"用于声明一个匿名函数,该函数可以接受任意数量的参数,即"x",但函数只能包含一个表达式,即 x[´加油种类´] in x[´品种´]。

此处可以把"#print(df[´油品匹配´])"行注释解除,运行后看打印效果,然后再注释掉该行脚本,继续下面的操作。

代码展示:

```
# 比对每个卡号实际加油种类与应加油种类是否一致
df_groups = df.groupby(´卡号´)
number_list = [ ] # 存储卡号
fuel_list = [ ] #加注其他燃油量(L)
amount_list = [ ]#加注其他燃油金额(元)
count_list = [ ]   加注其他油品次数(次)
# 判断"加油种类"是否包含在交易表的"品种"中
df[´油品匹配´] = df.apply(lambda x:x[´加油种类´] in x[´品种´], axis=1) #0 传给的 x 是 按行传递
1 是按列传递
#print(df[´油品匹配´])
```

(6)指标计算

使用"append( )"向列表中添加对象,使用"sum( )"进行求和 。

代码展示:

```
#指标计算
for key, df_group in df_groups:
    # 存储卡号列表
    number_list.append(key)
    # 找出油品匹配不一致的数据
    df_not_fuel = df_group[df_group[´油品匹配´]==False]
    # 统计加注其他油品数量
    fuel_sum = df_not_fuel[´数量´].sum( )
    fuel_list.append(fuel_sum)
    # 统计加注其他油品金额
    amount_sum = df_not_fuel[´金额´].sum( )
    amount_list.append(amount_sum)
    #统计加注其他油品的次数
    count_sum = len(df_not_fuel[´品种´])
    count_list.append(count_sum)
```

(7)输出表

使用"DataFrame( )"构造一个表格型的数据结构,使用"sort_values( )"对数据进行排序,使用"to_excel( )"输出生成的数据表"加注其他油品指标表.xlsx"。

代码展示:

```
pd_data = pd.DataFrame(number_list, columns=[´卡号´])
pd_data[´加注其他油品数量´] = fuel_list
pd_data[´加注其他油品金额´] = amount_list
pd_data[´加注其他油品次数´] = count_list
```

```
pd_data=pd_data.sort_values(by=['加注其他油品次数','加注其他油品金额','加注其他油品数量'],
ascending=False)
print(pd_data)
pd_data.to_excel('异常值检测在审计中的应用/数据结果/加注其他油品指标表.xlsx', index=False,
encoding='utf-8-sig')
```

任务4-2:加注其他油品预警表——加注其他油品评价

任务描述:依据各卡号加注其他油品次数,判定卡号所属的违规等级,输出加注其他油品预警表。

操作步骤:

(1)导入库、读取表

Pandas 用于数据操作,使用库中的"read_excel()"读取表,使用"astype()"对数据类型进行转换。

代码展示:

```
import pandas as pd
# 读取超容积加油指标表
df = pd.read_excel('异常值检测在审计中的应用/数据结果/加注其他油品指标表.xlsx')
df['卡号'] = df['卡号'].astype(str)
```

(2)指标评价

使用"loc"函数进行行索引。

使用"|"表示"或"的意思,即满足其左右任意一个条件即可。

代码展示:

```
# 先给每个卡号赋值正常,再依据标准进行评价
df['加注其他油品评价'] = '正常'
df.loc[df['加注其他油品次数']>=4,'加注其他油品评价'] = '严重违规'
df.loc[(df['加注其他油品次数']==2)|(df['加注其他油品次数']==3),'加注其他油品评价'] = '多次违规'
df.loc[df['加注其他油品次数']==1,'加注其他油品评价'] = '违规'
```

(3)输出表

使用 pandas 库中的"to_excel()"输出生成的数据表"加注其他油品预警表.xlsx"。

代码展示:

```
print(df)
df.to_excel('异常值检测在审计中的应用/数据结果/加注其他油品预警表.xlsx', index=False,
encoding='utf-8-sig')
```

8.4.5 任务5 综合检测报告

任务描述:将车辆信息表与日加油次数预警表、超容积加油预警表、加注其他油品预警表合并,输出综合性异常加油检测报告表。

【操作步骤】

（1）导入库

Pandas 用于数据操作。

代码展示：

```
import pandas as pd
```

（2）读取车辆信息表

使用 pandas 库中的"read_excel( )"读取表,其中 dtype＝str 将所有字段转换为字符串格式,并从"数据源 01 车辆信息表.xlsx"中筛选"车辆类别""卡号""保管人""备注"字段。

代码展示：

```
# 读取车辆信息表
df = pd.read_excel('异常值检测在审计中的应用/数据源 01 车辆信息表.xlsx', dtype＝str)
df_root = df[['车辆类别','卡号','保管人','备注']]
```

（3）读取日加油次数预警表并合并数据

使用 pandas 库中的"read_excel( )"读取表,其中 dtype＝str 将所有字段转换为字符串格式,并从"日加油次数预警表.xlsx"中筛选"卡号""日加油次数≥3 次的天数""日加油次数评价"字段。

使用"merge( )"合并自定义变量"df_root"与"df1",其中"on"表示的是用于连接的列索引名称,默认内连接。

代码展示：

```
# 读取日加油次数预警表
df1 = pd.read_excel('异常值检测在审计中的应用/数据结果/日加油次数预警表.xlsx', dtype＝str)
df1 = df1[['卡号','日加油次数≥3 次的天数','日加油次数评价']]
df_merge = pd.merge(df_root , df1, on＝'卡号')
```

（4）读取超容积加油预警表并合并数据

使用 pandas 库中的"read_excel( )"读取表,其中 dtype＝str 将所有字段转换为字符串格式,并从《超容积加油预警表.xlsx》中筛选"卡号""超容积加油次数""超容积加油评价"字段。

使用"merge( )"合并自定义变量"df_merge"与"df2",其中"on"表示的是用于连接的列索引名称,默认内连接。

代码展示：

```
# 超容积加油预警表
df2 = pd.read_excel('异常值检测在审计中的应用/数据结果/超容积加油预警表.xlsx', dtype＝str)
df2 = df2[['卡号','超容积加油次数','超容积加油评价']]
df_merge = pd.merge(df_merge, df2, on＝'卡号')
```

（5）读取加注其他油品预警表并合并数据

使用 pandas 库中的"read_excel( )"读取表，其中 dtype＝str 将所有字段转换为字符串格式，并从"加注其他油品预警表.xlsx"中筛选"卡号""加注其他油品次数""加注其他油品评价"字段。

使用"merge( )"合并自定义变量"df_merge"与"df3"，其中"on"表示的是用于连接的列索引名称，默认内连接。

代码展示：

```
# 加注其他油品预警表
df3 = pd.read_excel('异常值检测在审计中的应用/数据结果/加注其他油品预警表.xlsx', dtype＝str)
df3 = df3[['卡号','加注其他油品次数','加注其他油品评价']]
df_merge = pd.merge(df_merge, df3, on＝'卡号')
```

（6）输出表

使用 pandas 库中的"to_excel( )"输出生成的数据表"异常加油检测报告表.xlsx"。

代码展示：

```
print(df_merge)
df_merge.to_excel('异常值检测在审计中的应用/数据结果/异常加油检测报告表.xlsx', index＝False,
encoding＝'utf-8-sig')
```

附录一

中共中央办公厅国务院办公厅印发
《关于实行审计全覆盖的实施意见》

为全面履行审计监督职责,对公共资金、国有资产、国有资源和领导干部履行经济责任情况实行审计全覆盖,根据《关于完善审计制度若干重大问题的框架意见》,制定本实施意见。

一、实行审计全覆盖的目标要求

对公共资金、国有资产、国有资源和领导干部履行经济责任情况实行审计全覆盖,是党中央、国务院对审计工作提出的明确要求。审计机关要建立健全与审计全覆盖相适应的工作机制,科学规划,统筹安排,分类实施,注重实效,坚持党政同责、同责同审,通过在一定周期内对依法属于审计监督范围的所有管理、分配、使用 公共资金、国有资产、国有资源的部门和单位,以及党政主要领导干部和国有企事业领导人员履行经济责任情况进行全面审计,实现审计全覆盖,做到应审尽审、凡审必严、严肃问责。对重点部门、单位要每年审计,其他审计对象1个周期内至少审计1次,对重点地区、部门、单位以及关键岗位的领导干部任期内至少审计1次,对重大政策措施、重大投资项目、重点专项资金和重大突发事件开展跟踪审计,坚持问题导向,对问题多、反映大的单位及领导干部要加大审计频次,实现有重点、有步骤、有深度、有成效的全覆盖。充分发挥审计监督作用,通过审计全覆盖发现国家重大决策部署执行中存在的突出问题和重大违纪违法问题线索,维护财经 法纪,促进廉政建设;反映经济运行中的突出矛盾和风险隐患,维护国家经济安全;总结经济运行中好的做法和经验,注重从体制机制层面分析原因和提出建议,促进深化改革和体制机制创新。

二、对公共资金实行审计全覆盖

审计机关要依法对政府的全部收入和支出、政府部门管理或其他单位受政府委托管理的资金,以及相关经济活动进行审计。主要检查公共资金筹集、管理、分配、使用过程中遵守国家法律法规情况,贯彻执行国家重大政策措施和宏观调控部署情况,公共资金管理使用的真实性、合法性、效益性以及公共资金沉淀等情况,公共资金投入与项目进展、事业发展等情况,公共资金管理、使用部门和单位的财政财务收支、预算执行和决算情况,以及职责履行情况,以促进公共资金安全高效使用。根据公共资金的重要性、规模和管理分配权限等因素,确定重点审计对象。坚持以公共资金运行和重大政策落实情况为主线,将预算执行审计与决算草案审计、专项资金审计、重大投资项目跟踪审计等相结合,对涉及的重点部门和单位进行重点监督,加大对资金管理分配使用关键环节的审计力度。

三、对国有资产实行审计全覆盖

审计机关要依法对行政事业单位、国有和国有资本占控股或主导地位的企业(含金融企业,以下简称国有企业)等管理、使用和运营的境内外国有资产进行审计。主要检查国有资产管理、使用和运营过程中遵守国家法律法规情况,贯彻执行国家重大政策措施和宏观调控部署情况,国有资产真实完整和保值增值情况,国有资产重大投资决策及投资绩效情况,资产质量和经营风险管理情况,国有资产管理部门职责履行情况,以维护国有资产安全,促进提高国有资产运营绩效。根据国有资产的规模、管理状况以及管理主体的战略地位等因素,确定重点审计对象。对国有企业资产负债损益情况进行审计,将国有资产管理使用情况作为行政事业单位年度预算执行审计或其他专项审计的内容。

四、对国有资源实行审计全覆盖

审计机关要依法对土地、矿藏、水域、森林、草原、海域等国有自然资源,特许经营权、排污权等国有无形资产,以及法律法规规定属于国家所有的其他资源进行审计。主要检查国有资源管理和开发利用过程中遵守国家法律法规情况,贯彻执行国家重大政策措施和宏观调控部署情况,国有资源开发利用和生态环境保护情况,相关资金的征收、管理、分配和使用情况,资源环境保护项目的建设情况和运营效果、国有资源管理部门的职责履行情况,以促进资源节约集约利用和生态文明建设。根据国有资源的稀缺性、战略性和分布情况等因素,确定重点审计对象。加大对资源富集和毁损严重地区的审计力度,对重点国有资源进行专项审计,将国有资源开发利用和生态环境保护等情况作为领导干部经济责任审计的重要内容,对领导干部实行自然资源资产离任审计。

五、对领导干部履行经济责任情况实行审计全覆盖

审计机关要依法对地方各级党委、政府、审判机关、检察机关,中央和地方各级党政工作部门、事业单位、人民团体等单位的党委(党组、党工委)和行政正职领导干部(包括主持工作1年以上的副职领导干部),国有企业法定代表人,以及实际行使相应职权的企业领导人员履行经济责任情况进行审计。主要检查领导干部贯彻执行党和国家经济方针政策、决策部署情况,遵守有关法律法规和财经纪律情况,本地区本部门本单位发展规划和政策措施制定、执行情况及效果,重大决策和内部控制制度的执行情况及效果,本人遵守党风廉政建设有关规定情况等,以促进领导干部守法、守纪、守规、尽责。根据领导干部的岗位性质、履行经济责任的重要程度、管理资金资产资源规模等因素,确定重点审计对象和审计周期。坚持任中审计和离任审计相结合,经济责任审计与财政审计、金融审计、企业审计、资源环境审计、涉外审计等相结合,实现项目统筹安排、协同实施。

六、加强审计资源统筹整合

适应审计全覆盖的要求,加大审计资源统筹整合力度,避免重复审计,增强审计监督整体效能。加强审计项目计划统筹,在摸清审计对象底数的基础上,建立分行业、分领域

审计对象数据库,分类确定审计重点和审计频次,编制中长期审计项目规划和年度计划时,既要突出年度审计重点,又要保证在一定周期内实现全覆盖。整合各层级审计资源,开展涉及全局或行业性的重点资金和重大项目全面审计,发挥审计监督的整体性和宏观性作用。在充分总结经验的基础上,完善国家审计准则和审计指南体系,明确各项审计应遵循的具体标准和程序,提高审计的规范性。集中力量、重点突破,对热点难点问题进行专项审计,揭示普遍性、典型性问题,深入分析原因,提出对策建议,推动建立健全体制机制、堵塞制度漏洞,达到以点促面的效果。建立审计成果和信息共享机制,加强各级审计机关、不同审计项目之间的沟通交流,实现审计成果和信息及时共享,提高审计监督成效。加强内部审计工作,充分发挥内部审计作用。有效利用社会审计力量,除涉密项目外,根据审计项目实施需要,可以向社会购买审计服务。

七、创新审计技术方法

构建大数据审计工作模式,提高审计能力、质量和效率,扩大审计监督的广度和深度。有关部门、金融机构和国有企事业单位应根据审计工作需要,依法向审计机关提供与本单位本系统履行职责相关的电子数据信息和必要的技术文档,不得制定限制向审计机关提供资料和开放计算机信息系统查询权限的规定,已经制定的应予修订或废止。审计机关要建立健全数据定期报送制度,加大数据集中力度,对获取的数据资料严格保密。适应大数据审计需要,构建国家审计数据系统和数字化审计平台,积极运用大数据技术,加大业务数据与财务数据、单位数据与行业数据以及跨行业、跨领域数据的综合比对和关联分析力度,提高运用信息化技术查核问题、评价判断、宏观分析的能力。探索建立审计实时监督系统,实施联网审计。

主要参考文献

[1] 陈伟.大数据审计[M].北京:中国人民大学出版社,2021.

[2] 陈伟.审计信息化[M].北京:高等教育出版社,2017.

[3] 饶艳超.审计数据分析[M].北京:高等教育出版社,2016.

[4] 张莉,会计信息系数[M].北京:清华大学出版社,2016.

[5] 刘汝焯.审计分析模型算法[M].2版.北京:清华大学出版社,2016.

[6] 韩小良.Excel2003/2010数据透视表自由软件从入门到精通[M].北京:中国铁道出版社,2010.

[7] 刘汝焯.大数据应用分析技术与方法[M].北京:清华大学出版社,2018.

[8] Lynch C. Big data：How do your data grow？[J].Nature，2008,455（7209）:28-29.

[9] BWalczak. Dealing with data[J]. Science,2011,331（6018）:647-783.